기술무역

백은영 · 오근엽

충남대학교출판문화원

기술무역

지은이 _ 백은영, 오근엽
발행일 _ 2023년 2월 3일
발행인 _ 이진숙
펴낸곳 _ 충남대학교출판문화원
주소 _ 대전광역시 유성구 대학로 99
전화 _ 042-821-6045
홈페이지 _ http://www.cnupress.co.kr
E-mail _ cnupress@cnu.ac.kr

ISBN 979-11-6503-192-3 93320
정가 20,000원

기술무역

백은영 · 오근엽 지음

프롤로그

기술무역 전문가 회의가 있던 날, '기술무역 현황 및 문제점'에 대한 주제를 발표하면서, 국내 기업 연 매출이 올라갈수록 해외 특허 괴물들로부터 경고장이 날아오기 시작한다고 덧붙혔다.

그때 토론자였던 모 대기업 특허 라이선스 팀장이 말하길, "어제오늘 저희 사무실을 지켜보셨나봐요? 사실 어제는 경고장을 받았고 오늘은 경고장을 쓰다가 왔습니다" 한다.

특허침해 경고장을 말하는 것이다. 국내 기술 기반 대기업뿐만 아니라, 중견 및 중소기업들도 예외는 아니다. 한국의 기술경쟁력을 견제하기 위해, 또는 우리가 안이하게 베끼거나 회피설계하여 상품 제조, 수출하는 사이 글로벌 지식재산권 침해소송 시장이 급속히 성장한 까닭이다.

글로벌 시장은 인터넷을 기반으로 국경이 거의 사라졌다고 할 수 있다. 한국이 부단히도 애쓰는 FTA의 핵심은 관세장벽을 낮춘 글로벌 시장판을 넓히는 것이다.

그러나 글로벌 시장은 물건만 사고, 파는 시장이 아니다.

기술 교역에는 관세가 없고 첨단기술이 체화된 제품들은 무관세로 수출입 되다보니, FTA로 글로벌 시장을 넓혀놔도 실익이 별로 없다는 뜻이다.

기술은 역동적으로 발전하고 있으며 살아 운동력이 있다. 국가 간 사고파는 보이지 않는 재화이자 상품인 것이다. 기술은 계속 생성되고 기술적 필요에 의해 진화를 거듭할 것이며 시장원리에 따라 각국으로 팔려나갈 것이다.

국내 기업간 기술거래는 '기술이전'이지만 글로벌 기술이전은 기술무역이다. 따라서 기술무역은 기술과 글로벌 시장, 그리고 기술생태계를 잘 이해해야 한다.

기술은 더 많은 기술을 낳는다. 더 가진자가 더 많이 얻는다. 곧 수확체증이며 기술무역도 그렇다. 기술을 가진자가 무역을 통해 기술표준을 선점하여 더 큰 이익을 누린다는 뜻이다.

또한 혁신적 기술은 적응과 응용에 신속하게 반응하고 글로벌 시장에서 가격 탄력성을 높이며 대부분 첨단제품으로 재탄생한다.

그동안 한국은 전통적인 제조업으로 급속한 경제성장을 이루어 냈다. 그 이면에는 풍부한 노동력과 저임금이 있었다. 소규모 개방경제체제인 한국은 기술경쟁력과 가격경쟁력 사이에서 줄타기할 수밖에 없다 보니 어떤 시장에선 기술에 치이고 또 다른 시장에선 상품가격에 치일 수밖에 없다.

이러한 한국의 기술수출은 기술수입의 약 70%이다. 기술선도국과 상대적인 기술력의 차이가 좁혀지지 않고 있다. 이제 더는 노동력이나 시공능력에만 의존할 수 없는 상황인 것이다.

그러나 안타깝게도 한국은 기술무역에 대한 이해가 부족하다보니, 국내 기업간 우월적 시장 우위를 악용하여 약자의 기술을 탈취하고, 국내 기술 인력들은 인터넷이나 저장장치를 통해 너무도 쉽게 기술을 유출하고 있다. 오직 자신의 이익만을 위해서 말이다.

주지하는바, 기술 패권 시대에 돌입했다.

상품무역을 통해 성장해온 우리의 무역은 이제, 기술과 지식재산을 중시하는 기술무역과 함께 양동(two track)전략으로 전환되어야 한다.

2010년 1월, '기술 무역수지 적자 OECD 꼴찌'라는 기사가 눈에 들어왔다. 한국의 기술 수입이 워낙 많은 탓이라 했다. 기술이 국제적으로 거래되는 것을 흔히 '기술이전'이라고 정의했는데, OECD에서는 이를 '기술무역'이라 부르고 있었다. 이후 지금까지 13년째 '기술무역'이란 주제가 저자의 핵심 연구주제가 되었다.

본 저서는 2017년 발간된 『한국의 기술무역과 글로벌 지식재산』을 새로이 개편하여 발간하는 것이다.

총 7장으로 구성하였으며 '기술무역'의 당위성 및 현황, 기술 유출 실태, 기술무역과 관련된 지식재산권 제도에 대한 이해 및 주요국의 지식재산권 활용전략, 마지막으로 기술수출입 계약서 작성에 대한 요령으로 마무리하였다.

여기저기 흩어져 있는 정보 중 '기술무역'과 관련 있는 정보들을 모으고 정리하였다. 관심이 있는 분들께 실질적인 도움이 되었으면 하고 바라나, 아직 많이 미흡하고 부족한게 사실이다.

부디 아낌없는 조언과 지적을 당부드린다.

끝으로 기술무역 관련 최초의 저서('기술무역 가이드북')가 나올 수 있도록 진심 어린 응원과 격려로 지원해 주신 당시 미래창조과학부 과장님, 사무관님, 주무관님, 그리고 한국산업기술진흥협회 담당자님들께 다시 한번 감사의 마음을 전한다.

2023년 1월

저자 씀

Soli Deo Gloria

목 차

제1장

왜 기술무역인가?

1. 씁쓸한 가마우지
2. 기술무역이란?
3. 상품무역과 기술무역

제1장

왜 기술무역인가?

1. 씁쓸한 가마우지

2019년 7월 4일, 일본 경제산업성은 반도체 관련 3개 소재에 대해 한국으로의 수출규제를 발동하였다. 한・일 양국간 정치적 문제가 무역분쟁으로 촉발된 양상으로 이는 곧 우리나라의 주요 소재 및 부품 산업에 대한 자각으로 이어지게 되었다. 당시 김현종 청와대 국가안보실장은 담화문에서 우리나라가 '가마우지 경제'라 지적하며 우리나라의 수출이 증가할수록 실익은 일본이 가져가고 있음을 꼬집었다.

그러나 '가마우지 경제'라는 용어는 이미 1989년 고무로 나오키(小室直樹)의 『한국의 붕괴』라는 저서에서 최초로 언급되었었다.[1] 이후 우리나라는 2001년에 '부품・소재전문기업 등의 육성에 관한 특별조치법'을 제정하여 10년간 1조4000억 원을 투입했지만 2018년 우리나라는 일본에 대한 무역수지 적자 중 부품 및 소재부문 적자가 여전히 47.3%를 차지하는 것으로 나타나고 있다.[2]

더욱이 '가마우지 경제'로 지적받은지 20여년이 지난 최근까지도 정부의 핵심조직인 청와대 담당자 입에서 또다시 언급되고 있다는 사실은 무엇을 의미하는지 되묻지 않을 수 없다.

---

1) 본 저서에서는 "한국 경제는 양쯔강의 가마우지 같다. 목줄(일본 부품·소재 산업)에 묶여 물고기(완제품)를 잡아도 곧바로 주인(일본)에게 바치는 구조다"(출처: 중앙일보).
2) 한국무역신문, 2019.

▌중국 계림(구이린)의 리강(漓江)에서 가마우지를 이용하여 고기를 낚는 노인▐

출처: J S. Shin (https://www.asadong.org/gallery_recom/211808)

사실 우리나라의 급속한 경제성장은 미국과 일본으로부터의 기술수입에 기인했다는 것을 부인할 수는 없다. 이러한 기술모방 및 기술추격(catch-up)은 연구개발(R&D)에 대한 투자로 이어졌으며 지난 15년간 R&D에 대한 투자가 꾸준히 증가하면서 GDP대비 R&D투자 비중(4.81%; 2020년)은 이스라엘 다음으로 세계 2위를 유지하고 있다[3].

그러나 2019년 한·일간 소재산업 분쟁으로 다시 불거진 우리나라의 부품 및 소재산업은 여전히 일본에 대한 의존도가 높은 상황이다[4]. 4차 산업혁명기에 폭발적 기술발전을 눈앞에 둔 시점에서 매우 심각한 문제라 아니 할수 없다.

육안으로 볼 수 없는 코로나19 바이러스가 전 세계를 휩쓰는 요즘, 눈에 보이는 유형의 재화(상품)만 중요시 여겼던 우리에게 최종재의 가치는 사실 겉으로 보이지 않는 기술(영업비밀 등)과 지식재산권이라는 것을 새삼 깨닫게 하는 시점이다.

현재를 살아가는 우리에게 살아가는데 가장 뗄 수 없는 2가지가 있다면 돈과 휴대폰이 아닐까싶다. 그러나 이 돈과 휴대폰에 대해 우리가 간과하고 있는 것이 있다. 바로 특허이다.

2009년부터 발행되고 있는 우리나라 오만원권 지폐는 5천여 건의 특허가 결합된 특허복합체이다. 그러나 우리는 그것을 인식하지 못하고 사용하고 있다.

---

3) OECD의 Main Science Technology Indicators에 따르면 GDP대비 R&D에 대한 투자규모는 약 93조 7백억원(2018년)으로 OECD 국가 중 세계 5위를 차지하고 있다.

4) 한국무역협회에 따르면, 2019년(5월까지) 일본의 한국에 대한 수출규제 3개 품목의 일본수입 비중은 포토레지스트 91.9%, 에칭가스(불화수소) 43.9%, 플루오린 폴리이미드 93.7% 로 나타나고 있다.

이 오만원권 지폐 한 장에 구현된 특허기술들은 보안 및 인쇄기술이 약 1,400건, 광학적 요소 약 1,200건, 제지보안기술 약 1,700건, 그리고 보안물질 및 잉크관련 특허기술 1,000여 건 등으로 구성되어 있다.

▌오만원권 지폐에 구현된 위조방지기술(보안요소)▐

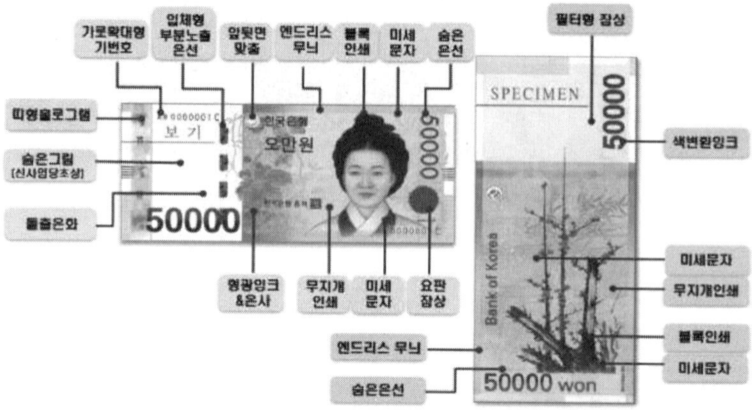

출처: 한국조폐공사(2009)[1]

그 중 핵심보안특허는 모션(Motion TM)으로 불리는 입체형 부분노출 은선으로 미국의 나노벤션스(Nanoventions)가 보유하고 있는 특허이다. 또 하나의 핵심보안요소인 홀로그램은 스위스의 OVD 키네그램(Kinegram)이 보유하고 있는 특허기술로써, 이들은 각각 10여건의 특허포트폴리오로 구성되어 오만원권의 위조를 방지하는 강력한 보호장치 역할을 하고 있다.

한국 조폐공사는 5천여 건의 특허 중 색변환 잉크 및 숨은 그림에서 다수의 특허를 보유하고 있다.

위조지폐를 방지하기 위해서는 이렇게 고도의 첨단기술이 접목되어야 하는데 이러한 화폐 제조의 많은 부분이 해외 원천특허 보유기업에 로열티를 주고 수입한 기술인 것이다. 국내에 없는 핵심기술을 다른 국가로부터 매우 비싼 돈을 주고 사와 우리 국민이 쓰는 돈을 만드는 형국이다[5].[2]

---

5) 이때 지급되는 특허 로열티는 재료비의 60%에 달하는 것으로 알려져 있다.

❙ 오만원권 지폐에 구현된 특허포트폴리오(입체형 부분노출 은선) ❙

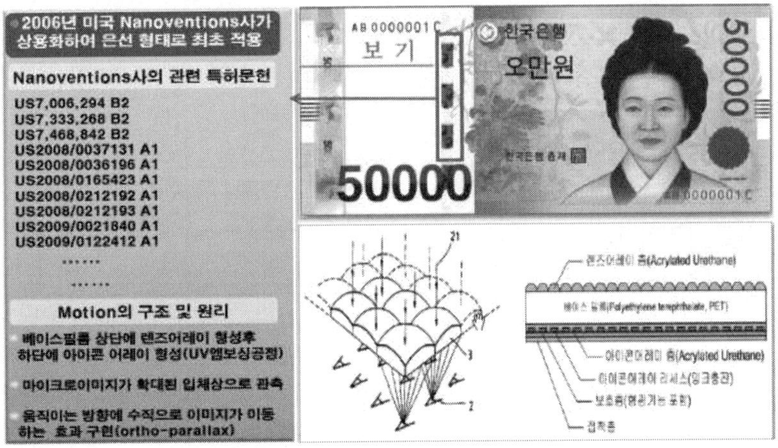

출처: 한국조폐공사(2009)

요즘 우리가 누리는 수많은 첨단제품들은 'Made in World'라고들 표현한다. 아이폰(iPhone)이 내 손안에 들어오기까지 관련되는 글로벌 생산기업과 국가를 살펴보자. 아이폰(iPhone)의 생산 및 유통경로에서 가장 큰 부가가치를 창출하는 부문은 R&D와 디자인 같은 핵심기술, 그리고 마케팅과 고객서비스 등이다. 주요부품의 개발기업외에도 기술과 원재료, 부품 등에 수많은 국가의 기업들이 글로벌 가치사슬로 얽혀 있다.

눈에 보이는 상품무역에는 이처럼 다양한 국가의 무수한 기술과 생산공정이 결합되어 하나의 상품으로 수출됨으로써 각국의 수출액으로 계상, 무역수지에 반영된다.

오늘날의 세계경제는 가히 기술전쟁이며 특허전쟁 시대라고 할 수 있다. 그동안 한국경제의 비약적인 경제성장은 First Mover(기술 및 시장 선도자)를 따라잡기 위해 생산역량과 R&D에 대한 집중적인 투자로 Fast Follower(빠른 추격자)로서는 성공적이었으며 주효했다. 또한 수출주도형의 경제정책을 지향하다보니 원천 및 기초기술력을 쌓아가기보다는 일부 선진국의 기술수입을 통한 상품화에만 주력함으로써 무역강국이라 자평하는 시대까지는 왔다.

세계 시장에서의 경쟁은 보다 치열해지고 있고 Open Innovation(개방형 혁신)으로 인한 기술발전 속도는 가속화되고 있다. 그러나 안타깝게도 지금의 한국경제는 글로벌 시스템과 글로벌 거버넌스가 지향하고 있는 방향과 속도를 따라가지 못하고 있는 실정이다.

아이폰(5S, 6, 6S)의 주요 제조(Component Manufacturers) 및 조립(Assemblers) 기업과 국가

구분	주요부품	주요기업	해당국가	관련 생산 국가
제조	· Accelerometer	Bosch Sensortech	Germany	U.S., China, South Korea 등 5개국
	· Audio chips	Cirrus Logic	U.S.	U.K., China, South Korea 등 6개국
	· Battery	Samsung	South Korea	80 countries
	· Camera	Qualcomm	U.S.	12개국
	· Chips for 3G/4G/ LTE networking	Qualcomm	U.S.	
	· Glass screen	Corning	U.S.	Australia 등 26개국
	· Flash memory	Toshiba, Samsung	Japan, South Korea	이외 50여 개국
	· LCD screen	Sharp, LG	Japan, South Korea	이외 15개국
	· A-series Processor	Samsung, TSMC	South Korea, Taiwan	이외 3개국
	· Touchscreen controller	Broadcom	U.S.	이외 11개국
	· Wi-Fi chip	Murata	U.S.	이외 20개국
조립(Assemblers)		Foxconn	Taiwan	
		Pegatron	Taiwan	

자료: IHS, Macworld[3]

지난 40여 년 간 한국경제를 견인해 왔던 수출의 실상을 들여다보면, 최종재 수출 중 한국에서 창출한 부가가치보다는 선진국에서 수입한 원천특허와 고부가가치 기술 및 중간재로 인한 부가가치가 다른 국가들에 비해 그 수치가 훨씬 크게 나타나고 있다[6].[4]

더욱이 2020년 과학기술정보통신부가 주요 5개국(한국, 미국, 중국, EU, 일본)을 대상으로 한국의 기술수준을 평가한 결과에 의하면, 한국이 선정한 11대분야 120개 전략기술 중 한국이 보유한 세계최고기술은 하나도 없을 뿐만 아니라, 기술수준은 평균 80.1%(최고 수준 100% 대비), 기술격차[7]는 3.3년으로 나타나고 있다[8].[5]

---

6) 최낙균 외(2012)의 연구에 따르면, World Input-Output Database의 2009년 데이터를 이용한 각국의 부가가치유발계수(부가가치유발효과를 항목별 최종수요로 나눈 값)값이 한국(0.606), 미국(0.825), EU(0.786), 일본(0.835), 캐나다(0.772) 및 중국(0.717)보다도 낮게 나타나고 있다고 분석하고 있다. 한국의 0.6이라는 수치는 수출 총액 중 60%만이 부가가치 창출에 기여한다는 것을 의미한다.

7) 기술격차란 최고기술 보유국의 기술수준에 도달하는데 소요될 것으로 예측되는 기간을 말한다.

향후 한국 경제는 어떤 방향을 선택해야 할까? 우리 미래의 성장 동력을 무엇으로 창출하여 어떻게 성장시켜 나가야 할까?

세계적으로 유례없는 빠른 속도의 고령화와 급격한 출산율 저하가 동시에 진행 중인 한국은 제조업이 주도하는 양적 성장 역시 한계에 도달함에 따라 향후 경제 성장 동력 창출의 패러다임 전환이 강력하게 요구되고 있다. 또한 낮은 생산성에 대한 우려 속에서도 지속되고 있는 정부의 중소기업 기술개발에 대한 양적투자가 기업의 생산성 향상 및 지식재산권 창출, 나아가 국제 기술이전, 즉 기술수출과 고부가가치 상품수출 등으로의 선순환 구조로 안착되는 것이 시급한 시점이다.

이에 경제성장의 한 축을 담당하고 있는 수출의 지속가능한 고부가가치화를 위해, 그리고 한국경제의 분명한 방향성을 위해, 이제 우리는 '기술무역'에 주목해야 한다. 그 근거를 제시하기 위해 세계경제 안에서 우리가 처해 있는 주요상황을 짚어보면 다음과 같다.

1) 기술패권 시대이다

바야흐로 미・중간 기술패권 경쟁이 한창이다. 과거 세계를 대상으로 한 강대국들의 패권경쟁이 군사력이나 경제력이었다면 4차 산업혁명기에는 '첨단기술력'이 더해진 모습이다.

"No Technology, No Future", 즉 기술 패권의 승패에 따라 세계 최강국의 지위를 유지할 수 있다는 판단하에 미・중간의 기술 패권 경쟁은 더욱 심화되고 있는 양상을 보이고 있다.

4차 산업혁명기의 핵심 기술이라는 인공지능(AI; artificial intelligence), 사물인터넷(IOT; internet of things), 빅데이터(Big Data), 블록체인(Bloc Chain), 스마트 모빌리티(Smart Mobility)등의 핵심키워드이외에도 로봇공학이나 3D프린팅 등 기존 기술의 급격한 진보와 함께 신기술들이 쏟아져 나오고 있다.

이러한 기술패권 다툼에서 드러나듯이 강력한 기술경쟁력은 글로벌 통상에서 전략적 무기로 인식되고 있다.[6]

---

8) 11대 분야 중 건설・교통분야 기술수준이 84% 가장 높았고 다음으로 ICT・Software가 83% 수준의 기술을 보이고 있다. 세계 최고기술대비 기술격차는 ICT・Software 관련 기술들이 1.9년으로 가장 짧았는데 이는 ICT・Software분야 기술력이 그나마 글로벌 기술경쟁력을 추격하는 속도가 빠르다는 것을 의미한다. 그러나 이 역시 EU(1.1), 일본 및 중국(1.6)보다 뒤쳐지는 속도이다.

중국은 천인계획의 일환으로 인재를 중국으로 불러들이고 있고, 경제발전으로 풍부해진 소비수요로 거대시장을 더욱 풍성한 소비수요시장으로 성장했으며, 세계의 R&D센터들이 앞다투어 진출하면서 기술축적의 그 폭과 속도가 가히 위협적이다.

바이두(Baidu), 알리바바(Alibaba), 텐센트(Tencent), 징둥(JD.com), 화웨이(Huawei), 비보(Vivo), 오포(OPPO) 등 중국 기업들은 막대한 자국시장과 탄탄한 기술축적으로 공룡기업으로 성장하는데 막힘이 없다. 더욱이 강력한 글로벌 기술기업들 즉, 구글(Google)에 이어 아마존(Amazon), 마이크로소프트(Microsoft), 인텔(Intel), 퀄컴(Qualcomm)이 동시에 중국 인공지능 R&D 거점을 마련하거나 확장하고 있다. 상하이에서는 MIT대학 등이 참여한 '글로벌 대학 인공지능 학술 연맹'이 탄생할 정도로 중국은 고급기술인재와 두터운 기술력을 보유한 인공지능(AI; Artificial Intelligence)분야의 최강자로 부상하고 있다[9].

더욱이 짧아진 기술싸이클(technology cycle)로 인해 개발기술을 영업비밀로 유지하기보다는 기술도면을 아예 공개, 즉 각국의 특허청이나 국제지식재산권기구(WIPO; world intelligence property right)에 출원 및 등록함으로써 적법한 라이선스 계약으로 로열티(royalty)로 수익을 보전하고자 하는 노력이 더해지고 있다.

이러한 미국과 중국의 기술기업들의 기술경쟁력은 PCT(국제특허출원; Patent Cooperation Treaty)건수에서도 나타나고 있다. 중국은 중국 기업들의 PCT출원 약진으로 2019년부터 PCT건수에서 미국을 추월하기 시작하여 PCT출원 1위국이 되었으며 매년 높은 성장세를 보이고 있다. 그러나 PCT의 양적 건수보다 중요한 것은, 각 PCT가 갖는 실질적 가치로 알 수 있는데, 이는 지식재산권으로 창출되는 지식재산권 수지 또는 기술무역수지에 반영되어 있다.(IV장에서 다룰 예정임)

2022년 PCT 특허출원 TOP 10 국가로는 중국, 미국, 일본, 한국 순이며 상표권(마드리드 출원) 부문에서는 단연 미국이 가장 많은 건수를 보이면서 독일, 중국순으로 나타나고 있고 디자인권(헤이그 출원) 부문에서는 독일, 미국, 이탈리아 순이다.

그동안 한국은 다른 기술선진국들에 못지않은 R&D에 대한 양적투자가 있었음에도 불구하고 미래 성장 동력으로 손꼽히는 핵심기술개발에는 소홀했다는 평가를 받고 있다. 이러한 핵심기술경쟁력의 미흡함은 FTA 확산시기에 더욱 우려되고 있다.

---

9) 이와 함께 BMW와 지멘스, SAP 등 유럽 기업도 중국 인공지능과 자율주행차 등 시장 투자를 강화하면서 R&D를 포함한 현지화에 속도를 내고 있다.

❙ PCT 특허부문 TOP 10 국가와 각 건수 ❙

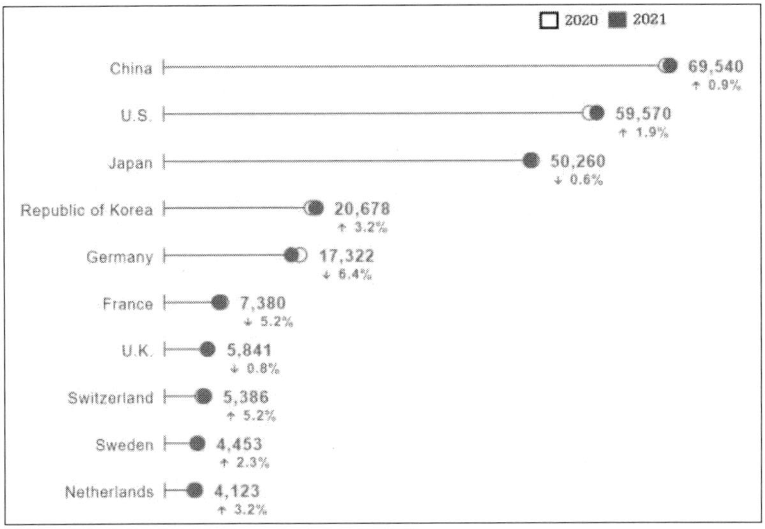

자료: WIPO Statistics Database, 2022. 2

2) FTA 각축전의 시대이다

코로나19의 여파로 전 세계적 경기침체와 보호 무역주의 기조 속에서 세계 각국들은 글로벌 가치 사슬(GVCs: Global Value Chains)내 부가가치 창출을 배가하기 위해 FTA를 통한 역내 교역을 확대하고 있다.

한국의 경우 2020년 현재, 55개국과 총 17건의 FTA가 발효 중인 상태로 FTA 발효국과의 교역 비중이 69.4%(7,252억 달러)에 달하고 있다[10].

FTA를 활용한 자국 기업들의 경제적 이익을 최대화하기 위해 정치적으로 국가 간 치열한 합종연횡의 양상이 펼쳐지고 있다. 현재 전 세계적으로 체결된 지역무역협정(RTA: Regional Trade Agreement)은 404건으로 그 중 약 90%가 FTA협정에 해당한다[11].

FTA의 목적은 관세의 인하와 최종 무관세화로 인한 상품의 수출경쟁력을 확보하고

---

10) 2021년 1월1일 한국은 EU에서 탈퇴한 영국과 FTA가 발효되면서 현재 한국은 17건(56개국)의 FTA가 발효중이다.

11) FTA가 체결될 때 서비스 협정(EIA: Economic Integration Agreement)부문도 동시에 논의되는 경우가 대부분이다. WTO의 집계에 따르면 2015년 현재, FTA는 57.4%, 서비스협정 32.4%로, 중복 집계됨을 감안하면 FTA가 약 90%에 해당된다고 할 수 있다.

서비스무역을 확대하는 데 있으며, FTA를 통해 자원배분의 효율성을 증대시키고 각국의 비교우위산업의 경쟁력을 강화시킴으로써 자국의 경제성장을 촉진시킨다는 것이다.

FTA는 체결하지 않은 국가에 비해 더 적은 비용으로 수출하고, 더 적은 규제를 받으며 서비스가 진출하는 등 시장 선점효과를 가져올 것이다. 이것이 전통적 자유무역이론에 등장하는 무역전환효과이다.

더욱이 FTA로 인한 기술 및 투자 장벽이 낮아짐으로써 현지시장에서 기술 및 지식 획득이 용이하고 이의 개발과 활용으로 기업은 혁신을 창출할 수 있는 경쟁우위를 강화할 수 있게 된다. 기업 입장에서 FTA는 치열한 경쟁으로 사활이 걸린 문제이자, 핵심경쟁력만 있다면 수익을 극대화할 수 있는 양날의 칼인 것이다.

그동안 한국에서 발효된 FTA는 한·칠레 FTA(2004)를 시초로 2021년 1월 한·영 FTA에 이르기까지 총 17건이며 이로써 자유무역 시장이 전체 56국으로 확대되었다[12].

최근에는 이러한 양자 FTA에서 다수의 국가가 참여하는 RCEP 등 메가(MEGA)FTA로의 전환이 진행되고 있는 반면, 한편으로는 보호무역주의도 거세게지고 있다. 우리기업의 각 FTA별 대응방안 뿐만 아니라, 각국의 보호무역에 대한 산업별 대책 마련도 시급하게 되었다.

▮2022년 현재 한국의 FTA 발효 현황▮

자료: FTA강국, KOREA(산업통상자원부), 2022.05

12) 유럽연합(EU)은 2013년 크로아티아의 가입으로 28개국이 되었지만, 2020년 영국의 탈퇴로 현재 27개국이며, 싱가포르와 베트남은 한·Asean FTA에 포함되어 있기 때문에 국가 수에 포함하지 않았다.

FTA 발효국이 점점 늘면서 글로벌 시장은 확대되었지만, 넓어진 시장만큼 국내로 귀속되는 부가가치는 늘고 있지 않은 실정이다. 이에 국내기업들은 글로벌 부가가치 사슬(Global Value Chain; GVC) 중 고부가가치 핵심역량을 창출해야 한다는 가속화된 경쟁에 고스란히 노출되어 있다.

3) 수출확대보다 국내 부가가치를 높이는게 우선이다

세계무역은 지난 30년간 세계 GDP성장의 약 2배 속도로 증가해 왔다. 특히, 정보통신기술의 진보로 인해 글로벌 생산 네트워크가 확산되게 되었고 이로 인해 기존의 총량 단위의 국가간 교역량보다 자국내에서 발생하는 부가가치의 양을 측정해 보자는 요구가 계속되어 왔다.

이에 2013년 OECD와 WTO는 총무역량 방식의 무역통계가 아닌 상품들이 실제로 어느 국가, 어떤 산업에서 부가가치가 창출되었는지를 기준으로 하여 부가가치(Value-added)기준 무역 데이터베이스를 분석한 보고서를 발표하였다.[6]

OECD에서는 부가가치 영역에 해당되는 지식기반 서비스를 'R&D 활동, 정보통신기술(ICT)의 투입, 그리고 고급 기술인력의 투입 및 활용도가 높은 서비스'로 분류하고 있다. 이에 따라 고부가가치의 지식 및 기술을 원천으로 하는 글로벌 경쟁력이 국가의 역량을 반영하는 시대로의 전환이 가속화 되고 있는 시점이다.

정보기술(IT)이 중요해지면서 1990년대부터 S&P 500 기업 내 무형자산은 급격히 증가하기 시작했다. 다음 그림에서 처럼 1985~1995년 10년간은 무형자산으로의 대전환이 발생한 시기로 전체 자산의 32%에 불과했던 무형자산은 1995년 68%로 급증했다.

무형자산의 가치도 3조 1,200억 달러로 10년만에 7배 이상 늘었다. 2000년대부터 현재까지 무형자산의 비중은 추세적으로 증가하고 있는 한편, 2005년부터 무형자산 비중은 줄곧 80%를 넘기고 있다. 이러한 흐름은 더욱 가속화될 전망으로 예측되고 있다.

코로나19로 인해 온라인 기반 소비문화가 정착되면서, 5세대(5G) 통신 혁명, 원격의료, 콘텐츠 전쟁 등이 진행되고 있을 뿐만 아니라, 글로벌 화두인 환경·사회·지배구조(ESG) 투자도 무형자산을 기반으로 하고 있기 때문이다.

무형자산은 물리적 실체가 없는 고정자산을 의미하며 인터넷 및 소프트웨어, 기술 및 IT와 같은 디지털 중심 부문은 무형 자산에 더욱 크게 의존하고 있다.[7]

▮S&P 500 기업의 유형(Tangible) vs 무형(Intangible) 자산비중 추이▮

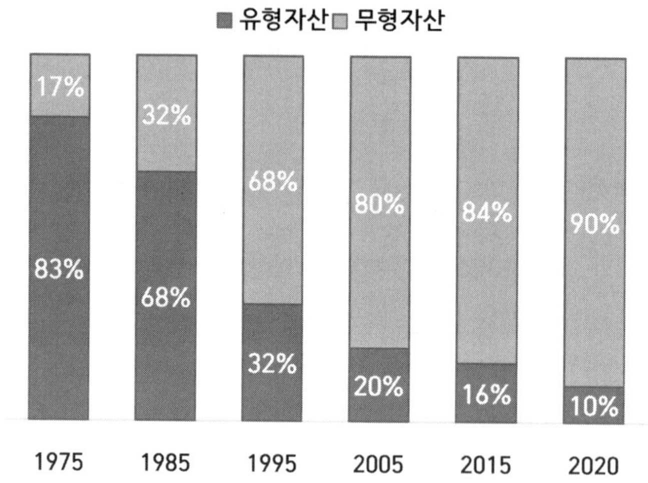

자료: Ocean Tomo Intangible Asset Market Value Study, 2020.11
The Soaring Value of Intangible Assets in the S&P 500

이에 한국의 주요 교역대상국과의 수출경쟁력을 제고하기 위해서는 먼저 글로벌 가치사슬 안에서 국내 부가가치 창출과정을 명확히 파악해야 한다.

특히, 자동차부품이나 전자 및 기계업종과 같은 기술 및 부품소재 분야에서는 일본을 비롯한 기술선진국으로부터 수입한 중간재를 활용해서 신흥국으로 최종재를 수출할 때 한국의 고부가가치 기술재나 고숙련 서비스요소가 투입되는 등 국내 창출 부가가치 수출 규모를 확대해야 한다는 것이다.

▮부가가치(Value-added) 기준 무역 측정 방식 개념도▮

만일, A, B, C 3개국이 교역을 하면서 아래 그림과 같이 순차적으로 먼저, A국이 자체 생산한 100달러의 중간재를 B국에 수출하고, B국이 이를 재가공하여 C국에 수출하는 경우를 가정해 보자.
이때, B국은 A국으로부터 수입한 중간재에 10달러의 부가가치를 추가하여, C국에 110달러에 수출했다고 한다면, 전통적인 총 교역량 기준으로 무역량을 측정하게 되었을 때 A국은 B국에 100달러 수출, B국은 C국에 110달러 수출함으로써 각각 A국과 B국의 수출액으로 이중 계상된다. 실제 생산과정에서 발생한 부가가치는 110달러에 불과하지만, 지금까지 WTO, OECD 등 국제기구들의 무역량 산출방식에서는 210달러의 교역량으로 반영되어 온 것이다.

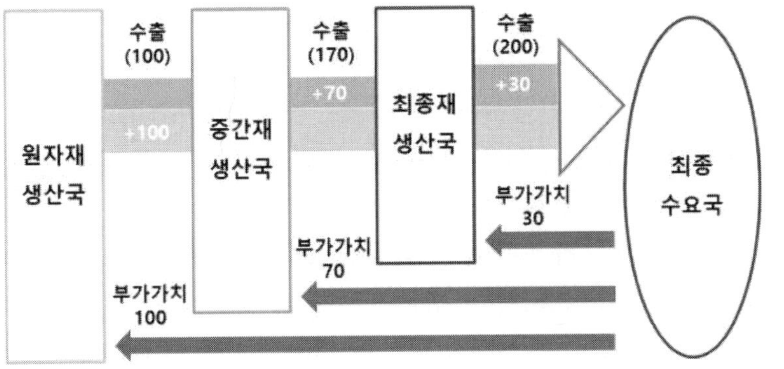

출처: OECD자료를 활용하여 재작성

그러나 위 3개국의 교역관계에서 실제로 C국의 수입으로 가장 큰 혜택을 보는 것은 C국과의 무역관계가 나타나지 않은 A국이 된다.
즉, 부가가치 기준의 무역측정 방식을 적용하게 되면, 각각 A국은 C국에 100달러 흑자, B국은 C국에 10달러 흑자로 나타나 실질 교역 관계를 정확하게 반영하게 되는 것이다.

자료: www.oecd.org/trade/valueadded.[12]

중국이 세계의 공장으로 급격히 성장하는 동안 한국은, 대중 무역의 국내창출 부가가치 비중이 상대적으로 작았음에도 불구하고, 중국에 대한 무역총량의 증가로 중국 수출특수를 누릴 수 있었다. 그러나 중국 정부의 내수주도형 발전방식 전환으로 말미암아 중산층 소비가 활성화되면서 최종재에 대한 수요가 확대되고 있다. 이에 한국의 대중 중간재 수출규모는 큰 폭으로 하락될 것으로 예상되고 있다.

따라서 중국으로의 중간재 및 최종재 수출에서 국내창출 부가가치 규모를 확대할 수 있도록 고부가가치로 꼽히는 R&D, 디자인, 마케팅, 영업, 애프터서비스 등의 기술수출 경쟁력 향상을 도모해야 할 것이다.

어느 국가나 산업화 초기에는 양적 성장이 주효하나, 산업화의 성숙단계에서는 질적 향상이 더욱 중요하다.

향후 한국의 수출경쟁력을 위해서는 글로벌 가치사슬의 부가가치 창출과정에 대한 이해를 기반으로 주력 수출산업인 전기전자, ICT(정보통신), 화학, 기계류 부문 등 고부가가치 첨단정보기술산업에 지식기반 서비스산업을 접목, 수출을 확대하는 전략이 필요하다.

4) 글로벌 지식재산권 및 특허 전쟁이 심화되고 있다

2000년 이전까지만 해도 기업들은 R&D, 특허, 마케팅 등의 분야를 대표적인 핵심역량으로 구분하여 핵심역량을 제외한 활동들을 아웃소싱으로 활용하는 경향이 컸었다.

그러나 기술발전 속도가 가속화되면서 제품수명이 짧아지게 되고 단독 개발에 따른 리스크가 증가되었을 뿐만 아니라, 첨단제품들이 매우 복잡한 기술복합체로 등장하면서 기술의 융복합화가 급속히 확산되고 있다.

이에 선진국은 물론 동남아국가들까지 'Open Innovation(개방형 혁신)' 열풍이 불었다. 오픈 이노베이션(개방형 혁신)은 기업의 핵심역량인 R&D 및 이의 상업화에 이르는 기술혁신의 모든 과정에 외부로부터 기술, 지식 및 아이디어를 활용하여 혁신의 비용을 감소시키는 반면, 성공가능성을 높이고 효율성과 부가가치 창출의 극대화를 도모하자는 것이다.

이러한 오픈 이노베이션 파트너는 기업이나 외부 기관을 넘어 소비자를 대상으로 하기도 한다. 일례로 중국의 샤오미(Xiaomi)의 경우, 미펀(米粉)이라 지칭하는 수많은 사용자들로부터 각종 아이디어와 의견을 수렴해 샤오미 신제품에 반영하고 있다.

▌Open Innovation 2.0의 개념▐

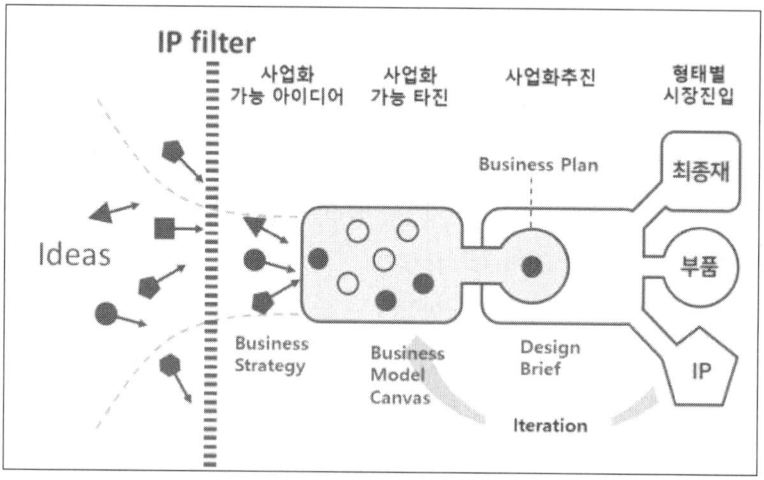

자료: Soren Petersen(2017), 'Open Innovation 2.0: Innovation Partnerships: The New Opportunities in Mass Collaboration'[13], 저자 보완.

더욱이 최근에는 'Open Innovation 2.0'시대로 진화하고 있다. 이는 기술적 아이디어나 창의적 지식 등이 먼저 기존의 지식재산권(IPR; Intellectual Property Right)으로 출원 또는 등록되어 있는지에 대한 필터링부터 필요하다는 것이다.[14]

이러한 IP 필터링을 통해 기존 지식재산권을 침해하지 않는 기술적 아이디어나 창의적 지식으로 인정되면 이후 사업화 프로세스를 진행하여 최종 산출물(최종재나 부품에 탑재, 또는 완성된 기술을 지식재산권으로 출원하는 등)로 시장에 출시될 수 있는 것이다. 사실, 비슷한 시기에 비슷한 아이디어로 같은 발명의 가능성을 생각하는 사람은 수만명이 될 수 있다. 즉, 발명의 개념단계에서 동시성은 흔하고 또 불가피하다. 그러나 구체적인 사업화 단계로 나아갈수록 그 수는 줄어들고 사업화 단계 즉, 지식재산권 또는 영업비밀로 만들어 내는 사람은 극소수이다.

4차 산업혁명의 광풍이 불고 있는 요즘, 기업의 사업화(business) 목표는 신기술, 핵심기술 및 이의 글로벌 표준화를 향하고 있는 것이다.

한편, 글로벌 기업들은 보유하고 있는 핵심 원천특허들을 활용함에 있어 특허 매입, 크로스 라이선싱, 관련기업의 인수 및 특허 소송에 이르기까지 특허 경쟁체제에 공격적으로 대응하고 있다. 일례로 인텔(Intel)은 리얼 네트워크로부터 190여 건의 특허 및 특허출원을 1억2천만 달러에 매입했고, 마이크로소프트(MS)는 AOL로부터 800여 건의 특허 매입과 300여 건의 라이선스 계약으로 10억5,600백만 달러를 지불했다.

▮글로벌 기업 간 특허 전쟁▮

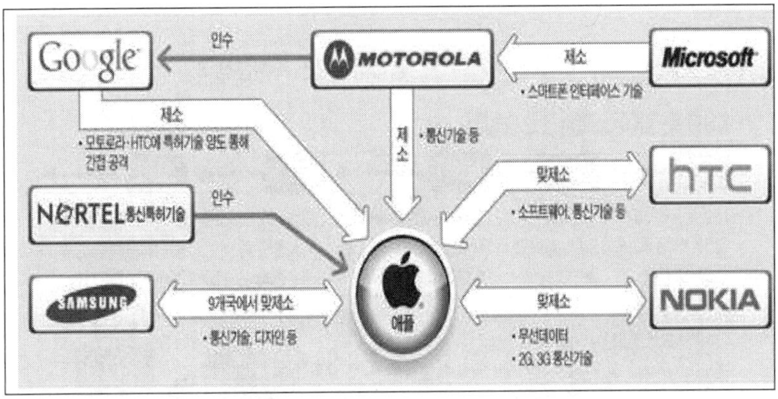

자료: Korea Insight Institute(2016)[15]

2011년 구글(Google)은 모토롤라(Motorola)의 17,000건의 특허와 약 7,500건의 특허출원을 55억 달러를 주고 인수하는 한편, 애플(Apple), 인텔(Intel), 마이크로소프트(MS)는 노텔(Notel, 캐나다)의 통신 특허 6,000여 건을 45억 달러에 매입하기 위해 컨소시움(록스타 비드코 ; Rockstar Bidco)을 구성하기도 했다.

이렇게 기업들은 R&D에 소요되는 시간과 비용을 단축하기 위해 직접적으로 기술이나 특허를 매매하거나, 기술 또는 특허보유 기업을 M&A를 통해 R&D 역량을 신속하게 흡수해버리는 A&D(Acquisition & Development)를 확대하고 있다. 또한 단순히 상품개발만을 목표로 하던 시대를 지나 상품과 기술을 '국제특허복합체'로 보는 패러다임의 전환이 가속화되면서 최강의 특허 포트폴리오 구축이 기업의 미래성장 전략의 핵심이 되고 있다.

그러나 이렇게 가속화되고 있는 글로벌 기술 및 특허 전쟁시대에, 한국 중소·중견기업들은 매출액이 1,000억 원을 넘어가면 특허괴물(NPE: 특허관리기업)들이 눈독을 들인다는 말이 나올 정도로 주요 공격대상이 되고 있다.[16] 그럼에도 우리기업과 정부의 기술수출 및 수입에 대한 인식부족과 기술교역 시장에 대한 정보 및 시스템과 전략 부재로 최근 매년 300개가 넘는 기업이 특허관련 국제소송에 휘말리고 있는 실정이다.[17] 더욱이 최근에는 한국의 주요 핵심산업인 2차 전지의 기술적 요인에 대한 국내 대기업들의 특허분쟁까지 발생하는 상황이 이어지고 있다.

초저출산국으로 세계적인 주목을 받고 있으나 여전히 인구 5천만이 살아가는 한국의 성장동력이 힘을 잃을까 우려스럽다.[18]

▮국내 대기업 간 영업비밀 및 특허분쟁▮

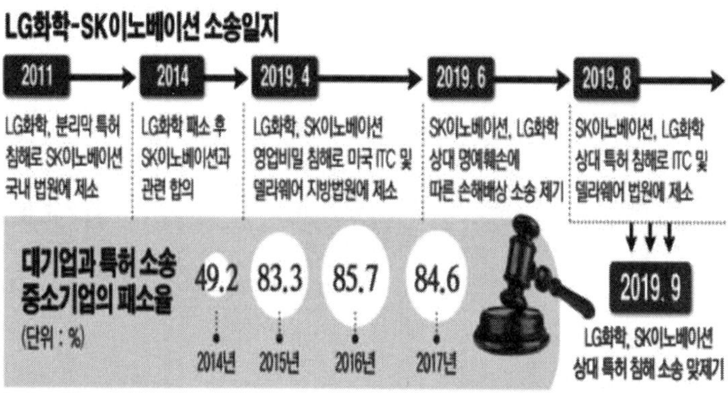

자료: 이투데이(2020.01)

5) 한국은 저출산과 고령화로 미래 성장동력이 약해지고 있다.

한국은 본격적인 초저출산과 초고령화 시대로 진입했다.

2021년 한국의 출산율(0.81명)은 OECD 38개국 평균(1.61명, 2019년 기준)에도 못 미치는 압도적 꼴찌이며 이는 전 세계 198개국 중 유일하게 출산율 1명대 미만인 국가가 되었다. 이러한 저출산은 인구감소로 나타나면서 이미 2017년부터 15세~64세의 생산가능인구가 감소하기 시작했으며 베이비붐 세대가 노년층에 진입하는 2020년을 기점으로 노인인구는 급증하는 반면, 생산가능인구는 감소하고 있다.

노동생산성이 높은 핵심 근로인구는 점차 줄어들고 구매력이 낮은 노인인구는 많아지면서 향후 국내 내수시장은 점점 위축될 수밖에 없다는 전망이 나오는 이유이다.

이러한 저출산과 고령화 문제를 살펴보면, 주요 선진국의 경우에도 이 문제에 관해 많은 부침이 있었다는 것을 알 수 있다.

서유럽의 국가들이 최근 이민정책 실패를 자인한 반면, 독일은 2000년 초반에 이민정책을 일찌감치 포기하고 경제의 질적 성장에 주목하면서 괄목할 만한 성과를 거두었다. 독일은 노동력 감소가 심각한 문제로 대두되자, 문화적 갈등을 초래하는 노동자 이민정책 대신 고급인력을 유도하는 이민정책을 시행하였으며, 제조업 자동화 강화 등으로 노동여건을 개선하였고, 고령자 일자리 창출 등 고용제도를 개선하면서 경제 및 사회 시스템을 대폭 손질하였다.

이러한 구조조정 결과, 독일은 지속적인 적자였던 기술무역수지마저 2003년부터 흑자로 돌아서면서 기술무역과 상품무역 모두 흑자인 쌍끌이 흑자경제체제를 유지하고 있다. 이로써 제조업 강자의 자리를 계속 지켜나가고 있다. 우리 역시 감소하는 핵심노동인구를 고급인력으로 양성하는 시스템 구축이 절실한 시점이라 하겠다.

이 시점에서 우리의 선택과 집중은 어느 방향이어야 할까?

그동안 한국의 무역정책은 수출증대에만 급급해 왔음에 이견이 없는 실정이다. 그러나 무엇보다 중요한 것은 눈에 보이는 상품수출보다 국내에 이익이 더 보전되는 부가가치를 높이는 게 우선이다.

한국은 휴대폰과 자동차가 얼마나 잘 수출되고 있는지에 관심을 쏟은 반면, 그 상품들 속에 무엇이 들어있는지에 대해서는 간과했다. 서두에서 언급된 것처럼, '가마우지 경제'란 주요 수출품의 핵심가치를 결정하는 소재부품과 자본재의 상당 부분을 해외(특히 일본)에서 조달하는 한국의 경제구조를 비꼰 말이지만, 안타깝게도 우리 주요 산업의 부가가치 비율을 보면 이 말은 아직도 유효해 보인다.

이런 와중에 중국은 가공무역 탈피와 중간재 품질 향상으로 수출대국에서 수출강국으로의 변모를 꾀하고 있고, 부품소재 제조업의 전통 강국인 일본도 제조 역량을 더욱 강화하기 위해 소위 '모노즈쿠리 운동'13)을 10여년 전부터 펼치고 있다. 미국과 독일은 정보통신기술(ICT)과 금융, 지식 기반 서비스와 제조업의 융합을 통해 전략적으로 가치사슬의 고도화를 추진 중이다. 이들 국가가 공통적으로 지향하는 바는, 결국 투입물의 경쟁력 향상을 통해 자국이 가져가는 부가가치를 높이는 것이다.

지금 한국에 필요한 것은 '무엇을 얼마에 팔고 있는가'에서 '어떤 생산활동을 통해 얼마만큼의 가치를 창출하고 있는가'로 관점을 전환하는 것이다. 근본적인 경쟁력을 키우기 위해서는 근본적인 고민에서부터 출발해야 한다.[19]

이를 위해 세계 각국 기업들에 대한 지식재산권 분석과 글로벌 수요기술의 트렌드를 파악, 이에 대한 충실한 정보를 제공할 수 있는 기관이 필요하다. 또한 산발적으로 흩어져 있는 산업기술 관련 주요 기관들을 병합하여 기술무역과 관련한 원스톱 서비스 기관을 설립하는 문제가 시급하다.

이렇게 발굴된 글로벌 기술수요에 대한 정보를 국내 연관 기업들에게 제공, 발굴된 기술수요에 대한 기술사업화를 적극 유도함으로써 원천기술 및 지식재산권(특허권, 디자인권, 상표권 등)자체로도 수출하는 한편, 이의 사업화를 통해 고부가가치 상품으로 수출하는 등 기술과 무역을 연계한 무역구조시스템에 과감한 혁신이 절실하다.

결국, 한국경제 성장의 양 날개인 수출과 내수를 살려 미래성장동력을 창출하기 위해서는 궁극적으로 "수출의 고부가가치화" 기치 아래 경제구조를 재편해야 한다.

이를 위해 기업 및 대학과 연구소가 보유하고 있는 미활용 또는 휴면특허 등을 발굴하여 적극적인 금융 및 조세지원으로 사업화에 도전하게 하고 이러한 과정에서 산출되는 다양한 기술과 기술을 활용한 고부가가치 상품을 양산, 이를 최종 수출로 연결하는 전략으로 우리경제의 돌파구를 삼아야 한다.

더불어 한국의 급속한 성장기에 경제성장 핵심 주역으로 활동하던 각 산업별, 기술별 숙련 퇴직인력에 대한 활용방안을 적극 강구해야 한다. 최근 전문적이며 숙련된 인력들의 퇴직이 늘면서 해외로의 기술유출도 매우 빈번해 지고 있다. 이들을 대상으로 재교육을 실시, 중소 기술개발 기업들의 기술개발 사후관리 및 유지보수에 적극 활용한다면 해

13) '모노즈쿠리(ものづくり)운동'은 '혼신의 힘을 쏟아 최고의 제품을 만드는 장인 정신으로 일한다'는 뜻으로 주로 기술기반 일본기업의 특징을 언급할때 쓰는 일본 특유의 문화를 의미한다.

외로의 기술유출도 방지하는 한편, 숙련기술의 세대 간 계승 등 긍정적인 효과가 클 것으로 판단된다.

사례: 국내 신약 기술수출 활발하나...

한미약품이 다국적제약사 사노피와 맺은 당뇨병 신약 기술 수출 계약이 일부 해지됐다. 이에 따라 한미약품이 지난해 성사시킨 총 9조원 규모의 신약 기술 수출 계약 6건 가운데 절반이 1년 만에 중단 또는 보류되며 흐지부지됐다. 업계에선 설익은 신약 기술 수출 성과를 너무 부풀린 것 아니냐는 반성과 함께 다국적 제약사의 횡포에 맞설 수 있는 대책을 마련해야 한다는 지적이 동시에 나오고 있다.

한미약품은 지난해 11월 사노피와 체결한 당뇨병 신약 수출 계약을 일부 변경했다고 29일 밝혔다. 수정된 부분은 사노피가 개발하기로 한 신약 후보물질 3가지 가운데 1가지를 중단하고, 나머지 2가지도 한미약품이 비용을 일부 부담하거나 개발을 더 진전시킨 뒤 사노피가 인수한다는 내용이다.

한미약품과 사노피의 계약은 계약금과 개발 단계별 기술료 35억 유로(4조 3,000억 원)를 포함하면 국내 제약 사상 최대인 5조 원 규모였다. 그러나 계약금은 반토막, 단계별 기술료도 27억2,000만 유로(3조4,000억 원)로 확 깎였다.

사노피에 수출한 건 생체 유래 물질로 이뤄진 바이오의약품이다. 화학의약품보다 다루기가 훨씬 까다롭다. 바이오의약품 생산 경험이 거의 없는 한미약품은 수출 계약 후 임상시험에 쓸 약을 사노피에 제때 공급하지 못했다. 사노피는 이에 대한 책임을 물어 계약금 일부를 되돌려 달라 요구했다. 제약업계 관계자는 "신약개발 계약에선 단계별 기술료를 받을 수 있을지 불확실한 만큼 계약금이 중요한데, 이를 반환하게 된 건 아쉽다"고 말했다.

한 신약개발 연구자는 "일부 대형 제약사들이 미래의 경쟁 제품 출시를 방해하기 위해 전략적으로 해당 기술을 사들이는 경우가 종종 있다"고 귀띔했다. 한미약품이 다국적 제약사의 덫에 걸려들었을 가능성도 배제할 수 없다. 국내 제약사들이 자체적으로 신약개발 전 과정을 끌고 가기엔 역량이 부족하다. 신약 개발비(약 1조 원)는 국내 최상위 제약사의 연 매출과 맞먹는다. 수많은 환자를 끌어 모으는 일도 쉽지 않다. 막대한 자본이나 병원 네트워크를 가진 외국 기업과 손을 잡을 수밖에 없다. 문제는 그 과정에서 불이익을 당해도 별다른 대책이 없다는 점이다.

실제로 유한양행도 폐암치료제 기술을 중국 기업 뤄신에 수출했다 자료만 넘겨주고 계약금도 못 받았다. 결국 유한양행은 28일 계약을 해지했다. 제약업계 관계자는 **"업체 규모를 키우고 기술수출 전략 전문가를 양성할 필요가 있다"** 고 강조했다.

출처: 한국일보, '신약기술 수출계약, 또 날아든 해지통보' 중 일부, 2016.12.29.

2. 기술무역이란?

1) 기술무역의 개념

오늘날 세계경제는 첨단 과학기술을 중심으로 새로운 산업혁명이 연속적으로 진행되고 있다. 이에 기술 개발과 개발된 기술을 보호하기 위한 기업 간 치열한 전략적 이합집산, 나아가 소송도 불사하는 접전의 양상이다.

기술(Technology)이라는 용어는 그리스어에서 숙련(熟練)을 뜻하는 'Techne'와 지식을 뜻하는 'Logos'의 합성어에서 유래했다.

국내 기술이전·사업화 촉진법 제2조에서는 「'기술이전'이라 함은 기술이 양도, 실시권 허락, 기술지도, 공동연구, 합작투자 또는 인수·합병 등의 방법을 통하여 기술보유자(당해 기술 처분 권한 있는 자 포함)로부터 그 외의 자에게 이전되는 것을 말하며, '사업화'라 함은 기술을 이용하여 제품의 개발·생산 및 판매를 하거나 그 과정의 관련 기술을 향상시키는 것을 말한다.」라고 규정하고 있다. 그러나 기술이전·사업화 촉진법 제2조에서 의미하는 '기술이전'은 국내에서의 이전을 의미하는 것으로 통상관점에서의 '기술무역'이란 용어의 개념은 국내법에는 법적으로 정의된 바가 없다.

OECD에 의하면, '기술무역(Technology Trade)'은 국가 간 기술의 매매 및 라이선싱, 기술서비스 제공 등의 형태로 나타나는 국제적 기술수출과 기술수입을 의미한다고 정의하고 있다14)[20]. OECD는 1990년 기술의 국제적 확산과 이전을 국가 경쟁력의 중요한 요소로 보고 국제적인 기술이전의 측정과 분석을 목적으로 TBP(Technology Balance of Payment) Manual을 발간했다.

한국은 2001년부터 'OECD지침서에 따른 기술무역통계 산출 조사'보고서를 발간하기 시작한 후, 2003년 10월에는 기술무역 통계를 통계청의 승인통계로 지정했다. 이후 2004년부터 OECD에 한국의 기술무역 통계 자료를 제출하기 시작했으며 2015년 5월에는 통계청으로부터 조사통계에서 가공통계로 변경, 승인된 후 현재 한국은행이 기초데이터를 산출하고 있다. 이를 한국산업기술진흥협회에서 가공하여 매년 '기술무역통계

---

14) 한국산업기술진흥협회에 따르면, OECD는 그동안 MSTI(Main Science and Technology Indicator)항목에 기술수출입, 기술무역수지 등의 데이터를 제공했으나 20018년부터 기술무역통계 데이터의 발표를 중단함에 따라 이후 기술무역통계의 국제비교가 불가능하게 되었다.

보고서'를 배포하고 있다. 한국은행에서 산출하는 기술수출 자료는 '외환거래자료'에서 추출하고 있으며 기술수입은 '기술도입대가지급상황월보' 자료를 통해 제공하고 있다.[21]

| 기술무역의 개념도 |

이러한 기술무역의 범위에는, 영업비밀이나 노하우(know-how)의 국제적 매매(수출), 특허권・상표권・디자인권 등의 라이선싱 및 독점 판매, 기술지도・엔지니어링 작업 등 기술적 컨설팅, 각종 도로 및 설비의 설계도면 제작, 그리고 연구개발 서비스와 연구개발 인력의 용역(기술서비스)등이 이에 해당된다.

한국은 이렇게 통계청의 가공통계 승인에 따른 통계자료를 만들기 위해 기술무역통계를 생성하고는 있으나, 국내 법령에는 '기술수출' 또는 '기술수입', 즉 '기술무역'에 대한 법령이나 심지어 정부당국이나 정책입안자들 조차도 인식이 저조한게 사실이다.

그러나 중국의 경우, '기술무역'에 대해 사뭇 다른 양상을 보이고 있다. 중국은 상무부령의 하나인 '기술수출입합동등기관리판법(技术进出口合同登记管理办法)'을 통해 기술무역을 '기술 수출입 합동(合同, 계약)에는 전리권(专利权, 특허권, 실용신안권, 디자인권), 전양(转让, 양도)계약, 전리신청권 전양계약, 전리실시 허가계약, 기술비밀 허가계약, 기술서비스계약 및 기술 수출입이 포함된 기타 계약을 포함한다' 라고 명시하고 있다. 이는 기존의 ''중화인민공화국 기술수출입관리조례(中华人民共和国 技术进出口管理条例)'에 근거하여 2009년에 개정한 것으로, 오늘날 미국을 위협할만큼 급속히 성장한 중국의 기술발전에는 이러한 법령이 제도적으로 뒷받침이 되었다.

기술무역에 포함되는 기술은 엄연히 하나의 상품으로 국가간 상업적으로 거래되면서 국제수지 중 서비스무역 통계에 계상된다. 이러한 기술(및 기술서비스) 거래의 특징은,

첫째, 대부분 형체가 없고 만져볼수 없으며(intangible), 짧아진 기술수명주기(cycle)로 인해 변동성이 클 뿐만 아니라, 동일한 것이 없을 정도로 다양하다.

둘째, 개발 기술이 제품화나 지식재산권으로 등록하기 까지 그 성공에 대한 불확실성이 높고 따라서 평가나 측정이 지극히 어렵다.

셋째, 영업비밀의 경우, 거래가 상대적으로 매우 적기 때문에 수요·공급의 구조상 불완전 경쟁시장에 해당된다.

넷째, 가격결정에 있어서 시장 메카니즘이 배제됨으로써 가격결정의 당사자간의 협상에 의존할수 밖에 없다.

이렇게 까다롭고 쉽지않은 기술개발과 기술거래이지만 무역이 견인하는 한국경제는 이제 지금까지의 '상품 주도형 무역'에서 '상품과 기술의 양동(two track)전략'으로 전환되어야 할 필요가 있는 것이다.

따라서 그림과 같이, 먼저 기업이나 정부의 정책은 글로벌 수요 예측단계에서부터 상

▌수출의 고부가가치화를 위한 한국 기술무역의 방향▐

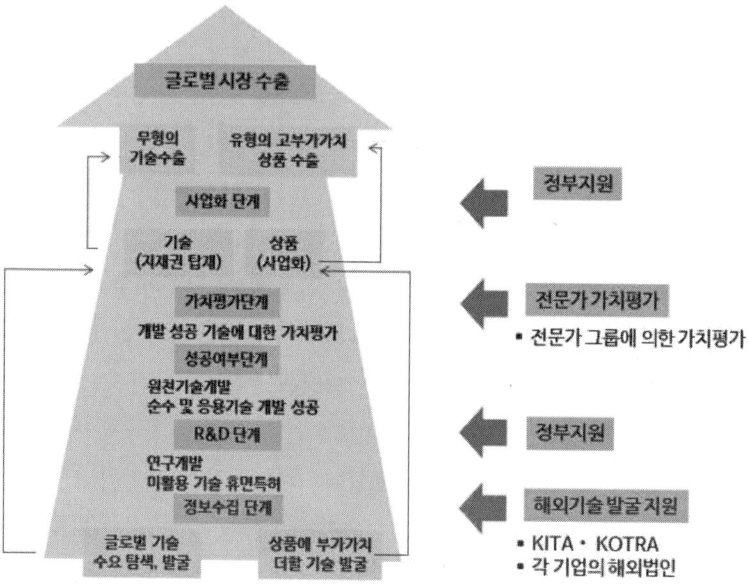

품만이 아닌 글로벌 기술수요에 대한 예측이나 동향분석이 우선시 되어야 한다. 이때 기존의 견고한 무역정보조직인 Kotra(대한무역투자진흥공사)와 무역정책 및 통계를 담당하고 있는 Kita(한국무역협회) 등 무역유관기관과 무역 주관부처의 무역정책이 기존 유형재의 무역정책에 무형재까지 더한 무역정책으로의 전환이 시급하다는 것이다.

또한 글로벌 경쟁에서 권리를 주장, 보호받기 위해서는 국내 및 글로벌 지식재산권에 대한 교육이 시급하며, 더불어 기술가치 평가, 기술무역 마케팅과 관련된 전문인력 양성 등 해결해야 할 과제가 많은 상황이다.

2) 기술획득의 유형

기업이 기술을 획득하는 방법은 크게 기술수입과 기업의 자체 기술개발이 있다. 해외로부터의 기술수입은 과도한 로열티 지급과 기술종속의 문제가 있을 수 있는 반면, 국내에서의 독자적인 기술개발은 사업화에 이르기까지 막대한 자금을 필요로 하며 상당수준의 전문인력 확보 등 기술개발 기반이 어느 정도 구축이 되어야 성공할 수 있다.

또한 기술개발과 기술사업화의 과정에서 성공의 여부가 불확실하기 때문에 경영진의 판단과 의지가 매우 큰 관건으로 작용한다. 기업이 자체 기술개발에 성공하여 사업화,

▌기술획득 방법의 유형▐

기술 원천	기술확보 유형	기술확보 방법	특징
기업 외부	○ M&A	인수 또는 합병하는 기업으로부터 기술 확보	기술보유 기업을 인수할 대규모 자본동원 능력 갖추었을때
	○ 합작	합작회사 설립을 통한 기술 확보	합작회사 설립을 통해 기술이전을 명시적으로 확보한 경우
	○ 라이선스 (특허, 디자인권 상표권, 등)	라이선스-인 (license-in) 계약체결	계약서에 합의한 로열티 및 기한 명시
	○ 기술 구매	해당 기술자체 구매	노하우 등 기술정보의 구매
기업 내부	○ 자체 개발	필요한 기술을 자체 연구인력으로 개발	우수한 자체 연구인력 및 R&D 비용 필요
	○ 모방	가장 쉬운 방법으로 회피설계, 단순모방	기술보유기업으로부터 특허 등 소송제기 가능성 큼

자료: 조재민(2009), 일부 저자보완[22]

나아가 기술자체 또는 상품에 체화되어 수출로 이어진다면 큰 수익을 보장하는 좋은 전략이 될 수도 있다.

그러나 자본과 우수한 인력이 뒷받침되지 않는다면, 기업입장에서는 단순모방이나 기존 설계에서 약간의 변형만을 일으키는 회피설계의 매력에서 벗어나기 힘든 경우가 많다.

이때의 가장 큰 위험요인은 기술보유기업으로부터의 침해소송이 제기될 가능성이 크다는 것이다.

기술을 기업외부에서 확보하기 위한 방법으로는, 자본동원능력이 풍부하다면 가장 신속하고 확실한 방법으로 인수합병(M&A)을 이용하는 방법이, 그리고 현지국에서 발생하는 다양한 비용과 저항을 줄이기 위해서는 합작회사 설립을 통한 기술취득이 있다.

반면, 필요한 기술 및 특허만을 수입하고자 할 때는 기술자체를 매매하거나 로열티를 주고 라이선스 형태로 수입하는 방법과 OEM(Original Equipment Manufacturing: 주문자상표부착방식) 등의 방식을 이용하기도 한다.

3. 상품무역과 기술무역

1) 글로벌 가치사슬과 한·중·일 가치사슬

최근 글로벌 기업의 패러다임은, 기존 기술 중심의 R&D 추구형에서 이제는 사업개발을 전제로 한 기술개발, 즉, R&BD((Research & Business Development; 사업화 연계 연구개발) 또는 T&BD(Technology & Business Development) 등으로 혁신적인 변화를 추구하고 있다[15].

글로벌 기업들의 이러한 변화에는 글로벌 가치사슬이 근간을 이루고 있다.

다음 그림에서 알 수 있듯이, 애플(Apple)의 제품이 개발, 생산되어 완제품이 소비자에게 전달되기까지 프로세스 단계별 핵심수행국가가 다르게 나타나고 있다. 단계별 프

15) 미국의 듀폰(DuPont)사의 경우, T&BD(Technology & Business Development; 사업화 전제 기술개발)를 지향하면서 기술을 먼저 확보하고 이것을 다시 자사의 비즈니스로 개발하려는 노력을 기울이고 있다.

로세스에서 가장 부가가치가 높은 부분은 단연, 상품에 구현된 기술과 디자인, 그리고 소비자를 대상으로 하는 마케팅과 대 고객서비스 부문이며 미국, 독일, 캐나다, 일본 등 기술선도국들이 차지하고 있다.

반면, 조립부문은 가치사슬상 가장 낮은 부가가치를 창출하는 부문으로 중국이 담당하고 있다.

❙ 누가 사과를 먹을까?(Who bites the Apple?) ❙ [23]

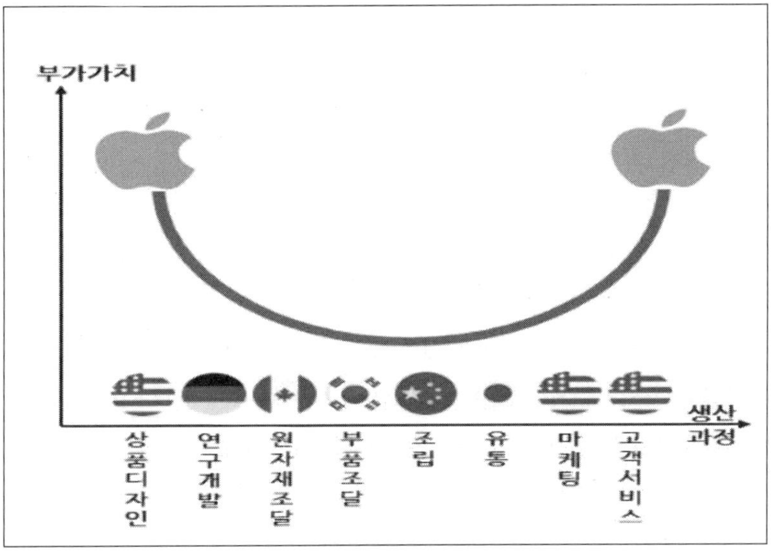

자료: Satoshi Inomata, IDE-JETRO

이렇게 글로벌 생산네트워크에서 '세계의 공장'으로 불리던 중국은 다년간 제조업 경험을 바탕으로 효율성 향상과 전문적 분업 등 생산성 향상이 가속화 되면서 글로벌 기업이 중국에 설립한 R&D센터 수가 약 3,300개(2013년 기준)에 달하고 있다. 가히 '세계의 R&D센터'로의 변혁이 진행되고 있는 것이다.

이러한 중국의 고속 성장에는 선진국의 자본과 기술집약형 산업 모델로부터 모방, 도입, 그리고 변형의 과정을 거쳐 중국 고유의 노동·자본·기술형 제조산업 모델을 창출하게 된 성공요인이 자리잡고 있다. 또한 거대시장이라는 이점과 꾸준한 경제성장으로 인해 축적된 자본력, 풍부한 노동력 등을 기반으로 이제는 노동집약형 산업과 기술 및 자본집약형 산업 모두에서 비교우위를 발휘할 수 있는 혁신 경쟁력을 확보하게 된

것이다.[24]

더욱이 최근에는 핵심기술인력 유치를 위해 '천인계획', '만인계획' 등을 통해 중국의 해외 고급기술 인력을 유치할 뿐만 아니라, 일본의 퇴직 엔지니어, 인도의 소프트웨어 인력, 한국의 반도체 인력 등 채용에 수단과 방법을 가리지 않고 영입하고 있다.

중국이 인재 · 시장 · 기술까지 기술강국을 목표로 질주하는 상황에서 한국 전국경제인연합회는 2015년 11월 국내 주요 업종별 단체 및 협회 30곳을 대상으로 "한·중·일 경쟁력 현황"을 설문을 통해 비교·조사한 결과를 발표하였다.

국내 업종별 대표기관들이 응답한 결과에 따르면, 중국에 비해 가격경쟁력이 밀린다고 응답한 기관이 21곳, 중국에 기술에서도 이미 추월당했거나 3년 이내 기술을 추월당할 것이라고 응답한 기관도 19곳인 것으로 나타나고 있다. 또한 일본기업에 기술적으로 뒤쳐졌다고 응답한 기관이 13곳, 가격경쟁력마저 일본에 비해 유사하거나 열세에 있다고 응답한 기관이 14곳으로 조사되고 있다.

한국의 산업경쟁력이 과거 '중국에는 기술 우위, 일본에는 가격 우위'라는 공식이 깨지고 중국에 '기술경쟁력'과 일본에 '가격경쟁력'마저 내주고 말았다는 자괴감이 우리경제 깊숙이 스며들면서 이러한 상황이 또한 장기간 지속될 것이라는 전망과 함께 한국경제의 위기감이 날로 고조되고 있는 상황이다.[25]

그럼에도 불구하고 한국의 과학기술 및 무역정책은 양적 투자와 상품무역 위주의 정책에서 벗어나지 못하고 있다.

지난 30여 년간 한·중·일의 글로벌 가치사슬이 수직적·양적 질서로 균형을 이루면서 한국과 중국의 압축성장이 가능했었다고 한다면, 향후 한·중·일의 경제적 역학 관계는 수평적·질적 관계로 고도화되면서 더욱 치열해질 것으로 전망된다.

특히 한·중·일 3개국 중 대외무역 의존도가 가장 높은 한국의 경우, 열악한 부품·소재 산업의 원천기술 개발과 해외 수요에 기반한 고부가가치 최종재의 국내 개발 등으로 상품무역의 고부가가치화를 추구하는 한편, 국내에 산발적으로 흩어져 있는 기술지원기관을 일원화하고 대기업과 중소기업의 기술네트워크를 유기적 협력 관계로 공고히 하는 정책 수립이 시급하다.

2) 상품무역과 기술무역의 동반성장

기술은 상품의 핵심이자 원천이다. 또한 기술은 상품화할 여건이 안 된다면 기술 그

자체가 상품이 되어 국내외로 거래되기도 한다. 2020년 한국은 무역흑자 규모가 약 456억 달러에 달하지만, 상품 수출이 증가할수록 수출상품에 체화된 기술수입에 대한 로열티 지급 또한 증가하면서 기술무역수지는 약 43억 달러 적자를 보이고 있다.

한국무역협회의 자료에 의하면, 기술수출 1억불은 상품수출 16배, 기술수입은 20배에 달하는 것으로 추정하고 있다.[26] 이는 기술수출입이 상품무역에 미치는 파급효과가 그만큼 지대하다는 것을 의미한다.

또한 아래 그림에서 알 수 있듯이, 기술무역으로 인한 흑자는 단순히 기술료 수입이 증가한다는 의미 이외에 다양한 부문의 국제수지, 즉 경상수지에 미치는 연관 파급효과 역시 크게 나타나 국가 경제에 매우 중요한 요인이 되고 있다.

❙ 기술수출로 인한 기술료 · 로열티 등 파생수입의 경상수지 개선 효과 ❙

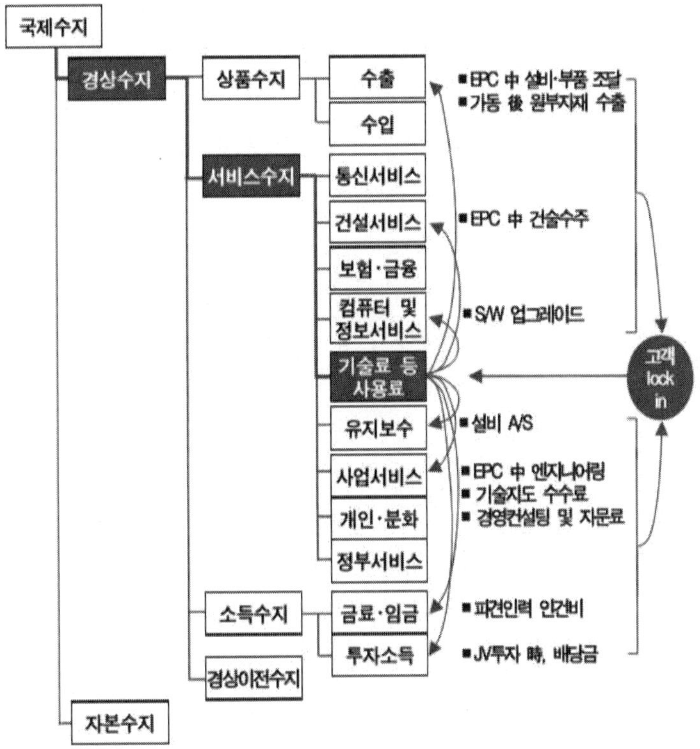

자료: 김영훈(2015)[27]

* 여기서 Lock-in 효과란, 어떤 산업에서 특정 기술이 채택, 그 기술을 표준으로 정하게 되면 다른 기술들이 그 기술을 기반으로 발전되어 나가는 기술의 '잠금효과(Lock-in effect, 자물쇠 효과라고도 함)현상'이 나타남을 이름.

예를 들어 앞의 그림처럼, 중동 등지에서 발주하는 대규모 건설프로젝트에 참여시 기술수출은 EPC(설계(Engineering), 조달(Procurement), 시공(Construction)의 약자) 및 A/S시장을 열어주는 마중물 역할을 할뿐 아니라, 고객기업으로부터 다양한 수익창출을 가능하게 한다16). 즉, 대규모의 기술수출과 동반된 EPC계약은 기술료 보다 많은 수익을 창출하고 또한 A/S시장 선점을 용이하게 하여 상품판매 이상의 안정적인 수익원을 제공하는 것으로 알려져 있다.

한편, 기존의 가치사슬을 공고히 하고 이를 효율적으로 통제하는 것도 중요한 과제지만, 고객이 무엇을 원하고 또 왜 구매하는지에 대한 고민을 통해 소비자 변화에 적극적으로 대응할 필요가 있다. 이에 대한 해결방법을 찾는 과정에서 새로운 비즈니스가 발굴되기도 하며 또한 이미 개발된 기술들을 새로운 시각에서 활용하여 기존에 개발한 제품일지라도 그 기능 및 가치를 제고할 수도 있다.

이렇게 새로운 기술을 개발하고 이를 상용화하는 것은 영세한 우리 중소기업에게는 장벽이 될 수 있지만, 적정수준의 기술을 취사선택하여 새로운 가치를 만들어 내는 전략은 한국의 수많은 중소기업에게도 여전히 유효하다고 하겠다.[28] 또한 상품이 제조 당시의 사용 범위에만 국한되지 않고 다양한 서비스 및 질적 개선을 통해 연동되고 확장되도록 설계하는 것도 매우 중요하다. 이렇게 상품과 기술이 함께 무역으로 연결되어질 때 국가의 질적 성장은 가속화되는 것이다.

다음은 한국의 상품무역과 기술무역의 특징을 비교해 보았다.

일반적으로 기술은 무형재, 혹은 상품과 사람에게 체화된 독특한 특징을 가지고 국가간 활발히 거래되면서 글로벌 생산 네트워크, 즉 글로벌 가치사슬에서 중요한 역할을 담당하고 있다. 글로벌 가치사슬에서 유리한 대기업은 경쟁과 협력을 거듭하며 성장해 나갈 수 있다. 그러나 글로벌 거버넌스, 즉 기업의 수익을 극대화하기 위한 글로벌 가치사슬 구조에 대한 이해가 부족한 한국의 중소기업들에게는 기술무역 프로세스에 대한 이해와 이를 위한 홍보가 시급한 실정이다.

따라서 국내외 기술 수요에 대한 정보제공, 기술무역에서 많은 부분을 차지하고 있는 지식재산권에 대한 교육 및 정보, 그리고 기술수출입에서 중요한 계약서 작성과 그때 유

16) 설계는 전체 프로젝트에서 5~10% 비중이지만, 수익 창출에 대한 기여는 50%를 넘어선다고 전문가들은 지적한다. 또한 조달·구매는 전체 프로젝트 가운데 차지하는 비중이 60% 정도여서 효율성을 조금만 개선해도 수익성이 크게 증가할 수 있다. 특히 선진건설기업들은 시공의 전 단계인 설계·엔지니어링 분야에서 고수익을 내고 있다. 국내 건설사들이 비교우위를 가지고 있는 수익이 적은 시공분야와 비교되는 대목이다.

| 기술무역과 상품무역의 특징 및 차이점 비교(한국) |

항목		기술무역	상품무역	비고
형태	거래형태	▪ 무형(일부유형 존재)	▪ 유형	
	계약형태	▪ 거래대상별 상이한 계약형태	▪ 정형화된 계약형태	
대상	거래상품	▪ 명세서, 도면 등의 기술자료, 기술서비스, 특허 등의 지식재산권	▪ 눈에 보이는 제품	거래되는 기술 매우 다양함
	목표그룹	▪ R&D전문가, 생산 관리자, 주문생산 제조업자(OEM)	▪ 상품 사용자	기술거래 대상자가 사람임
경쟁력	핵심 경쟁력	▪ 기술 또는 기술력 및 지재권 보유 유무	▪ 상품제조 및 보유 유무	
	품질평가	▪ 기술이 제품에 체화되어 제조, 판매 후 기술효과 판단가능	▪ 판매 및 납품 시점에 품질파악 가능	
	품질보증	▪ 기술의 활용 후 결과 보증, 제품의 품질 등	▪ 제품자체 또는 제품의 인증마크	기술보증 매우 어려움
	협상	▪ 협상기간 길고 협상도 매우 어려움	▪ 협상기간도 짧고 용이함	
	유통비용	▪ 거의 없음	▪ 물류, 유통비용 큼	
	마케팅 수단	▪ 노하우, 특허, 프로젝트 프로토타입	▪ 상품, 서비스, 시스템	
위험	유출, 도난위험	▪ 유출이 매우 용이하고 유출된 사실 입증 곤란	▪ 도난, 유출 비교적 용이하게 파악가능	기술유출도구 발달(USB 등)
전망	기업선호	▪ 항상 최첨단 기술을 갖기 원함	▪ 첨단제품 생산 원함	첨단 기술 일수록 선호도 증가
	경험, 전문 인력	▪ 매우 부족함	▪ 매우 많음	기술거래의 전문화 시급
	한국기업 경험	▪ 수출보다 수입경험 많음	▪ 매우 많음	기술수출시대 도래
	비즈니스 전망	▪ 다양한 형태로 국경 없는 기술무역 증대가능	▪ 품목별 증감 상이함	
주관	무역주관 기관	▪ 기술무역 주관 기관 없음. 각 기관별 산발적 운영으로 유기적 네트워크 없음	▪ KITA, KOTRA 및 유관기관 유기적 네트워크화 되어있음	기술무역 주무기관 선정시급

자료: 변종원(2012)[29], 일부 저자보완

의해야 할 점 등 체계적인 기술무역 프로세스가 확립되고 보급되어야 한다.

또한 미래성장동력 산업으로 부상하고 있는 혁신적 기술개발에 대한 지원과 대·중소기업의 유기적 협력관계를 바탕으로 기술과 상품의 가치사슬을 국내에서 먼저 공고히 해야 한다. 그러나 무엇보다 기술무역에 대한 기업의 인식전환과 정부 정책의 일원화가 필요하다.

다시 말해, 기술개발 중소기업에 대한 지속적이고 실질적인 교육, 조세 및 금융 지원, 그리고 기술무역의 전반적인 지식과 경험을 갖춘 전문인력 확보와 기술무역 인력 양성, 나아가 가장 중요한 기술무역을 전체적으로 코디네이트하는 전문 코디네이터기관의 발족이 시급한 시점이다.

결국, 한국의 모든 방향점은 다양한 기술을 바탕으로 한 고부가가치 상품무역과 활발하고 지속가능한 국내 기술거래를 고부가가치 기술무역으로 확장시키는 등 보다 정교하고, 보다 균형 잡힌 무역강국으로 나가야 하는 시대적 대전환점에 서 있다.

사례: 애프터마켓(Aftermarket) 전략

애프터마켓(Aftermarket) 전략의 대표적 사례로 GE와 Rolls-Royce 등은 항공엔진 판매 후 A/S 시장(설비 및 부품 교체, S/W업그레이드 및 컨설팅 등)에서 벌어들이는 수입이 전체의 50% 이상으로 확대되었다고 밝히고 있다. 일반소비재 부문에서는 '면도기와 면도날' 비즈니스 모델로 잘 알려진 것처럼, 면도기와 같은 기본제품을 판매하고 면도날처럼 반복적인 구매가 필요한 보완부품이나 서비스의 판매, 즉 애프터마켓(After Market)을 통해 더 큰 수익을 창출한다는 것이다. 주로 고가의 의료 및 생산기계, 플랜트, 건설 및 중장비 등 기존 설비를 유지·보수 또는 확장하면서 발생한다. 최근에는 다양한 정보통신기기의 소프트웨어 업그레이드 및 부품교체 등을 통해서도 발생하고 있다. 이렇게 발생한 수익은 다시 기업의 기술 및 연구개발비로 투자되며 지식재산권을 통해 수익을 보호하는 전략으로 이어진다.

사례: 기술 라이선싱에 의한 기술수출

글로벌 신약 개발에 앞장서고 있는 국내 D 기업은 2015년 하반기 러시아 게로팜(GEROPHARM LLC)사와 자체개발 당뇨병치료제 신약 '에보글립틴(Evogliptin, 제품 개발 코드명: DA-1229)'의 라이선싱 아웃 계약을 체결했다고 밝혔다.

이번 계약에 따라 D사는 계약금과 개발 진행 단계에 따른 기술료 외에 판매금액에 대한 로열티를 받고, 원료 수출로 추가 이익도 기대된다. 게로팜사는 오리지널 의약품 생산에 있어 선두권의 러시아 로컬 제약회사이다. 러시아 로컬 제약사 중 유일하게 인슐린의 원료부터 완제품 생산까지 가능한 기술력을 가지고 있으며 러시아, 우크라이나, 카자흐스탄에 직접 판매망을 보유하고 있다.

3개국 중 가장 큰 시장인 러시아의 경구용 당뇨병치료제 시장 규모는 3,200억 원이며, 이 중 DPP-4 저해제는 700억 원 규모다. 전 세계적으로 DPP-4 저해제가 경구용 당뇨병치료제 시장의 절반 이상을 차지하는 만큼 향후 더욱 성장할 것으로 기대되면서 D제약사의 기술수출로 인한 로열티 수입도 커질 것으로 전망되고 있다. 출처: 동아에스티, 2015

사례: 기술 공개로 글로벌 표준화 선점

Tesla, 우리 기술을 쓰는 기업이 많을수록 기술의 시장가치는 높아진다!

전기자동차 부문 최고의 기업으로 촉망받는 테슬라가 세상을 놀라게 한 하나의 사건은 자사의 핵심 특허를 공개했다는 것이다.

테슬라는 전기차 산업에 있어서 핵심경쟁력 중 하나이자, 가장 큰 진입장벽인 배터리 관리기술을 후발기업들이 테슬라의 특허를 활용해 전기차를 개발할 수 있도록 자사가 보유한 핵심특허 203개 중 배터리 관리 및 구동계 관련 특허 135개를 2014년 공개했다.

테슬라의 이러한 과감한 행보에는 전기자동차 산업의 가치사슬인 전력공급(SolaCity), 배터리생산(Gigafactory), 전력충전소(Supercharger) 부문을 내부화하여 업계 최고의 기술력과 경쟁력을 보유하게 되었기 때문이다(즉, 솔라시티(SolaCity)는 테슬라의 CEO인 엘론 머스크가 2006년에 설립한 태양광 발전기 기업이며 배터리 생산을 위해 기가팩토리(Gigafactory)를 건설하여 세계 최대 배터리 생산공장으로 발전시킴).

▣ 테슬라의 사업구조

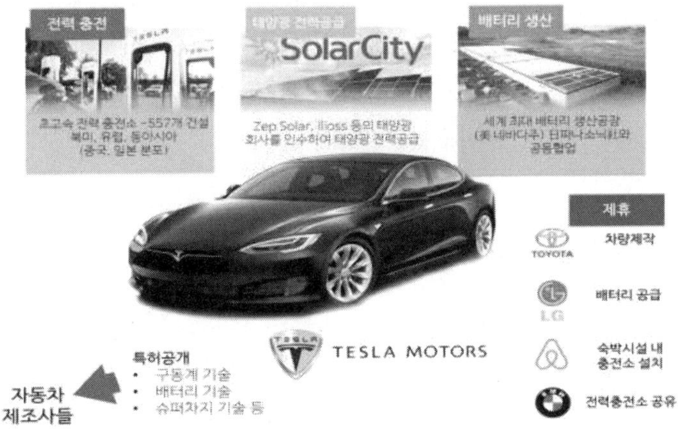

이러한 테슬라의 전략은 후발 기업들이 테슬라의 기술로 전기차를 개발하게 된다면 시장에서는 테슬라의 기술이 글로벌 표준화가 된다는 의미이다. 테슬라의 글로벌 경쟁력은 기술의 블랙박스가 아닌 기술의 오픈소스였던 것이다.

자료: 테슬라 홈페이지, 2015.11월 기준
출처: 김정덕, '다시 뛰는 미국 제조업, 플랫폼 전략을 통한 혁신', 한국무역협회, 2015.12.

제2장

한국의 기술무역 수준은?

1. 경상수지와 기술무역수지
2. 한국 기술무역의 방향성

제2장

한국의 기술무역 수준은?

1. 경상수지와 기술무역수지

지난 40여 년간 급속한 경제성장을 거듭해온 한국의 경우, 그동안 미국과 일본으로부터의 기술수입에 의존해 왔던 것이 사실이다.

이러한 기술모방 및 기술추격(catch-up)은 기술경쟁력 향상을 위한 R&D 투자, 즉 기술혁신과 점진적인 생산성 향상으로 이어졌으며, 이는 곧 한국 경제성장의 근간이 되었다. 그러나 선진기술의 모방에 의한 신속하고 효율적인 기술개발은 더 이상 불가능한 상황이 되고 있다.[1]

급변하는 글로벌 기술 경쟁 속에 국내기업들은 원천기술과 세계 표준을 장악한 선진국의 기술기반 기업들로부터 끊임없이 견제를 당하고 있다. 2011년 이후 매년 100여개의 국내기업이 특허관리기업(NPE, 일명 특허괴물)으로부터 피소당하고 있으며,17) 이중 국내 기업을 5회 이상 제소한 특허관리기업도 20여개나 존재하는 것으로 파악되고 있다(Patentfreedom, 2013).[2]

경제규모가 큰 기술 선도국들은 선도국간 기술투자와 그의 확산으로 더 큰 이익을 얻

17) 특허관리기업(NPE: Non Practicing Entity)이란, 제품을 생산하거나 판매하지 않고 특허나 라이선싱 또는 특허소송을 통해 이익을 창출하는 특허전문기업을 말하며 '특허괴물'이라고도 불린다. 대표적인 NPE로는 세계 최대 규모의 IV(Intellectual Ventures)가 있으며 이외에 Interdigital(미), Ocean Tomo(미), Acacia Research(미) 등이 있다. 한국 기업을 상대로 가장 많은 12건의 소송을 제기한 미국 NPE 기업(Affinity Labs of Texas, Orlando Communication)도 있다.

는 반면, 소규모 경제는 무역에 의한 기술 확산에 더 많은 영향을 받는 것으로 나타나고 있다(Helpman, 1997; Frantzen, 2007).[3] 소규모 개방경제체제인 한국의 경우, R&D 투자 규모와 국가과학기반, 즉 기초연구 및 원천기술연구에 절대적으로 불리한 상황일 수밖에 없다.

더욱이 내수가 취약한 우리 경제가 양적인 성장뿐만 아니라, 질적인 발전을 통해 진정한 선진 경제로 거듭나기 위해서는 기술에 기반을 둔 고부가가치 기술 확산 전략이 치밀하게 수립되어야 한다.

최근 한국의 기술무역 통계를 살펴보면 다음 그림과 같다.

▎한국의 기술무역 추이(2007~2020) ▎

(단위: 백만 달러)

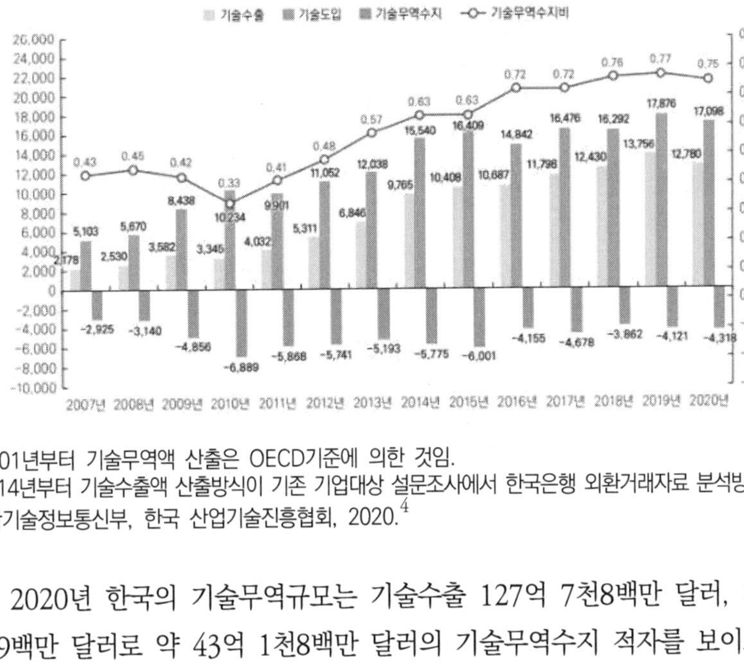

주: 1. 2001년부터 기술무역액 산출은 OECD기준에 의한 것임.
2. 2014년부터 기술수출액 산출방식이 기존 기업대상 설문조사에서 한국은행 외환거래자료 분석방식으로 전환됨

자료: 과학기술정보통신부, 한국 산업기술진흥협회, 2020.[4]

먼저, 2020년 한국의 기술무역규모는 기술수출 127억 7천8백만 달러, 기술수입은 170억 9백만 달러로 약 43억 1천8백만 달러의 기술무역수지 적자를 보이고 있다.

전체적인 기술무역 규모는 지속적으로 증가하고 있으나, 기술무역수지 적자 규모는 여전히 OECD국 중 최하위를 벗어나지 못하고 있는 실정이다.

또한 다음 그림처럼, 주요 기술선진국들과 기술무역 규모를 비교해 보면, 미국은 기술무역 규모 및 기술무역수지면에서 세계 최대 흑자국(468억 5백만 달러)의 면모를 나타내고 있고, 일본의 기술무역수지비(기술수출액/기술수입액)는 세계 1위를 차지하고 있다.

일본의 경우, 전체적인 기술무역 규모는 미국보다 작으나 기술수입에 비해 기술수출 규모가 약 7배에 달하기 때문이다.

2002년까지 기술무역수지 적자국이었던 독일은 2003년부터 기술무역수지가 흑자로 돌아선 이후 꾸준히 기술무역수지 흑자 기조(170억 7백만 달러 흑자)를 유지하고 있다.

영국 역시 기술무역 흑자규모가 매년 성장세를 나타내면서 262억 3천만 달러의 흑자를 보이고 있다. 또한 영국은 최근 자국 내 기술이전 및 기술거래가 활발하게 진행되면서 기술사업화율이 70%에 달하는 등 기술강국으로 거듭나고 있다.

▌주요국의 기술무역 규모 비교(2017년)▐

(단위 : 백만 달러)

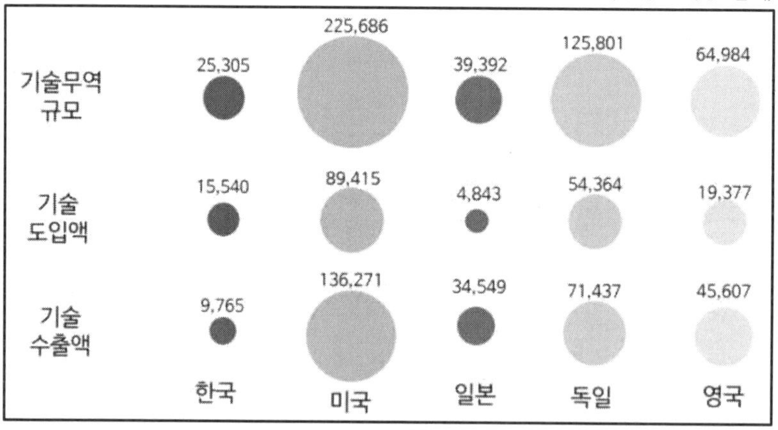

자료: OECD, Main Science and Technology Indicators, 2017/1[5]

1) 경상수지와 기술무역수지

그렇다면 일반적으로 널리 알려져 있고 활용되고 있는 경상수지와 기술무역수지는 어떤 양상을 보일까? WTO와 IMF에서는 매년 각국이 보고하는 총 교역량 방식의 무역량을 발표하고 있는 바, 다음은 OECD 31개 국가[18]를 대상으로 기술무역수지 및 총 교역량 방식의 경상수지를 규모와 순위별로 비교하여 보았다.

---

18) 2015년 OECD회원국은 34개국이나 이중 31개 국가만이 기술무역관련 데이터를 OECD에 보고하고 있다(2015년 이후 3개국(라트비아, 리투아니아, 콜롬비아)이 가입함으로써 2020년 현재 37개국임).

다음 표에서 알 수 있듯이, 2015 한국의 경상수지는 OECD국 중 2위인 843억 달러 흑자를 보이고 있으나, 기술무역수지는 OECD 31개 국 중 최하위(31위)인 57억 적자

❙ OECD국가별 경상수지와 기술무역수지의 비교(2015)[19] ❙

(단위 : 백만 달러)

국가명	경상수지	순위	국가명	기술 무역수지
독일	282,444	1	미국	38,900
한국	84,373	2	일본	28,868
네덜란드	78,533	3	영국	26,169
스위스	61,857	4	독일	18,784
노르웨이	60,447	5	스웨덴	11,402
이탈리아	40,461	6	이스라엘	10,987
일본	36,595	7	스페인	8,458
덴마크	31,317	8	핀란드	5,109
스웨덴	26,596	9	오스트리아	4,747
스페인	14,916	10	네덜란드	3,284
이스라엘	12,226	11	덴마크	2,063
오스트리아	10,475	12	노르웨이*	1,612
아일랜드	4,254	13	캐나다*	1,393
룩셈부르크	3,332	14	벨기에	947
슬로베니아	3,085	15	이탈리아	906
헝가리	2,812	16	체코	862
슬로바키아	1,200	17	슬로바키아*	398
아이슬란드	684	18	폴란드	311
체코	360	19	아이슬란드	149
에스토니아	241	20	에스토니아	127
포르투갈	146	21	헝가리	103
핀란드	-3,081	22	포르투갈	64
벨기에	-3,582	23	그리스	-127
그리스	-3,870	24	멕시코*	-325
뉴질랜드	-6,357	25	슬로베니아*	-350
폴란드	-11,303	26	뉴질랜드*	-379
멕시코	-24,846	27	아일랜드	-1,108
호주	-41,724	28	룩셈부르크	-1,509
캐나다	-43,557	29	스위스	-3,254
영국	-139,946	30	호주	-4,226
미국	-392,059	31	한국	-5,775

자료: OECD Stat, Main Science Technology Indicators, IMF「International Financial Statistics」[6]
*: 국가별 2013년 기술무역data, 2013년 데이터가 해당국가 최근 자료임.
주: 프랑스는 2003년 이후 기술무역 데이터가 없음.

19) OECD 데이터에서 국가별 동일연도를 비교하기 위해 최신데이터이며 국가별로 가장 많은 데이터가 탑재된 2015년 자료를 활용했음을 밝혀둔다.

를 기록하고 있다.

한국의 이 순위는 불편한 진실로써, OECD 기준에 맞게 가공된 기술무역통계 데이터 발표 이후(2002년부터) 현재까지 최하위 수준에서 벗어나지 못하고 있다.

경상수지는 흑자이나 기술무역수지가 적자인 국가는 한국, 스위스, 아일랜드, 룩셈부르크 등 4개국이다. 그러나 이 4개국 중 인구가 천만 명 이상인 국가는 한국이 유일하다. OECD회원 국가 중 인구 5천만 명 이상인 국가 중 기술무역수지가 적자인 국가는 멕시코와 한국뿐이다.

특히, 한국의 경우, 기술선진국이 보유한 기술을 모방하는 등 '기술추격'을 통해 급속한 경제성장과 무역강국으로 등극했으나, 그 명성에 비해 기술경쟁력이 취약한 분야가 많다보니 여전히 기술수입에 의존하고 있다는 것을 알 수 있다.

반면, 경상수지는 적자가 크나 기술무역수지가 흑자인 국가로는 미국, 영국, 그리고 핀란드, 캐나다 등 기술강국들이 포함되어 있다. 기술무역 선진국인 미국과 영국은 경상수지적자는 가장 많으나 기술무역수지는 세계 최고 수준을 보이고 있다. 더불어 독일, 일본, 네덜란드, 스웨덴, 노르웨이, 이탈리아 등 유럽의 많은 국가가 기술무역과 경상수지 모두 흑자인 쌍끌이 흑자국으로 나타나고 있다.

이중으로 계상되는 총 교역량 방식의 무역액보다 기술무역수지 흑자가 많은 국가일수록 향후 기술선도국으로써 미래 성장 동력을 갖춘 혁신국가가 되지 않을까?

2) 국가별 · 산업별 기술무역

기술무역에서 기술수출만이 국가 경제에 이바지 하는 것은 물론 아니다. 글로벌 기술우위 기업이 많이 포진해 있는 기술선진국으로부터 로열티를 주고 원천기술을 수입하여 국내 상품제조에 활용, 수출하고 또 이의 과정에서 응용기술들을 개발, 사업화하여 고부가가치재를 생산, 다시 수출하는 등 기술수입을 통한 상품 및 기술가치사슬이 선순환하기 때문이다. 그러나 한국경제의 급속한 성장은 풍부한 천연자원이나 탄탄한 시장덕분이라기보다는 상대적으로 낮은 생산비용과 이의 상품제조 위주의 수출주도형 무역 때문이라고 해도 과언이 아니다. 이에 비해 한국의 기술수출 규모는 모든 것을 감안하더라도 너무 미미하다.

2020년 한국의 기술수출 대상국가는 126개국으로 상위 10개국이 전체 수출금액의 87.4%, 기술수입 대상국가는 121개국, 상위10개국이 전체 89.7%를 차지하고 있다.

2020년 한국의 기술무역흑자국과 적자국을 각각 살펴보면, 한국의 기술수입에 있어서는 미국에 대한 의존율이 가장 높아 45.3%(8조 8,633억원; 73억 8천만 달러)를 나타내고 있으나, 이는 2013년 62.5%(9조 315억원; 75억 2천만 달러)에 비해 큰 폭으로 낮아진 규모이다. 그러나 미국에 대한 이러한 적자규모는 한국 기술무역 전체 적자 중 93.7%를 차지하는 것으로 미국 기업들이 보유한 원천 기술에 대한 기술종속도가 매우 높음을 짐작할 수 있다.

▌한국의 국가별 기술무역 흑자국 및 적자국(2020년)▐

기술흑자국		순위	기술적자국	
국 명	흑자금액		국 명	적자금액
중국	23억 7천1백만 달러	1	미국	33억 2천2백만 달러
베트남	17억 7천2백만 달러	2	싱가포르	19억 1천9백만 달러
브라질	2억 8천 3백만 달러	3	아일랜드	13억 8천3백만 달러
슬로바키아	2억 3천 5백만 달러	4	독일	5억 6천7백만 달러
인도	1억 9천만 달러	5	영국	4억 8천1백만 달러

자료: 과학기술정보통신부, 한국산업기술진흥협회, "2020 기술무역통계보고서"

이를 다시 산업별로 살펴보면, 2020년 기술무역수지 적자 중 가장 큰 비중을 차지하고 있는 산업은 단연 전기전자산업(24억 5천만 달러; 약 3조 2,000억원)으로 총 기술무역수지 적자 중 56.8%를 차지하고 있다. 이는 2019년 전체 기술무역수지 적자의 113%(43억 8천만 달러)에 비해 적자폭이 대폭 줄어든 수치이긴 하나, 매년 한국 기술무역수지 적자의 대부분을 차지하는 산업이다. 전기전자산업(컴퓨터, 영상, 전자부품, 음향 및 통신장비 제조업, 전기장비 제조업에서 활용하는 기술)에 대한 기술무역 적자는 대기업이 80% 이상을 차지하고 있는데, 이러한 이유는 국내 대기업의 주력 상품에 체화되는 핵심부품의 설계 및 제조기술이나 원천 기술이 부족하다는 의미이며, 한국 대부분의 산업에서 드러나고 있다.

더욱이 정보통신 산업은 2014년부터 6년 연속 흑자행진을 이어왔으나, 2019년부터 흑자폭이 감소하기 시작, 2020년에는 적자(5억 4천만 달러)로 돌아섰다. 그동안 정보통신 산업의 기술수출액 증가는 국내 중소기업의 기술수출이 뒷받침된 결과였으나, 이마저도 2020년 적자(6억 3천 5백만 달러)로 나타나고 있다.

한국기업의 기술무역수지 적자 감소를 위해서는 먼저 산업별・기술별 체계화된 기술 분석과 기술수출 시장에 대한 본격적이고 다양한 기술수출전략이 시급하다는 것으로 이해할 수 있다.

특히, 글로벌 시장에 대한 정보부족이 가장 큰 문제로 지적되고 있는 바, 중소기업이 보유한 기술에 관심을 보이는 해외글로벌 또는 해외 중소기업들과의 네트워크와 핵심기술에 대한 기술마케팅의 부족 등 글로벌 거버넌스에 대한 이해부족으로 보유한 역량을 발휘하지 못하는 경우가 많기 때문인 것으로 파악되고 있다.

❙ 한국의 산업별 기술무역 현황(2020년) ❙

(단위 : 백만 달러, %)

구분	기술수출		기술수입		기술무역규모		기술무역수지
	금액	구성비	금액	구성비	금액	구성비	금액
전 체	12,780	100	17,098	100	29,878	100	-4,318
농림수산	16	0.1	179	1.0	195	0.7	-163
섬유	68	0.5	255	1.5	323	1.1	-188
화학	440	3.4	1,116	6.5	1,556	5.2	-676
소재	27	0.2	109	0.6	136	0.5	-82
기계	1,490	11.7	1,618	9.5	3,108	10.4	-129
전기전자	3,345	26.2	5,798	33.9	9,143	30.6	-2,453
건설	145	1.1	64	0.4	209	0.7	80
정보통신	6,064	47.4	6,606	38.6	12,669	42.4	-542
기술서비스	732	5.7	475	2.8	1,207	4.0	257
기 타	454	3.6	878	5.1	1,332	4.5	-424

자료: 과학기술정보통신부, 한국산업기술진흥협회, "2020 기술무역통계보고서"

3) 기업규모별・특허유형별 기술무역

기업규모별로 살펴보면, 2020년 대기업의 기술무역수지 적자폭은 전년(36억 9천만 달러, 2019년)에 비해 줄어 들었으나 중견기업은 전년대비 5.4배, 중소기업은 4.1배가 각각 증가하였다.

다음으로 기술유형별로 구분하여 보면, 특허・상표・디자인 등의 라이선스 같은 지식재산권 기술수출이 34.8%, 기술서비스가 30.1%를 차지하고 있다.

특히, 기술수입 부문에서 지식재산권관련 기술수입이 42.5%로 나타나고 있다는 것은 글로벌 기술교역시장이 지식재산권을 탑재한 교역형태가 많다는 것을 말해 주고 있다.

❙ 기업규모별 기술무역 현황(2020년) ❙

(단위 : 백만 달러, %)

구분	기술수출		기술수입		기술무역수지
	금액	구성비	금액	구성비	금액
전 체	12,780	100	17,098	100	-4,318
대기업	5,585	43.7	7,687	45.0	-2,102
중견기업	3,336	26.1	4,607	26.9	-1,271
중소기업	3,717	29.1	4,703	27.5	-986

자료: 과학기술정보통신부, 한국산업기술진흥협회, "2020 기술무역통계보고서"

따라서 한국의 기술무역 정책 역시 기업은 물론 일반인 대상으로 글로벌 지식재산권에 대한 교육 및 홍보가 필수적으로 요구되고 있으며 이는 곧 무역과 직접적으로 연결된다는 인식이 확산되어야 함을 강조하고 싶다.

❙ 기술유형별 기술무역 현황(2020년) ❙

(단위 : 백만 달러, %)

구분	기술수출		기술수입		기술무역규모		기술무역수지
	금액	구성비	금액	구성비	금액	구성비	금액
전 체	12,780	100	17,098	100	29,878	100	-4,318
특허	3,196	25.0	4,863	28.4	8,060	27.0	-1,667
상표권/디자인/패턴등	1,245	9.8	2,418	14.1	3,663	12.2	-1,173
기술서비스/해외연구개발	3,850	30.1	6,776	39.6	10,626	35.6	-2,926
기타	4,489	35.1	3,040	17.8	7,529	25.2	1,449

자료: 과학기술정보통신부, 한국산업기술진흥협회, "2020년 기술무역통계보고서"

2. 한국 기술무역의 방향성

한국의 외교부가 2014년 전 세계 17개 국가 6천 명을 대상으로 대한민국 하면 떠오르는 이미지를 물어본 결과, "IT기술(Information Technology)"이 1위로 나타났다고 한다.[7] 한국이 "첨단 IT 기술강국"이라는 이미지가 만들어진 이유를 살펴보면, 한국 대기업들의 IT소비재에 대한 강력한 브랜드 파워와 함께 국가 기술경쟁력을 반영하는 하이테크 산업(제조업 수출액 대비) 비중이 4년 연속 세계 1위를 차지하는 등 반도체와 전자제품 소비재가 큰 몫을 하고 있기 때문이다.

더욱이 GDP 대비 국내 R&D 투자 비중은 세계 2위(1위 이스라엘), 더욱이 대표적인 과학기술지표인 연간 특허등록수는 세계 4위, 국제특허출원(PCT)20) 건수 연속 세계 5위 등 다양하고 탁월한 성과지표들 덕분이라고 할 수 있다(OECD, 2019)21).[8,9] 그러나 역대 최고 기록을 경신하는 최상의 지표에도 불구하고 R&D 투자 대비 가장 대표적인 성과지표인 기술무역수지(기술수출기술수입)는 만년 적자를 면치 못하면서 OECD 30개국 중 아일랜드 다음으로 기술무역 적자가 가장 많은 실정이다.[10]

▌주요국간 R&D 관련 핵심지표 비교▐

(단위 : %, 건수, 억 달러)

구분	R&D투자비중* (2019)	하이테크수출22) 비중(2019)[6]	PCT 출원 (2020)	기술무역수지 (2015)
한국	4.81 (세계 2위, 2020년)	5.7 (세계 5위)	17,014건 (세계 5위)	-60억달러 (약 7조 2천억원) (OECD 29위)
미국	3.07	11.5	56,142건	419억달러 (약 50조 3천억원)
일본	3.20	4.1	49,702건	276억달러 (약 33조 1천억원)
영국	1.76	-	5,641건	197억달러 (약 23조 6천억원)
독일	3.19	6.8	19,883건	181억달러 (약 21조 7천억원)

*: 연구개발투자비율 = (해당 국가의 연간 총 연구, 개발 지출금액 ÷ 해당국가의 당해 연도 국내총생산) × 100
주: 하이테크 수출비중이란, 하이테크 세계 총 수출 중 해당 국 수출 비중

20) 국제특허협력 조약(Patent Cooperation Treaty; PCT)에 의한 국제출원을 의미하는 것으로 속지주의가 원칙인 특허등록의 불편함을 해소하기 위해 PCT국제출원이 등록되면 각국에서도 국내 출원으로 인정해 주는 제도로써 2022년 현재 156개국이 가입되어있다.

21) OECD에서는 매년 회원국들간 주요 과학 및 기술에 대한 지표(MSTI: Main Science and Technology Indicators)를 발표하고 있다.

22) 하이테크 제품이란, 제조과정에서 연구개발(R&D) 비중이 8% 이상인 제품으로 전자통신기기, 항공우주제품, 의약품, 화학품, 전자기기 등이다.

WTO와 OECD가 산출하고 있는 부가가치 무역액으로 살펴보면, 우리는 한국의 무역수지 흑자에 미소를 지어서는 안 된다. 기술무역수지 흑자 1~3위를 차지하고 있는 미국과 영국, 일본은 경상수지에서는 나란히 세계에서 무역수지적자가 가장 큰 1~3위 국가들이다.

이것이 의미하는 바가 무엇인지 우리는 주목해야 할 필요가 있다.

21세기 들어 구글(Google), 아마존(Amazon) 같은 글로벌 기업의 가치는 75% 이상이 무형자산(기술서비스와 지식재산권 등)에서 창출되고 있다. 1장에서도 언급한 바와 같이 S&P 500기업들의 기업가치 역시 유형의 상품에서 창출되는 자산(10%)보다 무형자산이 90%라고 발표하고 있다.

향후 세계 각국의 미래성장 동력은 자국이 글로벌 가치사슬의 부가가치 창출과정에서 어느 부분을 차지하느냐가 관건이다. 즉, 부가가치를 더 많이 창출하는 국가가 자국의 경제발전과 국민후생을 보장할 수 있다는 뜻이다.

최근 미국은 해외로 이전했던 생산기지(Offshoring)를 다시 본국으로 불러들이는 리쇼어링(Reshoring)정책을 추진하면서 많은 미국기업들이 본국으로 생산기지를 옮기고 있다. GE(General Electric)는 히터 생산 공장을 중국에서 미국으로 이전했으며, 자동차 기업인 GM(General Motors)은 멕시코 공장에서 생산하던 소형엔진을 미국으로, 건설장비 업체 캐터필러(Caterpillar)는 일본공장 대신 미국공장에서 생산을 늘리고 있는 실정이다.[11]

이는 미국 내 기술향상에 따른 생산설비의 자동화와 셰일가스 등 에너지 효율화, 게다가 미국의 세제지원정책 등에 힘입은 결과로써 미국이 자국 내 제조업 일자리 창출과 생산성 향상이라는 두 마리 토끼를 잡은 형국인 것이다. 가장 대표적인 기술무역 흑자국으로써 미국이 원천 및 핵심 기술경쟁력을 바탕으로 고부가가치제품에 대한 수출이 성과를 나타내기 시작한다면 세계 최대의 경상수지 적자도 상당히 개선될 전망이다.

반면 한국의 경우, 총 교역량 산출방식에 의한 무역에서는 큰 규모의 경상수지흑자가 발생했다고는 하나, 이를 부가가치 무역 산출방식으로 전환하게 되면 대중 무역흑자가 1/4로 줄어드는 것으로 나타나고 있다23).

향후 한국의 통상정책은 대외교역 상황에 대한 체계적이고 실질적인 재분석을 통해 부가가치를 창출하는 부분을 중심으로 새롭게 정립해 나가야 하는 기로에 서 있다. 따라

23) 2013년 WTO와 OECD에 따르면 2009년 한국의 대중 무역수지 흑자는 569억 달러에 이르는데 이를 부가가치 기준에 따르면 104억 달러에 불과한 것으로 발표하고 있다.

서 다음은 한국 기술무역의 문제점을 구체적으로 살펴보도록 한다.

1) 한국 기술무역의 문제점

한국 기술무역의 심각한 적자에 대한 문제점을 정부와 기업차원에서 살펴보면 각각 다음과 같다.

먼저, 2015년 30,830개사를 대상으로 한(최근 3년간 기술무역실적 보유 기업 830개사, 기술무역 연관기업 3만 개사) 설문조사 결과, 기술수출을 활성화하기 위해 가장 필요한 요인으로 기업들은 "기술거래 종합지원 센터(가칭) 구축"을 1순위(33.4%)로 꼽았다.

다음은 "기술거래 시 세제혜택 및 자금지원"이 2위(19.8%), "전문인력 양성"(18.8%) 순으로 지적하고 있다.[12]

실제적으로 한국의 무역을 주도적으로 주관하는 조직인 한국무역협회(KITA)와 대한무역투자진흥공사(KOTRA)등은 제조업 중심의 상품무역에만 치중하고 있는 실정이며 과학기술과 무역을 연계한 정부 기관은 없는 실정이다. 따라서 기술무역을 주도적으로 주관하면서 기술개발 및 기술사업화를 통해 고부가가치 상품의 수출로 이끌고 또한 이러한 과정에서 기술자체를 상품화하여 기술수출로 연계시키는 이른바, 기술무역 코디네이터로서의 기술무역 컨트롤 타워가 없다는 것이 가장 큰 문제이다.

두 번째 지적 사안인 '기술거래 시 세제혜택이 미흡'하다는 것에 대해서는 기술거래 시 발생하는 소득에 대한 과세 특례에 일몰기한이 정해진 경우가 대부분으로 연구개발 및 자산 취득과 인력 활용 등도 이미 혜택이 끝났거나 제한적이라는 것이다.

기술선진국이 특허박스(Patent Box)등으로 혜택을 줄 때 우리는 기술거래를 오히려 저해하는 제도적 모순을 안고 있는 실정이라는 것이다.

특허박스 제도는 기업의 총수익 중 특허 등 지식재산권으로부터 발생하는 이익에 대해 비과세하거나 법인세를 인하해 주는 제도로서 1973년 아일랜드가 최초로 도입한 이래, 2020년 현재 EU 13개국 및 영국, 중국 등 16개 국가가 운영중이다.[13]

이렇게 지식재산권의 국가 간 거래, 즉 기술무역의 중요성을 조세제도로 지원하는 국가들이 있는 상황에서 조세를 통한 한국의 지원제도로는 '조세특례제한법', 즉 조특법이 있다.

특히, 조세특례제한법 12조에서는 국내 R&D기업들의 창업시 세액감면이나 연구개발 인력에 대한 공제혜택이 주를 이루고 있다.

최근들어 국내 기업간 지식재산권 거래시 세액 감면 등이 신설되기도 했으나, 이 역시 한시적으로 제한한 일몰규정일 뿐이다.

국내기업이 지식재산화한 거래, 즉 국내기업의 상표권, 디자인권, 실용신안 및 특허권의 수출시에는 어떠한 혜택도 없는 실정이다.

❙ 지식재산 창출 및 활용 관련 조세지원제도 현황 ❙

단 계	조세특례제한법 조세지원제도	조특법 규정
IP 창출 준비 (기술 창업)	R&D특구 입주 첨단기술기업에 법인세 감면 - 소득세·법인세를 3년간 100%, 2년간 50% 세액감면	제12조의2
	중소기업창업투자회사 주식양도차익에 비과세	제13조
	창업자 등에의 출자에 대한 과세특례	제14조
	중소기업창업투자조합 출자 등 소득공제	제16조
IP 창출 수행	연구인력개발비에 대한 세액공제 - 신성장·원천기술 당기분 R&D 비용의 최대 30%*(중소기업 40%)를 소득세·법인세에서 공제	제10조
	R&D 관련 출연금 등의 과세특례	제10조2
	연구 및 인력개발 설비투자 세액공제	제25조1호
기술이전 및 사업화	중소·중견기업의 자체연구개발 특허권 등을 2023년 12.31까지 **내국인에게 이전**하여 발생하는 소득에 대한 소득세 또는 법인세 50% 세액 감면	제12조 1 (2021.12.28.신설)
	중소·중견기업의 자체연구개발 특허권 등을 2023년 12.31까지 **내국인에게 대여**하여 발생하는 소득에 대한 소득세 또는 법인세 25% 세액 감면	제12조 1 (2021.12.28.신설)
	기술혁신형 중소기업합병시 양도가액 중 기술가치 금액의 10%를 법인세에서 공제	제12조 3 (2021.12.28.신설)
	직무발명 처분·실시보상금 비과세	소득세법 제12조

출처: 특허청·한국지식재산연구원, "해외 주요국의 지식재산권 조세제도 현황 조사", 2020.12.
최근 신설된 조항으로 보완함.

무역으로 성장해 왔고 앞으로도 무역을 통한 글로벌 거래가 주된 성장동력인 한국의 입장을 고려하여 글로벌 기술무역에 대한 정부와 기업, 특히 중소기업 차원에서의 문제점을 각각 도출해 보았다.

2010년부터 한국의 '기술무역'에 대한 많은 과제를 수행하였고 또한 기술무역 전문가 회의를 참석하면서 도출하게 된 정부차원의 문제점을 다음과 같이 8가지로 요약해 보았다.

▌한국 기술무역의 문제점 : 정부차원▐

	구분	구체적 문제점
정부차원	ㅇ 전담기구의 부재	▪무역주관기관이 상품무역 중심 ▪전담기구가 없다보니 글로벌 시장에 대한 정보제공이 매우 단편적이고 일관성과 체계성이 없음
	ㅇ정부 주도형의 비효율적이며 막대한 양적 투자	▪GDP 대비 R&D 투자비중이 세계 1, 2위를 다투지만 투자의 비효율화가 심각함 ▪정부 R&D 정책이 단기성, 성과위주의 기술개발 및 사업화추진 조직만 많음 ▪정부투자에 대한 벤처기업의 고질적인 도덕적 해이가 만연
	ㅇ기술무역인력양성 부재	▪상품무역과는 다른 기술무역프로세스를 이해, 기술 마케팅 등 교육 프로그램 부재 ▪대학교육에서도 기술무역관련 커리큘럼 부재
	ㅇ기술무역에 대한 교육 및 홍보의 부재	▪중소기업에 대한 기술무역 프로세스나 지식재산권 관련, 그리고 특허소송 등에 관한 교육 및 홍보 부족
	ㅇ기술금융제도의 미흡	▪자금 수요가 많은 기술개발초기에 기술신용대출 비중 적음 ▪기술력 반영보다는 여신거래기업에 대한 대환, 연장에 치중, '무늬만 기술금융'이라는 비판 높음 ▪기술신용평가의 품질제고를 위한 유인체계 시급
	ㅇ한시적 조세지원	▪기술선진국에 비해 연구개발 및 기술수출에 대한 조세지원이 한시적이고 취약함(일몰제도)
	ㅇ기술 가치평가 미흡	▪기술거래사가 있으나, 다양한 산업의 수많은 기술 거래에 대한 산업별, 기술별 전문 기술 가치평가 전문가 발굴 및 양성 필요
	ㅇ해외 기술유출시 처벌 미흡	▪해외 기술유출 사범에 대한 처벌수위가 기술선진국에 비해 약함 ▪최근 강화된 처벌기준이 있음에도 특허침해로 입은 피해에 대해 특허권자(피해자)가 이길 확률이 한국의 경우 20%에 불과

주: 저자 작성

다음 기업차원의 문제점은 대기업보다는 중소기업차원에서 접근하고 발굴한 문제점들이다.

| 한국 기술무역의 문제점 : 중소기업차원 |

	구분	구체적 문제점
기업차원	ㅇ기술무역에 대한 글로벌 전략 부재	▪기술개발 전, 또한 목표시장 선정 시 해외 선행기술 및 특허에 대한 치밀한 사전조사 미흡 ▪글로벌 시장에서 경쟁기업의 기술에 대한 사전조사 미흡 ▪글로벌 시장을 목표로 한 기술시장분석, 타겟기술개발 및 글로벌 비즈니스 모델 개발 등 글로벌 기술전략 미흡
	ㅇ원천기술개발 취약	▪해외 선진기술모방과 회피에만 급급 ▪장기성 핵심기술개발 도전의식 취약 ▪원천기술 개발자에 대한 인센티브에 인색 ▪국내출원 중심, 단기성 성과 중심의 비실용적 특허만발
	ㅇ지식재산권에 대한 인식 및 대응 부족	▪2010년 이후 매년 300여개 기업이 특허침해소송에 휘말리는데도 여전히 특허조사 및 회피설계에 대해 무지 ▪특허는 물론, 상표권과 디자인, 실용신안 등 지식재산권에 대한 전문인력 부재, 정부지원제도 활용 미흡
	ㅇ대중소기업간 기술 협력 미흡	▪일부 대기업의 기술이전은 있으나 대부분의 경우, 대중소기업간 기술협력 미흡으로 기술개발 및 발전에 저해요인 즉, 대중소기업간 기술관련 네트워크 부족으로 기술정보, 기술개발 및 사업화의 시너지 효과가 거의 없음
	ㅇ기업내 기술마케팅 등 기술무역 인력 부재	▪기술무역에 대한 무지 및 정보부족으로 기업조직 내에 기술무역관련 인력 미흡 ▪계약서나 특허침해소송 등은 전문가를 활용하지만 기본적인 기업 내 국내외 기술거래관련 담당인력이 없음
	ㅇ글로벌 협력과 협상력 미흡	▪글로벌 협력을 위해서는 영문 홈페이지 등을 먼저 구체적이고 명확하게 구축해야 하는데 포괄적이고 엉성하여 해외 기술수요기업을 유인하지 못함 ▪기술무역 계약서 작성부터 전문가 활용해야 함에도 불구하고 제대로 인식하지 못해 기술유출되는 사례 많음
	ㅇ기술유출에 대한 인식 부족, 대비 미흡	▪기업 내 영업비밀에 대한 관리소홀, 퇴직인력이나 핵심기술인력에 대한 비밀유지 각서 등 대비책 미흡

주: 저자 작성

2) 한국 기술무역의 발전 방안

글로벌 시장경제체제 하에서 기술경쟁력을 확보하기 위해서는 기술개발이나 기술사업화 등 기획 단계에서부터 글로벌 시장을 타겟으로 계획해야 한다. 그러나 한국 중소기업의 경우, 축적된 정보와 경험 부족, 그리고 열악한 재정과 전문인력 부재 등으로 우수한 기술을 보유하고 있더라도 글로벌 시장에서의 기술적 우위를 확보, 유지하는 것이 쉽지 않다. 더욱이 글로벌 트렌드 변화에 유연하게 대처하지 못하게 되면 훌륭한 기술도 쉽게 사장될 수밖에 없다.

또한 정부의 기술무역에 대한 인식 부족으로 전문기관 별로 각각 산발적인 지원제도만 있을 뿐, '기술무역'이란 명제아래 한국기업, 특히 중소기업의 기술개발부터 이의 사업화, 나아가 기술의 가치평가 및 기술금융 등을 통한 기술사업화 성공, 이의 수출에 이르기까지 유기적이고 체계적인 기술무역을 위한 체제가 전무하다.

2014년 외국기업과의 지식재산권 분쟁을 겪었던 기업 101개를 대상으로 한 설문조사에서 기업들은 국내 공공기관에 도움을 요청하지 않았던 가장 큰 이유로 '지원기관에 대한 정보 부족(43.8%)', 그 외에 '지원기관의 지원이 비전문적이다', '도움요청 절차가 복잡하다' 순으로 응답하고 있다.[15]

이러한 이유는 무형재, 즉 기술이나 지식재산권등의 기술무역에 대한 정부의 제도적 인식이 부족하기 때문이다.

한편, 기술무역 관련 주요 조세지원 자료에 나타난 것처럼 한국의 R&D에 대한 조세지원에 일몰기한을 둠으로써 연구개발 조세지원의 지속성이 매우 떨어지고 있는 실정이다. 일몰규정을 폐지하고 연구개발에 대한 항시지원 조세제도를 적극 도입함으로써 기업의 지속가능한 기술개발이 기술의 사업화 성과로 이어지도록 지원해야 한다.

특허기술을 기반으로 한 글로벌 기업에게 특허관련 세제 혜택은 해당 산업에 상당한 영향력이 있다. 기술무역수지 흑자 1~3위국인 미국, 영국, 일본의 경우, 신기술 사업화 비율이 각각 70%, 69%, 54%인데 반해 한국의 경우 기업 17.1%, 연구소 4.4%에 불과한 실정이다.[16]

구호로 그치는 기술개발과 이의 기술수출이 아니라 실질적인 혜택을 기업에게 제공했을 때 기업은 움직이기 시작할 것이다. 향후, 실질적인 '기술강국'으로 거듭나기 위해 정부차원의 기술무역 발전 방안을 요약하여 제시하면 다음과 같다.

❙ 기술무역 개선 및 발전 방안: 정부차원 ❙

	전략	구체적 실행방안
정부차원	ㅇ기술무역 종합 지원기관 설립	▪기술수준별 유망 기술수출시장, 국제 전시회 등 각종 정보제공, 기술무역 DB구축 등 ▪각 산업별 R&D투자 초기단계부터 특허 등 지재권 확보 프로세스, 기술사업화 및 수출까지 정부지원이 일관성과 선택적, 장기적으로 투자 가능하도록 지원 절실 ▪ 예: 독일의 슈타인바이스(Steinbeis) 재단(사례 참조)
	ㅇ기술무역 및 지식재산권에 대한 기업홍보 및 교육	▪기술무역거래의 특성에 맞는 기술무역프로세스 개발 및 이의 홍보와 교육 절실함 ▪지식재산권 및 지재권소송에 대해 글로벌 현황 및 대응방안 등 교육 필요
	ㅇ기술무역인력 양성	▪대학 내 기술무역전공 신설, 또는 이공계+상경계의 융복합대학원 설립하여 기술무역 전문인력 양성 ▪기술가치 평가 전문인력 양성 ▪기술무역 마케팅 전문가 양성 ▪베이비부머 세대의 퇴직으로 전문기술인력 퇴직 급증, 이들을 재교육하여 실제산업 현장에 재고용, 기술인력 유출 방지 및 기술의 세대계승 정착 및 확산 시급
	ㅇ기술무역 조세제도 정비	▪연구개발관련 조세제도의 일몰제도 폐지, 항시적인 조세지원 시스템 구축 ▪특허박스 등 지재권 활용한 사업에 혜택을 제공함으로써 기업이 기술사업화에 도전할 성공유인 제공
	ㅇ기술무역 금융지원 강화	▪무역보험제도에 현재 '지식재산서비스보험' 운영 중이나 홍보 부족으로 기업의 활용비중 매우 미미함, 이를 '기술수출보험'으로 전환, 보다 실효성 있는 보험제도 구축 시급 ▪은행권의 '기술금융제도'정비 통해 실질적 지원가능 유도 ▪지지부진한 과학기술 사모펀드를 정비, 실질적인 기술무역기업의 수혜 위해 활성화방안 강구해야 함
	ㅇ강력한 양형기준 및 실제적 처벌 강화 필요	▪기술유출사범에 대한 '산업기술유출 방지법'이 시행되고 있으나 실제 처벌은 대부분 집행유예로 그치고 있음 ▪전문직 퇴직 인력의 해외 기술유출 방지 방안 수립 시급

주: 저자 작성

국내 대기업들은 해외로부터의 지식재산권 등의 소송에 대해 막강한 인적네트워크와 전문인력을 활용하여 다양한 방법으로 대처해 나가고 있지만, 대부분의 중소 및 중견기업들은 특허소송에 무방비하게 노출된 경우가 많다. 세상은 넓고 기업활동의 깊이와 폭도 그 만큼 복잡한 양상이다. 이에 한국 중소기업의 기술무역 발전방안을 요약하여 제시하면 다음과 같다.

❙ 기술무역 개선 및 발전 방안: 기업차원 ❙

	전략	구체적 실행방안
기업차원	ㅇ글로벌시장 목표로 기술개발	▪좁은 내수시장보다 기획부터 글로벌 시장을 목표 ▪글로벌 기술협력이나 해외 기술수요기업 유인위해 영문 홈페이지 구축 및 관리
	ㅇ선행기술 및 특허 등 정보 분석	▪기술개발 초기부터 관련 선행기술에 대한 정보 및 특허 분석 필수
	ㅇ장기적, 핵심 및 원천 기술개발에 전력	▪단기 성과보다 장기적 핵심 및 원천 기술개발에 집중 ▪대기업의 휴면특허, 존속기간이 만료된 지식재산권 등을 활용하여 새로운 응용기술개발
	ㅇ지식재산권 확보 및 영업비밀 보안 전략	▪특허권이 곧 경쟁력인 산업에서는 지식재산권 확보전략 수립 ▪영업비밀 전략이 우선인 산업에서는 영업비밀 보호 및 관리전략 필수
	ㅇ특허침해에 대한 예방 및 대응방안 모색	▪특허 침해에 대비하여 사전 철저한 선행조사 후 특허침해 우려 시 적극적인 '회피설계' 및 '크로스라이선스(cross license) 등으로 소송 발생 원천 차단이 매우 중요
	ㅇ기술보안 전략	▪기술유출 방지를 위한 기업 특성에 맞는 기술보안 교육 강화 및 자체 점검 매뉴얼 확보 및 적용
	ㅇ기술무역인력 확보	▪기술무역이 상품무역과는 다르다는 인식필요, 기업 내 기술무역 인력 확보 위해 노력해야 함
	ㅇ대중소기업간 기술가치사슬을 통한 협업	▪기업간 각각 우위에 있는 요인(기술, 시장, 마케팅, 고급인력 등)을 기술가치사슬로 재조정, 이를 통해 국내 대중소기업간 협업강화, 시너지 창출, 글로벌 가치사슬 안으로 동반 성장하는 방안 적극 모색 절실함
	ㅇ정부의 각종 지원 제도 적극 활용	▪정부의 지원기관 및 시행하고 있는 다양한 지원정책 파악하여 적극적으로 활용하거나 지원요청 필수

주: 저자 작성

사례: 독일 기술이전 메카, 슈타인바이스재단

독일은 일찍이 수출시장에서 상품판매와 기술서비스의 융합을 강조하면서 서비스 수출의 세계화에 집중하는 전략(Innovation sith Service, 20062010)을 구사해 왔다. 즉, 상품수출국을 대상으로 지식재산권 판매 및 라이선싱, 기술정보 및 서비스 등을 확대하여 신규고객 창출, 고객충성도 제고 등의 효과 달성을 목표로 하였다. 또한 독일은 신산업(정보통신, 바이오, 에너지)의 기술과 지식 습득, 이의 확산을 위해 개방형 혁신체계(Open Innovation)도입하면서 기술수입규모를 일본의 10배, 미국의 70% 수준까지 확대하는데 노력하였다. 그 결과, 독일은 기술무역수지가 매년 지속적으로 증가세를 보이면서 상품무역수지와 함께 독일의 쌍끌이 흑자를 유지하고 있다.

〈주요국 기술무역 규모(2014년)〉

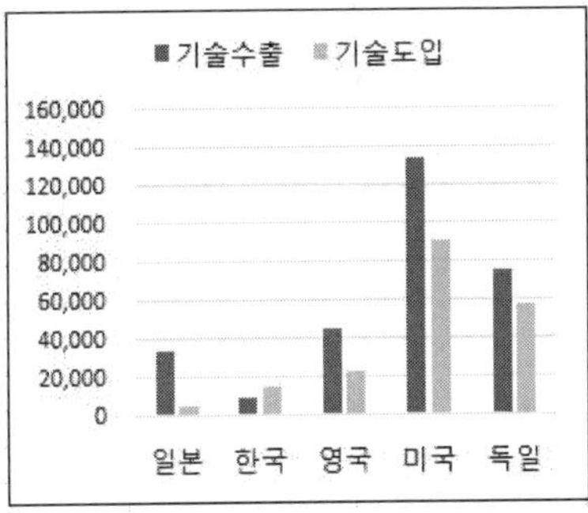

〈독일의 기술무역수지 추세〉

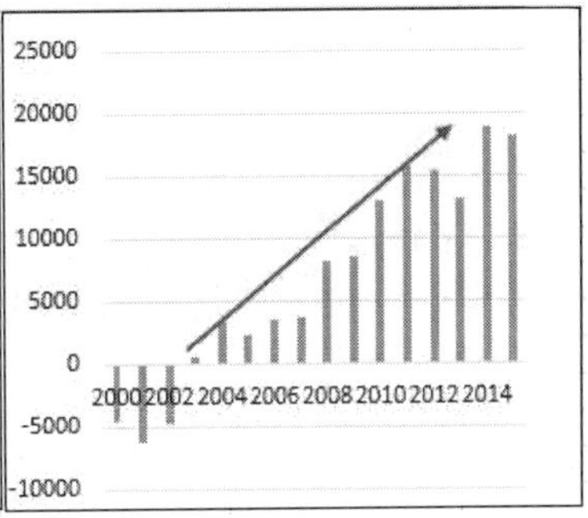

이러한 독일의 기술무역수지 흑자기조에 이바지한 대표적인 민관의 쌍두마차가 공공부문의 프라운호퍼 연구소(Fraunhofer Gesellschaft)와 민간의 슈타인바이스 재단(Steinbeis Foundation)이다. 대학과 연계한 프라운호퍼 연구소는 기술을 필요로 하는 고객과 직접 연구개발 과제를 수행, 연구자간 암묵적 기술, 지식, 노하우를 이전하거나 슈타인바이스 재단과의 계약에 의해 중소기업으로 기술을 이전하는 체계이다.

반면, 1971년 산학연 보유기술을 지역사회로의 확산을 목적으로 설립된 슈타인바이스 재단은 연구개발을 직접 수행하지 않고 고객기업을 위해 기술이전 계약을 주선하면서 시작, 현재는 공공기술뿐 만 아니라 독일내 대·중소기업 및 글로벌 기업간 기술이전까지 그 역할을 확대하고 있다. 최근 재단에서 설립한 1,000여개의 슈타인바이스 기업(Steinbeis Enterprise)과 3,000여명의 전문가 네트워크를 통해 고객기업의 니즈를 해결하는 글로벌 기술이전기관으로 성장하였다.

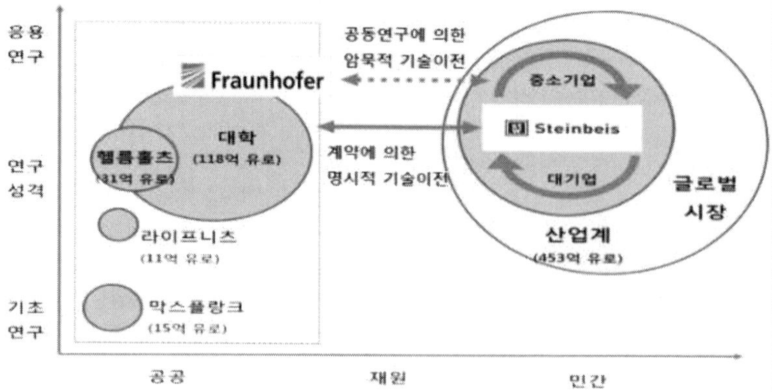

슈타인바이스 재단의 핵심 서비스기관은 '슈타인바이스 기업'과 '슈타인바이스 대학'이다. 먼저, 슈타인바이스 기업은 5개 영역, 즉, 기술수요 발굴, 이전계약 중재하는 기술이전센터, 직접 개발 또는 개발자와 연계를 주도하는 기술혁신센터, 기술이전 및 기술수입 기업을 위한 사업화 컨설팅을 수행하는 기술컨설팅센터, 슈타인바이스 대학과 연계하여 교육설계, 세미나 개최 등 기술이전 교육기관, 업체의 자산 관리를 하는 자산관리회사 등으로 이루어져 있다. 2012년 15개국에 총 918개사 설립, 이를 지원하는 파트너사는 50여 개국에서 활동하고 있다. 이러한 활동으로 5,000여 개사로부터 기술이전 수입이 1억 4,000만 유로(약 2,000억 원)의 수입을 창출하고 있으며, 슈타인바이스 대학은 학사(3년), 석사(2년), 박사과정으로 구분하여 고객맞춤형 단기강좌와 중장기 학위과정으로 설계되어 있다.

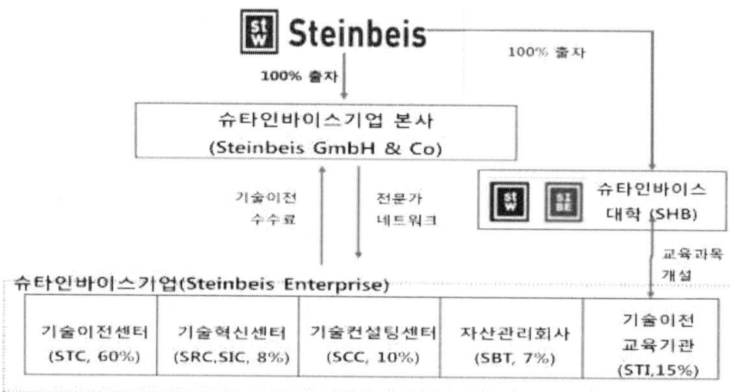

출처: POSRI보고서, '독일 기술이전 첨병 슈타인바이스재단의 성공 비결', 2014.04 일부 수정 및 보완

제3장

기술유출은 얼마나 심각한가?

1. 기술유출의 국내외 현황
2. 한국 및 주요국의 기술유출 대응전략

제3장

기술유출은 얼마나 심각한가?

1. 기술유출의 국내외 현황

과거에는 기술력이 단순히 제조 효율의 우위를 의미하는 것이었다. 그러나 이제는 경쟁기업이 모방할 수 없는 고유 기술경쟁력 보유 여부가 기업 생존의 핵심역량이 되었다.

이에 장기간, 막대한 비용이 발생하는 독자적 기술개발 보다는 기술 및 기술서비스의 아웃소싱이나 적극적 M&A가 매우 활발해 지고 있다.

국내외 기업간 기술경쟁력이 심화, 확산되면서 최근 매우 심각하게 등장한 문제가 바로 기술유출이다.

기술유출이란, 발명자(또는 연구자, 기업 등)가 보유한 고유의 노하우(know-how)나 다양한 형태의 영업비밀을 외부로 유출하는 행위를 이른다. 기업이나 조직 등 공동의 이익을 위해 장기간의 노력과 비용이 투입되어 개발된 기술, 즉 산업기술의 유출은 그 피해 범위가 크고 기업에 치명적이다.

최근 미국과 중국의 기술패권 경쟁에서 나타나듯이, 기술이나 지식재산권 등 무형재의 글로벌 기업 간 각축전이 첨예한 시점이다. 특히, 전 세계적인 반도체 · 배터리 분야에서 치열한 전문인력 쟁탈전이 벌어지면서 한국의 기술인력을 빼가기 위한 경쟁국들의 수법 역시 진화하고 있다.

1) 한국의 기술유출 실태

국가정보원에 따르면, 최근 5년간(2017.1월~2022.2월) 적발한 산업기술 유출 시도 건수는 99건으로 디스플레이 19건, 반도체 17건, 전기전자 17건, 자동차 9건, 조선·정보통신·기계 산업에서 각각 8건 등 모두 한국의 주력산업에서 발생한 것으로 나타났다. 이 기술들이 해외로 넘어갔다면 22조원에 이르는 손실로 추산되고 있다고 전하고 있다.[1]

아래 표는 2021년 6월까지 국내외 산업기술 유출 현황으로, 기술유형별 구분에서는 영업비밀 형태의 유출이, 기업규모로는 중소기업이, 그리고 해외보다는 국내에서, 외부인보다는 내부인의 기술유출 비중이 매우 높다는 것을 알 수 있다.

▌산업기술 및 영업기술의 해외유출 현황(2017~2021.6)▐

(단위 : 건수)

구분	계	기술유형		피해기업 규모		국내외 유출		유출자 현황	
		산업기술	영업비밀	중소기업	대기업	국내	해외	내부인	외부인
2017	140	12	128	128	12	127	13	115	25
2018	117	10	107	106	11	97	20	89	28
2019	112	6	106	104	8	100	12	77	35
2020	135	7	128	122	13	118	17	77	58
2021.6	23	-	23	22	1	22	0	17	6
합계	527	35	492	482	45	464	63	375	152

자료: 경찰청, 이장섭의원

2020년 지식재산 실태조사 결과를 통해 다시 살펴보면, 해외 기술유출이 지속적으로 발생하는 분야로는 한국이 강한 기술경쟁력을 보이는 업종들로써, 전기전자, 반도체, 디스플레이, 조선, 정보통신, 자동차분야가 약 79% 차지하는 것으로 나타났다.

| 2016~2021년 분야별 산업기술 해외유출 총 111건 |

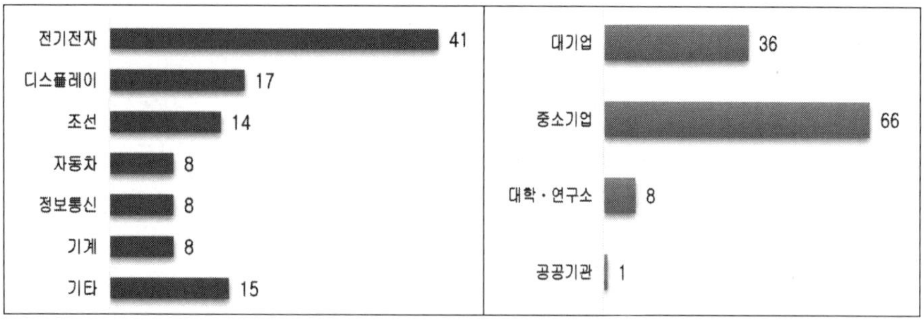

자료: 국가정보원 및 업계 종합, 2016.1월~2021년 6월, 서울경제 재인용

또한 글로벌 기술수출입 경험이 많은 대기업에 비해 상대적으로 기술탈취가 용이하고 보안역량이 열악한 중소기업의 피해가 막대하다.

2010년 이후 유출대상 주요기술이 '대기업 위주의 IT첨단기술'에서 '중소 · 중견기업의 정밀기계기술 분야'로 변하면서, 최근 5년간 해외 기술유출로 인한 한국 기업의 피해 중 60%가 중소기업으로 나타나고 있다.

주요 기술유출 통로로는 해외 위탁생산시 제공되는 기술자료 등을 통한 유출이 빈번하고 제품개발기간 단축을 위해 기업간 기술협력 및 기술 공동개발시에도 잦은 유출이 발생하고 있다.

그러나 중소기업의 영업비밀 해외유출은 지속적으로 발생하고 있으나 영업비밀 관리 지침을 보유하고 준수하는 기업은 32.7%에 불과한 것으로 나타나고 있어, 중소기업의 영업비밀 보호 노력과 관리역량은 매우 부족하다는게 실태조사 결과로 보여주고 있다.

| 2020년 중소기업 기술유출 및 기술탈취 사고 발생 이유 |

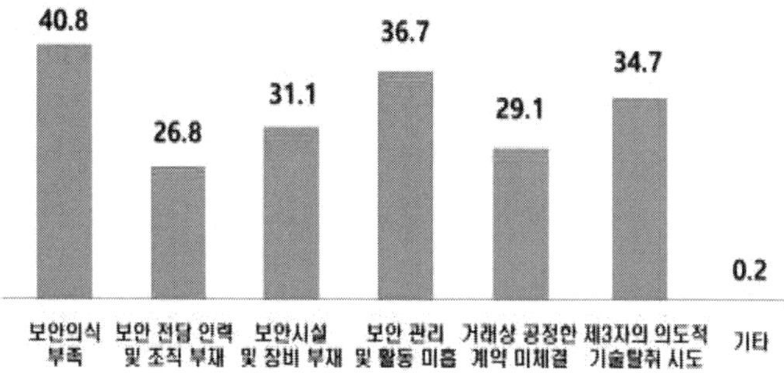

자료: 2020년 중소기업 기술보호수준 실태조사

이밖에 국내 방산기술의 기술유출 사고나 주요 방산업체 해킹시도(정보수집시도 54만건, 악성코드의심 39만건)도 지속적으로 발생하는 것으로 나타나, 기술경쟁력이 있는 다양한 업종에서 전방위적인 기술유출 위협에 시달리고 있음을 알 수 있다.[24)]

각국 정부의 핵심기술 육성 지원과 인재 쟁탈전이 치열해지면서 기밀정보 탈취·유출 가능성도 더 높아졌다.

더욱이 코로나19 사태로 비대면 업무가 늘어나면서 해킹 시도도 증가하게 되었고, 기업·기관의 원격접속 서버 정보를 다크웹에 유포하는 등 기밀 절취나 랜섬웨어 공격 우려 역시 커지고 있는 실정이다.

이렇게 기술유출 수법이 고도화되면서 국가정보원에서는 기술을 탈취하는 수법을 크게 5가지 유형으로 분류하고 있다.[2]

① 경쟁국 기업의 자회사 또는 그와 무관한 기업체로 위장해 국내 기술인력 빼돌리기[25)][3]
2017년 설립된 유럽의 신생 배터리 업체 A사는 지난해 국내 대기업 B사의 에너지저장장치(ESS) 개발을 총괄했던 연구원을 계열 컨설팅사에 영입하려 했다. 경쟁업체로의 '전직 금지 약정'을 피하기 위해 일단 컨설팅사에서 채용한 후 기술을 빼돌리려 한 것이다. 기술 유출 비상이 걸린 국내 B사가 이 컨설팅사의 주소지 등을 파악한 결과 현재 '공사 중'이라고 나타나는 등 실체가 모호한 곳이었다.

② 산학협력을 명목으로 기업자료 요청
국제 공동연구를 목적으로 스파이[26)]를 파견한 사례로써, 중국의 한 기업은 산학협력을 하는 국내 대학에 연구원으로 위장한 스파이를 파견, 공동연구 명목으로 첨단기술 자료를 요구했다.

---

24) 2020년 지식재산권 실태조사 결과

25) 유럽의 배터리 업체 노스볼트가 삼성SDI 등 국내 배터리 업계의 인력을 영입하려다 적발됐다. 노스볼트는 세계 완성차 1위 업체 폭스바겐그룹이 투자한 스웨덴 배터리 스타트업 기업이다. 노스볼트는 이미 2019년 30명쯤의 한국, 일본 직원들이 자사에서 근무 중이라고 공식 발표한 바 있다. 한국인 직원은 주로 LG에너지솔루션 창립 초기인 2016년 이직한 이들이거나 2021년 각형 배터리 개발에 특화한 삼성SDI 출신들이라는 것이다.

26) 산업스파이란 경쟁국이나 기업이 비밀로 관리하는 중요 경제 및 산업정보(첨단기술 · 경영정보 · 경제정책 등)를 부정한 목적과 수단으로 정탐하고 유출하는 일체의 행위를 하는 사람을 이른다. 첨단기술 연구개발에는 많은 시간 · 자금 · 인력 등이 소요되므로 이러한 부분을 쉽게 절감하기 위하여 산업스파이가 동원된다.
미국의 미래학자 앨빈 토플러는 "산업스파이는 21세기 가장 큰 사업 중의 하나이며, 결코 사라지지 않을 것이다"라며 산업스파이에 대해 경고하고 있다.

③ 협력업체에 접근해 납품 샘플 요구

협력업체나 하청기업을 이용한 사례로, 국내 주요 기술보유기업의 하청 업체에 접근해 납품시 필요한 샘플을 요구, 샘플에 체화된 기술유출을 시도한 사례이다.

④ 국내 리서치(research)업체 통해 반공개적 정보 수집

리서치 업체에 거액의 컨설팅 비용을 지급하고 국내 대기업의 핵심제품 생산과정 노하우를 수집해 달라고 의뢰한 사건이다. 리서치 업체는 우리 기업의 비공개정보를 입수, 이를 결국 경쟁국 기업에 제공한 것으로 알려졌다.

⑤ 국내 기업내부에 조력자를 확보하여 지속적으로 정보 유출을 시도하는 등 이밖에도 국내기업의 기술정보를 빼내가기 위한 다양한 수법이 빈번히 시도되고 또 적발되고 있는 실정이다.

2) 기술유출 확산요인

한국경제의 비약적인 성장과 급속한 기술발전에 세계 각국의 이목이 집중되면서 한국기업의 다양한 기술들이 산업스파이의 표적이 되고 있다. 국내 해외기술유출 사례들을 살펴보면, 국가 핵심기술과 지식재산권을 침해하는 것은 물론이고 위·모조품의 해외대량생산 및 판매로 국내기업에 심각한 피해를 입히거나 또는 정품 부품을 불법으로 유출하여 이를 제3국에서 조립, 모조품을 생산하는 등 그 피해사례가 매우 다양하며 악의적인 것이 큰 특징이다.

2020년 중소기업 기술 보호 수준 실태조사 보고서에 따르면, 기술유출 피해 후 피해기업이 수사기관에 의뢰한 경우는 5.7%에 불과했다.[4]

이러한 이유는, 한국의 경우 기술유출에 대한 법률적 해석이 미온적이고 제재 또한 미약하다보니 기술유출자들의 한탕주의가 기승을 부리기 때문이라는 것이다.

또한 기업들은 연구개발에 집중 투자한 후 사업화 등 성과에만 집착할 뿐, 이후 산업보안에 대한 관심이 저조하고 관련 예산비중도 낮은 것에서 그 이유를 찾을 수 있다.

한국의 기술유출이 확산되는 요인들을 살펴보면 다음과 같다.[5]

첫째, 핵심 기술인력에 대한 직 · 간접 혜택이 부족하다.

글로벌 시장에서 연구개발 및 내부인력에 의한 기술이나 노하우의 유출 위험이 갈수록 증대되고 있다. 현재 국내에는 국가핵심기술 보호제도가 있으나, 핵심기술을 보유한 인력에 대한 혜택이 미흡하다 보니, 기업내 핵심 기술인력의 국내 경쟁기업으로의 이직,

해외기업으로의 전직이 잦다. 따라서 이로 인한 국내 기술기업의 기술유출이 매년 빈번히 발생하고 있는 실정이다.

둘째, 해외 기술인재들의 국내 취업후 본국으로의 기술유출 역시 빈번해 지고 있다. 최근 국가정보원 산업기술보호센터의 적발 사례들에서도 자주 등장하듯이, 동남아 국가들에서 기술탈취를 위해 생산직에 취업 또는 연수생으로 가장한 후 주말을 이용해 영업비밀 자료를 유출하기도 한다.

셋째, IT 환경변화에 따른 다양한 기기(디바이스; device)사용이 증가되고 있기 때문이다.

최근 스마트팩토리 보안의 중요성이 대두되고 있지만 구식기계를 사용하는 곳이 많다 보니 스마트팩토리 관련 보안 솔루션의 개발은 매우 미흡한 것으로 알려져 있다. 더욱이 클라우드의 보안 역시 취약한 상황이다.

사례1: 해외로의 기술유출

2014년 4월에는 국내 유명 가전회사에서 개발한 로봇청소기 핵심 기술이 이 회사의 전 연구원들에 의해 중국 가전회사로 유출된 사실이 경찰 수사에서 드러났다. 당시 경남지방경찰청 국제범죄수사대는 부정경쟁 방지 및 영업비밀 보호에 관한 법률 위반 혐의로 이 회사 전 청소기 기술개발연구원 윤모(45)·강모(38)씨 2명을 구속했다고 밝혔다.

두 피의자는 중국 가전회사 외부인재 채용 브로커가 고액의 연봉과 주택·승용차 제공을 제안하자 회사에서 지난 12년간 수백억 원을 투자해 개발한 로봇청소기 핵심 기술이 담긴 컴퓨터와 스마트폰을 몰래 빼낸 뒤 퇴사했다. 이후 중국의 가전회사에 기술개발연구원으로 입사했었다.

이 뿐만이 아니라 2013년 AMOLED 핵심기술을 중국으로 유출 기도하다 적발된 사례, 2012년 연구비 공금횡령사실이 자체 감사에서 적발되자 연구결과물을 불법 반출한데 이어 중국으로 기술 유출하다 적발된 사례 등 국내 기술을 해외로 유출시켜 피해 회사 뿐 아니라 국내 산업 전반에 피해를 주는 사건이 지속적으로 증가하고 있다.

이에 산업기밀보호센터 관계자는 “최근에는 방위산업기술 등 새로운 분야에 산업스파이들이 침투하고 있으며, 대기업 기술뿐 아니라 중소기업의 첨단 기술에 대한 유출 시도가 빈발하고 있다”며 “기업의 자체적인 적극적인 기술유출 방지 대책이 필요하다”고 말했다.

출처: 뉴스포스트: 2015년 03월 23일

넷째, 중소・중견기업의 정보보호 및 보안지원 부족, 그리고 체계부족을 들수 있다. 대부분의 중소・중견기업은 보안에 매우 취약하며, 보안에 대한 투자도 매우 소극적이다. 특히 중소기업은 보안전문가를 고용하는데도 어려움이 있어, 보안 인력과 비용 투자에 어려움을 겪을 수밖에 없다.

결국, 정부투자의 효율성을 위해, 그리고 기술유출로 인한 막대한 국가적 낭비를 방지하기 위해서라도 기업들에 대한 보안관리 및 보안 교육 등에 대한 홍보를 강화하고 기술유출 사범에 대한 강력한 형 집행으로 산업기술 유출 방지에 힘을 모아야 한다.

사례2: 석유시추선 핵심 설계도면 유출 사건

인도人 M씨는 국내 대형 조선업체 주요 협력사 A社・B社에 취업하여 각 회사에서 보유한 'LNG선 연료공급장치 설계기술' 등 국가핵심기술을 이메일・USB를 통하여 빼낸 후 인도로 유출했다. 이를 적발하게 된 검찰은 인도인 M씨를 구속 기소했으며 1심에서 징역 4년을 선고받았으나, 2심에서 집행유예로 감형되어 석방 후 출국시켰다.

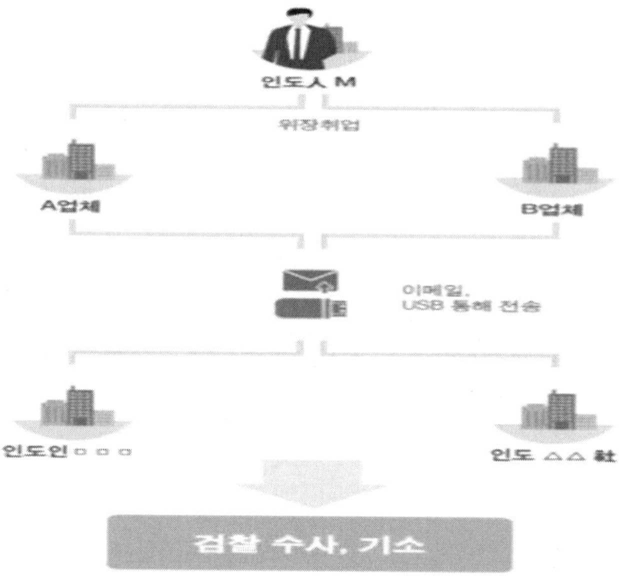

출처: 국정원 산업기밀보호센터, 2016년

사례3: 해외 생산 공장에서의 기술유출

세계적인 가발제조업체인 B사는 노동집약적인 가발산업의 특성상 10여 년 전부터 중국과 인도네시아에 생산기지를 마련하여 제품을 생산하고 있다.

그런데 어느 때부터 중국 공장의 매출과 시장점유율이 감소하기 시작하면서 급기야는 경영위기에 처하게 되었다. 이에 비상이 걸린 B사는 자체 조사를 시작하였고 다각도로 그 원인을 조사한 결과, 중국 공장에서 일하던 핵심기술자가 중국 경쟁업체로 이직하여 유사 제품을 만들어 해외바이어들에게 낮은 가격을 판매하면서 시장을 차츰차츰 잠식해 가고 있던 것으로 확인되었다.

B사는 만일 지금의 사태를 그래도 방치하였다가는 도산의 위기에 처할 수도 있다고 판단하고 긴급자금 3억 원을 투입해 본사 인력을 중국과 인도네시아 공장에 파견해 주요 기술을 통제하는 한편, 핵심제품 일부를 본사에서 직접 생산, 조달하는 방식으로 생산라인을 개편하였다.

그러나 이러한 노력에도 불구하고 한번 감소한 시장점유율을 원래 수준으로 회복시키는 데는 많은 비용과 시일이 소요되었다. 현재 B사는 회사 영업비밀에 대한 보안 활동을 강화하는 한편, 주요 기술들에 대하여 국내와 해외에서 특허를 출원함으로써 기술유출 및 침해에 대한 강력한 대비를 하고 있다.

출처: www.ipacademy.net

사례4: 삼성 최초기술 중국으로 기술유출

초미세 반도체의 불량률을 줄이는 데 핵심적인 국내 첨단 기술 '초임계 세정 장비'가 중국으로 유출된 정황이 포착돼 검찰이 수사 중이다.

수원지방검찰청은 삼성전자의 자회사 세메스 출신 직원 2명과 협력회사 관계자 2명 등 총 4명을 최근 부정경쟁방지법 위반 혐의로 구속 기소했다고 오늘(16일) 밝혔다.

이들이 빼돌린 것은 세메스 측이 2018년 세계 최초로 개발해 삼성전자에만 납품해 온 '초임계 세정 장비'인 것으로 드러났다.

초임계 세정 장비는 액체도 기체도 아닌 '초임계' 상태의 이산화탄소로 반도체 기판을 세정하는 설비로, 기판의 손상을 최소화해 수율을 높이는 장비이다.

검찰 수사 결과 세메스 출신 직원들은 퇴직 후인 2018년 중국의 한 연구소와 접촉해 초임계 세정 장비를 그대로 만들어 줄 수 있다며, 생산 설비가 없는 상태에서 18억여 원을 받아냈다.

이후 중국과의 합작 회사를 만들어 실제로 초임계 세정 장비를 만들어 넘겼고, 지금까지 모두 800억 원을 받은 것으로 나타났다.

검찰은 특히 이 과정에서 세메스의 협력사이자 삼성전자의 2차 협력사인 업체들도 가담한 것으로 보고 있다.

2차 협력사들을 통해 세메스 초임계 세정 장비에 납품하는 것과 같은 부품을 3배 가격으로 사들인 뒤, 똑같이 조립해 단기간에 장비를 만들어 넘기는 수법이다.

피의자들은 독자 기술로 동일 장비를 만들어 중국 측에 정상 판매한 것이라고 주장하고 있지만, 검찰은 해당 설비가 삼성전자의 '맞춤형' 장비인 만큼 독자 기술로 만들어 내는 것은 불가능하다고 보고 있다.

검찰은 세메스 출신 연구원 2명과 협력사 대표와 직원 등 2명까지 총 4명을 일단 구속 기소했다. 또 기술 유출 전반을 설계한 주범에 대한 수사를 조만간 마무리할 예정이다.

초임계 세정 기술은 지난해 산업부가 '국가 핵심기술'로 지정했지만 사건이 발생한 2018년에는 미처 핵심기술로 지정이 안 된 상태였기 때문에 피의자들은 산업기술 유출 혐의만 적용받게 됐다.

출처: KBS뉴스, 2022.05.16

사례5: 삼성 '30년 협력사'의 배신… 엣지기술 中에 팔아넘겨

삼성전자 스마트폰의 곡면(曲面) 화면인 '엣지 패널'의 핵심 기술을 중국 업체에 넘긴 혐의로 협력 업체 대표 등이 재판에 넘겨졌다. 해당 업체는 삼성디스플레이가 6년간 1500억원을 투자해 개발한 기술을 155억원을 받고 유출한 것으로 조사됐다.

문제의 업체는 매출액 1조1384억원(작년 12월 기준)에 이르는 회사로 삼성의 자동화 설비 제작을 도맡다시피 하는 등 삼성과 30여년간 협력 관계를 유지해 왔다. 검찰은 "업체가 올 들어 매출을 유지하기 어렵게 되자 중국 업체에 먼저 접근해 기술이전을 제안한 것으로 조사됐다"고 밝혔다.

수원지검 인권·첨단범죄전담부는 '산업 기술의 유출 방지 및 보호에 관한 법률' 위반, '특정 경제 범죄 가중 처벌 등에 관한 법률' 위반(배임) 등의 혐의로 A사 대표 방모(50)씨와 설계팀장 등 3명을 구속 기소하고 직원 등 8명을 불구속 기소했다고 29일 밝혔다. 방씨 등은 올해 4월 삼성디스플레이로부터 받은 '플렉서블 OLED 패널 3D 래미네이션' 관련 설비 사양서, 패널 도면 등을 자신들이 설립한 위장 업체인 B사에 유출한 뒤 일부 자료를 중국 업체 2곳에 넘긴 혐의를 받고 있다. 또 지난 5월부터 삼성디스플레이의 기술 자료와 도면 등으로 B사에서 3D 래미네이션 설비 24대를 제작해 중국 업체에 16대를 수출하고 8대를 수출하려 한 혐의도 받고 있다.

A씨 등이 유출한 기술은 스마트폰의 화면 모서리를 둥근 형태로 구현하는 '엣지 패널' 관련 기술이다. 삼성디스플레이가 6년 동안 엔지니어 38명, 1500억원 상당을 투자해 개발했다. A사는 삼성디스플레이와 비밀 유지 계약을 체결하고 엣지 패널을 제작하는 자동화 설비를 만들어 독점 납품해왔다. 해당 기술은 산업기술보호법에 '국가 핵심 기술'로 지정돼 있어 수출하려면 산업통상자원부 장관의 승인을 받아야 한다.

그러나 방씨 등은 삼성디스플레이에 납품하는 동일한 설비를 중국에 수출하면 기술이 유출된다는 것을 알면서도 위장 수출을 강행한 것으로 조사됐다.

▌삼성 커브드엣지 기술 유출 범행구조도▐

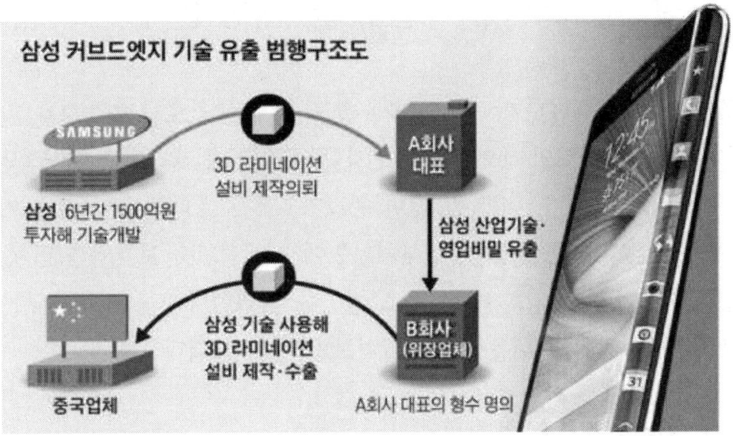

설비를 불법 수입한 중국 회사들은 따로 개발하지 않고도 삼성 수준의 제품을 생산할 수 있는 라인을 구축했다. 이 과정에서 대표 방씨는 형수 명의로 위장 기업인 B사를 설립하고 A사 전무가 실질적으로 운영하도록 했다고 검찰은 밝혔다. 또 수사기관에 노출되지 않도록 B사의 등기부상 소재지를 빈 공장에 두고 위장 간판을 단 공장에서 설비를 제작한 것으로 나타났다.

스마트폰용 OLED(유기발광다이오드) 패널은 얇은 필름 형태이기 때문에 패널 자체를 휘게 하는 것은 어렵지 않다. 하지만 실제 제품에 탑재할 때는 필름 형태의 패널 위에 보호 유리를 빈틈없이 완벽하게 붙여야 하는데, 이 접착 공정이 엣지 디스플레이의 핵심 기술이다.

접착 공정에서 화면에 가해지는 힘이 조금이라도 차이가 나면 패널과 유리 사이에 빈틈이 생겨 터치감을 떨어뜨리거나 유리가 깨질 수 있다. 삼성디스플레이는 2014년 갤럭시노트4 엣지 출시 당시 이 기술을 처음 개발했다. 이후 A사에 기술을 구현하는 설계도를 제공해 장비를 위탁 생산해왔다.

출처: 조선일보, 2018.11.30.

그러나 본 사건은 2021년 1/21일 이 사건 선고공판에서 산업기술 보호 및 유출 방지에 관한 법률 위반 등 혐의로 기소된 주식회사 톱텍 전 대표 A(53)씨 등 9명에게 무죄를 선고했다.

A씨 등이 모두 무죄를 선고받으면서 양벌규정에 따라 함께 기소됐던 톱텍 등 업체 2곳에 대해서도 마찬가지로 무죄가 선고됐다.

2. 한국 및 주요국의 기술유출 대응전략

기술유출로 인한 피해규모가 급증하면서 한국 정부는 글로벌 기술보호 환경 변화에 대응해 핵심기술이나 인력의 해외유출을 방지할 수 있는 선제적이고 전략적인 보호장치의 필요성을 절감하고 있다. 이에 2022년 중장기 기술보호대책을 '글로벌 기술패권 경쟁下 우리기술 보호전략'으로 통합, 범부처차원에서 핵심기술 보호와 인력 선순환을 통한 산업 및 국가경쟁력을 강화 하는 공조 방안을 강화했다.

기술유출에 대한 각국의 대응전략을 살펴보면 다음과 같다.

1) 한국의 기술유출 대응전략[27)]

최근 한국의 글로벌 기술경쟁력이 강한 반도체, 디스플레이 분야 뿐만 아니라 방산기술까지 해외로 유출되는 사건이 지속적으로 발생하자, 산업통상자원부와 산업기술보호협회는 '국가핵심기술'과 '산업기술'의 유출방지 및 보호를 위해 종합적이고 세부적인 추진방안을 발표했다. 즉, 기존 지정된 국가핵심기술에 인공지능(AI), 신소재 등 신규업종을 확대 지정했고 기업의 영업비밀 범죄 구성요건을 완화하여 기술보호 범위를 확대하는 등 기술유출에 적극적으로 대처하기 위한 노력이 가속화되고 있다.

국가핵심기술의 경우, 2022년에는 기존 71개에서 반도체와 전기전자 부문 각 1개씩의 기술이 더 추가되어 12개 분야 총 73개의 기술이 국가핵심기술로 선정되었다.

'국가핵심기술'은 '국내외 시장에서 차지하는 기술적·경제적 가치가 높거나 관련 산업의 성장잠재력이 높아 해외로 유출될 경우에 국가의 안전보장 및 국민경제의 발전에 중대한 악영향을 줄 우려가 있는 기술로서 (산업기술보호법) 제9조에 의해 규정된 것'을 의미한다[28)].

---

27) 본 장은 STEPI [이슈분석 198호]'해외 기술유출방지 정책동향 및 시사점'과 정부 합동 자료인 '글로벌 기술패권 경쟁하(下)' 우리기술 보호전략 참조

28) 그밖에 산업기술은 이런 국가핵심기술과 함께 첨단기술, 인증 신기술(산업·환경·보건), 건설기술, 핵심 뿌리기술 등을 포괄해 일컫는 개념으로, 2021.12월 기준으로 3,942개에 이른다.

▌국가 핵심기술 73개 분야별 현황(2022년)▐

분야	기술 건수	분야	기술 건수
반도체	11	원자력	5
디스플레이	2	정보/통신	7
전기/전자	4	우주	4
자동차·철도	9	생명공학	4
철강	9	기계	7
조선	8	로봇	3

2022년에 발표된 '글로벌 기술패권 경쟁下 우리기술 보호전략'은 5개 부문 총 16개의 세부전략이 수립되었다.

특히 반도체, 디스플레이 등 핵심 기술인력을 통해 기술유출이 빈번한 핵심기술 보호와 기술인력의 유출 방지, 그리고 사이버상에서 발생하는 기술유출 및 보다 취약한 중소기업의 기술보호 체계 구축, 나아가 국제 기술통상 공조 강화 등 산업 및 국가 경쟁력을 강화하기 위한 방향에 초점이 맞추어져 있다. 더불어 국가핵심기술 보유기관과 전문인력에 대한 인센티브 및 보호 역량 지원방안 등도 세부 전략으로 보완되었다.

▌핵심기술 보호와 인력 선순환을 통해 산업 및 국가 경쟁력 강화전략▐

핵심 전략	세부전략
1. 핵심기술 선제적 보호 시스템 구축	▪ 보호대상 핵심기술 확대 및 최신화 ▪ 국가핵심기술 보유기관 관리강화 ▪ 해외 M&A심사강화 ▪ 국가 R&D보안 강화
2. 핵심인력 유출방지 및 국내 선순환 구조확립	▪ 국가핵심기술 전문인력 DB구축 ▪ 국방연구인력 관리강화 ▪ 핵심인력 인센티브 확대 ▪ 외국인력을 통한 기술유출방지
3. 중소기업 기술보호·기술거래 역량강화	▪ 중소기업 맞춤형 기술보호 지원체계 구축 ▪ 중소기업 기술거래 활성화 추진
4. 사이버 기술유출 방지	▪ 사이버 위협 사각지대 해소 ▪ 민간기업 사이버 보안 자생력 확보 ▪ 사이버 안보 인프라 보강
5. 범부처 협력 및 국제 기술통상 공조 강화	▪ 기술유출 대응 관계부터 공조강화 ▪ 국제 기술통상 공조 강화 ▪ 범부처 기술안보 통합관리체계 구축

① 법·제도적 전략

한국의 산업기술보호와 관련한 법률로는 부정경쟁방지 및 영업비밀 보호에 관한 법률(이하 부정경쟁방지법)과 산업기술의 유출 방지 및 보호에 관한 법률(이하 산업기술보호법)이 있다.

부정경쟁방지법은 '영업비밀'에 대해, 산업기술보호법은 '산업기술' 및 '국가핵심기술'에 대해 각각 다룬다.

부정경쟁방지법상의 '영업비밀'은 어떠한 기술 정보라 하더라도 영업비밀의 요건인 '비공지성' '비밀관리성' '경제적 유용성'이라는 세 가지 요건을 충족하면 영업비밀로서 보호를 받을 수 있다. 그렇지만 '국가핵심기술'은 산업기술보호법 제9조에 따라 산업부 장관에 의해 지정된 기술 범주에 포함돼야만 산업기술보호법상의 규제가 적용될 수 있는 것이다.

이러한 산업기술보호법이 부정경쟁방지법과 가장 두드러지게 구별되는 점은 국가핵심기술의 경우, 정상적인 거래 행위를 통해 해외로 기술이 수출될 때 법에서 정한 절차를 거치지 않으면 기술 유출 행위가 문제 될 수 있다는 점이다. 즉, 해당 기술수출이 국가안보에 심각한 영향을 줄 수 있는지를 확인받아야 한다는 점에서 차이가 있다.

따라서 국가핵심기술(2년마다 선정)은 기술수출 시 반드시 사전 신고 또는 승인 절차를 진행해야 한다. 산업기술보호법(제11조)에서는 기업이 국가로부터 연구개발비를 지원받아 개발한 국가핵심기술을 외국 기업에 매각 또는 이전 등의 방법으로 수출하고자 하는 경우 산업통상자원부 장관의 승인을 받도록 규정하고 있다. 아울러 위 승인 대상 이외의 국가핵심기술을 수출하고자 하는 경우에는 산업부 장관에게 사전에 신고하도록 규정하고 있다.

❙ 2021년 산업기술 유출 근절 대책 ❙

구분	기술수출	국가핵심기술 보유기업의 해외 M&A 경우	
		현행	개선
국가 R&D 지원	승인대상	신고대상	승인대상
국가 R&D 비지원	신고대상	관련규정 없음	신고대상

자료: 각부처 연합, '산업기술 유출 근절대책' 중 일부

산업기술보호법이 규율하는 것은 기술의 수출 행위이므로, 해외에 공장을 건설하거나 합작회사를 설립하는 과정에서 국가핵심기술에 관한 기술 자료가 제공돼야 한다면, 이는 계열회사 간 거래라 하더라도 국가핵심기술의 수출 행위에 해당하므로 사전 신고나 승인 절차가 필요하다는 의미이다.

아울러 신설된 조항으로, 국가로부터 연구개발비를 지원받지 않고 개발한 국가핵심기술에 대해서도 해당 기술을 보유한 기업이 해외 M&A를 하려 한다면 사전에 신고하도록 하는 등 규제를 강화했다. 이밖에 한국의 정부 각 부처별 보호 대상 기술과 관련된 입법은 다음과 같다.

❙ 정부 각 부처별 보호 대상 기술과 해당 입법 ❙

산업기술 보호법	방산기술 보호법	국가연구개발 혁신법	중소기업 기술보호법	부정경쟁 방지법

자료: 각 부처, "글로벌 기술패권 경쟁 下 우리기술 보호전략", 2021.12.23.

한편, 한국은 '산업기술의 유출방지 및 보호에 관한 법률' 제5조에 근거하여 3년마다 산업기술의 유출방지 및 보호에 관한 종합계획을 수립, 발표하고 있다.

산업기술보호법에서 규정하고 있는 '산업기술 유출' 행위는 부정한 방법으로 산업기술을 취득·공개·사용하거나, 산업기술에 대해 비밀 유지 의무를 부담하는 자가 부정한 이익을 얻거나, 그 대상 기관에 손해를 가할 목적으로 산업기술을 유출·공개·사용하는 행위 등을 포함한다.

그러나 이러한 법적 장치에도 불구하고, 최근 반도체, 디스플레이, 배터리 등 국가전략기술의 유출시도로 적발된 건수가 100여건이 넘고 있으며, 기술유출을 방지하지 못한 기술을 금액으로 환산하면 천문학적이라는 것이 전문가들의 의견이다.

2021년 법원행정처의 사법연감에 따르면, 2016~2020년간 산업기술보호법 위반으로 진행된 1심 판결 49건 중 실형은 3건에 그쳤다. 이마저도 2심에서는 형량이 가벼워지는 등 기술유출에 대한 처벌 강화가 시급한 상황이다.

❙ 국내 산업기술보호법 위반 재판 결과(2016~2020) ❙

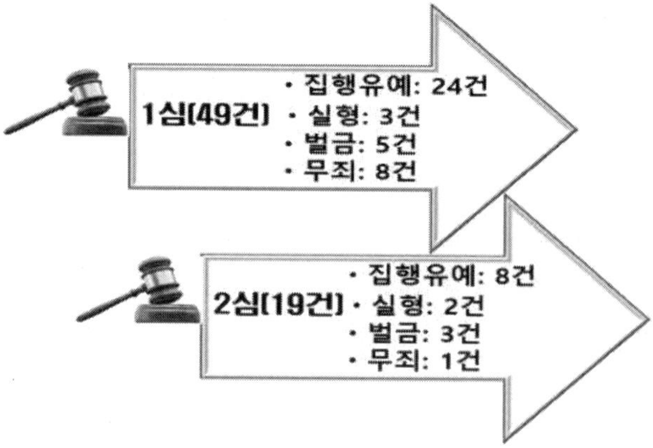

자료: 서울경제, 2022.05.19.

최근 확정된 대법원 양형위원회의 결정에 따르면, 산업기술을 외국에서 사용하거나 사용되게 할 목적으로 유출 또는 침해한 경우에는 '산업기술의 유출방지 및 보호에 관한 법률'에 의한 '산업기술의 유출 및 침해행위에 대한 벌칙(제36조)'에 따라 15년 이하의 징역 또는 15억 원 이하의 벌금(예비·음모한 자는 3년 이하 3천만 원 이하의 벌금)을 부과하는 것으로 강화되었다.

또한 비밀유지의무가 있는 자가 비밀을 누설한 경우, 5년 이하의 징역이나 10년 이하의 자격정지 또는 5천만 원 이하의 벌금형으로 강화되었다. 이는 국가·사회적으로 파급효과가 큰 영업비밀을 국내외 다른 업체에 유출했거나, 국내 대기업이 중소기업의 기술을 침해한 경우, 또한 산업기술보호법상 '산업기술'에 해당되는 경우 등 산업기술 유출에 대한 법정형을 강화했다는 분석이다[29].

그럼에도 불구하고, 기술유출 관련 범죄가 줄어들지 않자, 2021년 12월 한국 정부는 각부처 합동으로 제4차 산업기술의 유출방지 및 보호에 관한 종합계획(2022~2024)'을 발표했다.

구체적으로 살펴보면,

▶ 국가핵심기술의 해외유출에 대해 최소형량을 설정, 15년 이하의 징역에서 3년 이상의 유기징역(제36조)

---

29) 산업기술보호법상의 산업기술 유출에 관한 범행은 가중요소이다.

▶ 영업비밀의 해외유출의 경우, 10년 이하 징역 및 1억원 이하 벌금에서 15년 이하 징역 및 15억원 이하의 벌금으로

▶ 산업기술 유출과 영업비밀 유출시 '징벌적 손해배상제도' 도입, 최대 3배까지 손해배상 하도록 규정(제22조의 2)

▶ 산업기술 유출과 영업비밀의 해외유출시 범죄로 얻은 수익과 수익에서 증식된 재산까지 환수할 수 있도록 '범죄수익은닉 규제법' 개정

그러나 국가정보원은 이런 다양한 종류의 기술탈취를 막으려면 산업기술보호법상 기술 유출 범죄의 양형기준을 상향할 필요가 있다고 강조했다. 현행법상 최고 형량은 3년 이상의 유기징역이지만 법원의 양형기준은 기본 양형 범위가 국외 침해의 경우 1년~3년 6개월, 국내 침해의 경우 8개월~2년에 그친다.

죄질이 나쁠 경우 적용되는 가중요소도 국외는 2~6년, 국내는 1~4년에 불과하다는 것이다. 이마저도 실제 재판에서는 감경 사유가 적용돼 집행유예나 벌금형 선고에 그친다는 게 국정원의 지적이다.

TSMC를 보유한 대만의 경우, 2022년 국가안전법 개정안을 통해 국가핵심기술 유출에 대한 '경제 간첩죄'와 '영업비밀 국외유출죄'를 추가했다.

본 개정안은 국가의 핵심기술을 빼돌리는 일명 '경제 스파이'에 대한 범죄 구속력을 강화하고, 해외에 근무하는 국가 핵심기술 업무자들 중 규정 위반자에 대한 처벌 수준을 높이는데 집중하겠다고 밝히고 있다.

한국도 양형기준의 상향과 엄격한 적용의 필요성이 강조되고 있는 시점이다.[6]

② 조직 활용 전략

이러한 법적 조치 이외에 정부 각 기관별로 기술유출이나 기술탈취를 방지 또는 근절하기 위한 조직내 변화도 다양해지고 있다.

기술유출 범죄의 경우, 그 특성상 수사기관이 자체적으로 범죄를 인지하거나 입증하기 어려워 피해기업의 고소·고발이 수사의 가장 중요한 단서가 된다.

이에 먼저, 검찰은 '기술유출범죄 수사지원센터'를 운영하면서 첨단산업기술유출 범죄에 대하여 수사역량을 집중, 국내·외로의 산업기술유출을 막고, 국가 주요 기술에 대한 유출방지책 마련 및 수사력을 강화하고 있다.

또한 국정원은 '산업기술안보국'을 신설하고(2022년 1월), 경찰청 국가수사본부는 기술유출 사범 신고 활성화를 위해 '산업기술유출 신고센터'를 운영(2022년 4월)하고 있다. 이때 익명제보 코너도 따로 개설하여 기술유출 신고를 적극 독려하고 있으며 기술보호 역량이 취약한 일부 중소기업을 위해 즉시 상담 등의 채널도 개설하여 지원하고 있다.[7]

국내 정부 기관중에서는 2019년 6월부터 중소벤처기업부를 중심으로 대기업의 중소기업 기술 탈취와 불공정 거래 근절, 대·중소기업 동반성장을 위해 대중소기업농어업협력재단에 상생조정위원회를 조직하여 운영하고 있다.

더불어 특허청은 국가 산업경쟁력의 핵심인 주요기술의 유출과 침해를 막기 위한 기술수사 전담조직을 신설했다. 기존의 산업재산조사과를 기술경찰과, 상표경찰과, 부정경쟁조사팀 등의 조직으로 세분화했는데 특히, '기술경찰'은 해외 기술유출 사건 수사에 집중하는 기술수사 전담조직으로 2021년 7월 출범했다.[8]

▌산업기술 및 영업비밀 유출 관련 지원기관▐

<table>
<tr><td rowspan="4">기술 및
영업비밀
유출
발생시</td><td>증거확보</td><td>영업비밀 유출 디지털 포렌식</td><td>특허청</td></tr>
<tr><td>신고 및
수사</td><td>·산업재산 특별사법경찰
·111 산업기밀보호 콜센터
·산업기술보호수사대</td><td>특허청
국가정보원
경찰청</td></tr>
<tr><td>상담 및
자문</td><td>·영업비밀 유출분쟁 법률자문지원
·영업비밀 보호 법률상담
·111 산업기밀보호 콜센터
·산업기술보호 해피콜센터
·중소기업 기술보호상담</td><td>특허청
특허청
국가정보원
산업통산자원부
중소벤처기업부</td></tr>
<tr><td>분쟁조정</td><td>·산업재산권분쟁 조정위원회
·산업기술분쟁 조정위원회
·중소기업기술분쟁조정, 중재위원회</td><td>특허청
산업통상자원부
중소벤처기업부</td></tr>
</table>

자료: 국가정보원 홈페이지, 2022년

2) 주요국의 기술유출 대응전략

한편, 미국을 비롯한 일본, EU 등 주요 선진국들은 해킹과 특허 도용 등 사이버범죄에 대한 경계가 강화되고 있는 상황에서 기술 보호를 '국가 안보' 차원으로 대응하고 있다.

미국 전략국제문제 연구소(CSIS)가 최근 발표한 보고서에 따르면, 전 세계의 사이버범죄로 인한 직접적인 피해액이 9,450억 달러(약 1,030조원)에 달한다고 추산하고, 여기에 사이버 보안에 지출한 비용 1,450억 달러(약 158조원)를 합치면 1조 달러 이상의 비용이 지출되고 있다고 발표하고 있다.[9]

미국 연방수사국(FBI)의 2020년 인터넷 범죄 보고서에 의하면, 사이버 범죄로 인한 재정적 손실의 유형으로 데이터 손상 및 파괴, 돈, 지식 재산권, 재무 데이터, 해킹된 데이터 및 시스템 복원, 조직의 평판 훼손 등이 포함되어 있다. 지난 2005년, 사이버 공격과 사기로 인한 총 재정적 손실은 1억8천만달러였던 것에 비해 2019년에는 이 수치가 3배 증가, 35억달러를 기록했다고 발표하고 있다.[10]

주요국 중 먼저, 미국은 산업기술 보호를 위해 '수출통제법', '통일영업비밀법', '국방수권법' 등을 바탕으로 관련 법·제도들을 발전시켜왔다. 중국의 '제조2025' 등을 비롯하여 신흥국들이 자국의 기술발전 및 혁신을 위해 미국내 기업에 투자, 제품 수입, M&A 등을 적극적으로 추진하자 미국 정부는 이에 대응하여 관련 법제도의 개정 및 재개정, 행정명령 조치 등으로 대응하고 있다.

대표적으로 2016년 영업비밀보호법(DTSA)을 통해 영업비밀보호조치의 적용범위를 확대(형사조치에서 민사조치까지)하면서 비밀유지, 영업비밀 유용에 대한 보상, 소멸시효 등에 대한 각각의 기준을 마련하여 각 주의 영업비밀 보호법의 기반을 구축하였다.

2018년 '수출 통제 개혁법(ECRA)'은 민감한 미국의 기술 보호를 위한 기술수출 통제를 목적으로 제정되었다. 본 법에 따라 이머징 및 원천 기술수출, 재수출 또는 국가 내 기술이전에 대한 중간 통제를 포함한 적절한 통제를 가할수 있는 권한을 부여하는 등 법제화하였다.[11]

2019년 국방수권법(NDAA)에는 미국에 대한 외국정부나 외국인 투자, 그리고 미국 기업의 해외수출 등에 대한 통제 강화 등이 포함되었다. 아울러 수출관리규정(Export Administration Regulation, EAR)을 대폭 개정하면서 미국의 기술이나 소프트웨어 등의 수출 또는 외국에서의 재수출에 대해 상무부의 승인을 받도록 강화했으며 이의 위반 시 벌금 및 징역, 또는 무역거래 제한조치 등을 부과할 수 있도록 하는 등 산업기술 보호에 매우 적극적인 조치를 취하고 있다. 본 수출관리규정(EAR)에는 간주수출(deemed export)에 대한 개념도 포함되어 있다.

'간주수출(deemed export)'은 기술자료 또는 SW 소스코드를 미국에 있는 외국인에게 공개하는 것을 의미하며 이는 외국인의 모국으로 수출한 것으로 간주한다는 것이다.

예를 들어, 중국인 직원에 기술을 공개하면 간주 수출로 보겠다는 것이다.[12]

또한 미국은 '경제스파이법(Economic Espionage Act, EEA)'을 개정(2012년)하면서 외국 정부 또는 기관 등에 의한 영업비밀 유출을 경제스파이 행위(범죄)로 규정, 이의 적발시 수익 몰수, 침해금지, 소송절차, 처벌(징역 및 벌금 등) 등을 명시했다.

이때 개인형벌을 15년 이하의 징역형으로 양형기준을 대폭 강화하는 한편, 형사사건과 별개로 민사상 '통일영업비밀법'에 따른 징벌적 손해배상제를 적용할 수 있으며 '종합무역법 5021조(엑슨플로리오법; Exon-Florio Amendment)'에 따라 대통령이 미국의 국가안보를 위협할 것으로 판단하는 외국기업의 기업인수를 직접 막을 수 있는 규정까지 마련하고 있다.

최근 미국은 중국과의 기술패권 경쟁에서 과학기술의 초강대국 지위를 유지하고 대중국 의존도를 완화하기 위해 다양한 법적 장치를 강구하고 있다. 그 중 '미국 혁신경쟁법(USICA; The United States Innovation and Competition Act of 2021)' 제정으로 반도체 산업 및 통신 산업에서의 미국 기술경쟁력 유지, Buy American 기준 적용 강화를 통한 미국산 제품 구매 확대, 중국산 제품 의존도 감축 및 지식재산권 보호 등 대중국 규제조치를 강화하는 법안을 통과시켰다.

더욱이 동맹국과의 군사적, 기술적, 경제적 협력을 강화하여 중국의 패권 도전에 대처 및 미국의 리더십 확보하기 위해 '미·EU 무역기술위원회(US-EU Trade and Technology Council, TTC)를 설치, 4개국 안보협의체인 쿼드(Quadrilateral Security Dialogue; QUAD) 운영 등을 통해 반중국 기술동맹 확대를 추진하고도 있다.[13]

한편, 중국은 자국의 기술관련 유출행위를 방지하기 위해 2020년부터 대폭 개정된 법률들을 발효하고 있다.

먼저, '수출통제법(2020년 12월)'을 통해 국가안전유지 관련 물품·기술·서비스 등을 수출통제대상으로 명시했다. 또한 '중국 수출금지 및 제한 기술 목록'을 개정하면서 통제품목을 150개에서 금지 34개, 제한 130개 등 160개로 확대, 발표했다.

아울러 2021년 6월부터 시행중인 '전리법 4차 개정안'에서는 고의적 특허권 침해에 대한 1배 이상 5배 이하의 징벌적 배상제도 도입했다. 이는 모든 지식재산권에 대한 침해에 적용되며, 침해에 대한 증거수집제도를 통해 공무원이 침해행위가 이루어진 현장 및 침해물품을 조사하도록 했다. 법정 배상액은 1만 위안 이상 100만 위안 이하에서 3만 위안 이상 500만 위안 이하로 확대했고 특허권 침해소송의 시효 기간을 2년에서 3년으로 연장했다.

일본은 2018년 '부정경쟁방지법' 개정으로 지식재산 및 표준 분야에서 빅데이터, 인공지능, 사물인터넷 등 정보기술과 관련된 부정경쟁행위를 새롭게 규정하고, 관련 구제조치 및 제한사항을 마련하였다.

이러한 기술수출통제제도를 통해 상황통제 및 사전 심사, 사후심사 및 후속조치를 취하며 이는 대량살상무기, 재래식 무기 등에 대한 개발을 실시하고 있는 나라에 자국이 보유한 물자 및 기술이 수출되어 활용되는 것을 사전적으로 방지하기 위함이다.

2020년에는 '외국환 및 외국무역법'을 개정하면서 외국기업 등이 일본 기업에 투자할 경우에 투자 심사를 강화하였다. 외국인 및 외국기업이 일본기업의 주식을 취득할 때 기존에는 10% 이상의 경우에만 심사를 했으나 이를 1% 이상으로 확대한 것이다.

또한 최근 외국 전문인력에 대한 비자심사를 강화하여 첨단·전략 기술의 불법 탈취를 차단하고자 일본의 기술을 유출하는 연구자를 2년 이하의 징역형으로 처벌하는 내용의 경제안전보장추진법 제정에 속도를 내고 있다. 중국이 군사적으로 전용할 우려가 있는 기술과 정보의 유출을 막기 위해 정부가 개입하겠다는 것이 핵심이다.

유럽연합(EU)는 그동안 부정경쟁방지 및 영업비밀 보호 차원에서 산업기술을 보호해 오다가, 최근 외국인 직접투자 및 M&A 관련 분야에 대한 법제도가 강화되는 추세이다.

EU는 회원국별로 상이한 법체계와 보호수준을 가지고 있었으나, 2016년 '영업비밀 지침(Trade Secrets Directive)', 2019년 '외국인투자심사규정(EU Foreign Investment screening Regulation)' 등을 마련하여 기술보호와 관련된 공동체 법을 규정하였다.

이에 새롭게 제안되는 투자가 유럽의 안보와 공공질서에 영향을 미칠 경우, 당사국을 포함해 EU 집행위원회 및 회원국, 비회원국과 정보 공유와 협력 가능하도록 규정하고 있다.

또한 프랑스, 독일, 일본 등 국가도 자국의 안보에 중요한 영향 또는 위협을 미치는 기업의 중국 기업 인수 방지를 위해, 투자 사전심사절차를 강화하고, 매각 과정에서 정부의 영향력(거부권 등)을 행사하며, 외국 기업 인수시 매각 조건을 국가 안보 관점에서 강화하는 등의 조치를 취하고 있다.[14]

이를 위해, 독일은 '핵심산업 보호를 위한 기업인수 규칙 강화(2017)' 제도를 공표하면서 인공지능·로봇·반도체 등 산업에 대한 해외 기업 인수시 심사강화를, 프랑스는 '전략분야에 대한 외국인 투자 통제 확대 및 제재 강화(2018)'를 통해 바이오 분야 및 핵심기기업의 지분 10% 이상 지분을 취득하려는 외국인의 투자 심사를 강화했다.

영국은 외국 연구인력의 비자심사를 통해 범죄 우려가 높은 거래자의 전략기술에 대한 접근을 차단하고 있다.

이밖에 대만의 경우, 2022년 개정 '국가안전법'에 '경제간첩죄(經濟間諜罪)'와 '국가핵심기술 영업비밀의 역외사용죄(國家核心關鍵技術營業祕密之域外使用罪)'를 추가하면서 '경제간첩죄' 사건의 제1심을 '지식재산 및 상업 법원(智慧財產及商業法院)'이 관할한다고 명시했다.

본 개정안에 따라 대만의 주요 핵심기술의 영업비밀을 도용, 횡령, 사기, 협박, 무단복제 또는 기타 부정한 방법으로 취득, 사용, 누설할 경우, 5년 이상 12년 이하의 징역 또는 500만 대만 달러 이상 1억 대만 달러 이하의 벌금을 부과 받을 수 있다(경제간첩죄).

또한, 대만 역외(해외, 중국 본토, 홍콩, 마카오 등)에서 주요 핵심기술에 관한 영업비밀을 사용할 경우, 3년 이상 10년 이하의 징역 또는 500만 대만 달러 이상 5,000만 대만 달러 이하의 벌금을 부과 받을 수 있도록 했다(국가 핵심기술 영업비밀의 역외사용죄).

이번 개정은 대만의 국가 핵심기술에 관한 영업비밀이 외국의 적대 세력이나 각종 단체에 유출되는 것을 방지하기 위하여 정부가 핵심기술에 관한 영업비밀의 단계적 보호 시스템을 적극적으로 구축하는 것을 목적으로 하고 있다.[15]

다음 표는 미국, 중국, 일본, 유럽이 실시하고 있는 기술보호 정책을 기술과 인력으로 구분하여 정리한 것이다.

주요 기술선도국의 자국 기술보호와 기술유출 방지 및 유출시 처벌에 대한 강력하고도 실효성 있는 정책들을 살펴볼 수 있다.

❙ 주요국의 기술 보호 정책 ❙

국 가	분 류		주 요 내 용
미국	기술	기술통제 강화	■ 국가안보 차원의 신흥 · 기반기술 등 수출통제 대상 확대 * 수출통제개혁법(ECRA) 제정('18.7)
		사이버 보안강화	■ 사이버 보안 관련 민간협력, 동맹국 공동대응을 위한 법 · 제도 정비 * 대통령 직속 직위 신설, 영업비밀보호법 제정('16), 국방조달 규정 개정('18)
	인력	기술보안 강화	■ 기술 해외유출시 벌칙강화(최대 20년 징역)/침해법인 벌금상향($500만) * 외국 경제 스파이 처벌강화법(EEPE) 개정('13)/ 연방영업비밀보호법 제정('16) ▸ 외국 연구인력 비자심사를 통해 우려거래자의 전문지식 접근 차단
중국	기술	기술통제 강화	■ 국가안전유지 관련 물품·기술·서비스 수출통제대상 명시 * 수출통제법 발표('20.12) ■ 통제품목을 150개에서 164개로 확대 * 중국 수출금지 및 제한기술목록 개정('20.8)
	인력	기술보안 강화	■ 전리법 제4차 개정안 * 고의침해에 대한 징벌적 손해배상(최고 5배) * 권리자의 입증책임 경감, 행정처벌 강화제도 도입
일본	기술	기술통제 강화	■ 사물인터넷, 인공지능, 빅데이터 등 정보기술에 대한 통제근거 마련 * 부정경쟁방지법 개정('18.7, '19.1)
	인력	기술보안 강화	■ 정부 R&D지원대학 연구실에 대한 정보보고 의무화('22) ■ 첨단기술유출자, 2년이하 징역('경제안전보장 추진법') ■ 외국 전문인력 비자심사를 강화하여 첨단·전략기술 불법이전 차단('22년)
EU	기술	기술통제 강화	■ EU 대외관계청은 신흥기술 분야(우주 · 사이버보안 · 기후 등) 혁신 촉진방안 및 파트너국과의 협력 강화방안 수록 ■ 외국 정부(관련 법인)의 첨단기술 · 인프라 · 에너지 분야 투자 거부 가능, 보호대상 · 범위 · 방법 등 규정 마련하여 中 기술 탈취 공동 대응
			■ (프) 바이오 분야 외국인투자 심사 강화, 핵심기업에 대한 10% 이상 지분 취득하려는 외국인투자 제한('20.4)
	인력	기술보안 강화	■ (英) 외국 연구인력 비자심사, 우려자 전략기술 접근 차단

자료: "글로벌 기술패권경쟁 下 우리기술 보호전략", 정부관계부처 합동, 2021.12.23., 저자 일부보완

사례: 국내 중소기업의 기술탈취 해결사 등장 - 재단법인 경청

재단법인 경청은 2019년 출범한 민간 공익법인으로 아이디어와 저작권, 기술 분야 등에서 권리를 탈취당한 중소기업을 돕고 있다.

2018년 12월 중소기업 SJ이노테크는 경청과 제휴 공익변호사 등의 지원을 받아 한화를 상대로 한 기술탈취 항소심 재판에서 승소하였다. 흔히 '다윗과 골리앗의 싸움'으로 불리는 대기업 대 중소기업의 기술탈취 분쟁에서 이례적으로 승소한 귀한 사례다. 대기업의 대형 로펌에 맞선 법정 다툼에 승소하고, 특히 징벌적 손해배상 2배가 적용됐다는 점에서도 의미가 크다. SJ이노테크는 손해배상 민사소송과 별도로 공정위 형사 고발 건에 대한 형사사건이 진행 중이다.

경청은 이처럼 법률지원과 행정연계 지원 등을 통해 기술탈취를 당한 중소기업에 큰 힘이 되고 있다. 작년에는 국회에 여러 차례 제도개선을 제안해 중소기업계의 숙원이던 '상생협력법'이 도입되는 데 힘을 보탰다. 상생협력법은 기술유용 사건에서 입증책임완화, 비밀유지계약 의무화, 3배수 징벌적 손해배상 등의 내용을 담았다.

물론 아직은 갈 길이 멀다. 상생협력법은 피해 배상 산정 기준에 대해 기술자료의 사용에 대한 '합리적인 사용료'로 규정했다. 한데, 합리적인 사용료라는 개념이 모호해 중소기업이 입증하기는 여전히 어렵다. 법원의 재량에 따라 손해배상을 정하고, 기존 판례를 따라갈 개연성이 높다. 미국의 경우 현재 기술의 시장 가격을 알 수 없으면 기존의 시장 가격보다는 높게 받아야 한다고 규정하고 있다.

경청은 3배수 징벌적 손해배상도 현실적으로 피해 기업을 구제하는 데 부족하다고 지적한다. 경청의 법률지원단장 박희경 변호사는 "최대 3배수로 규정돼 있으면 재판관이 실제 판결에서 최대 배상 결정을 내리는 데 부담을 느낀다"는 이유를 들며 "최소 3배수 배상으로 실제 처벌을 강화하고 배상금액을 높여야 한다"고 강조한다.

법조계에서는 피해 중소기업에 실효적인 보상 방안 중 하나로 공정거래위원회가 거두는 과징금 일부를 피해 기업에 지급하는 방안이 거론되고 있다. 기술유용 기업이 처벌을 받아도 피해 기업은 민사소송으로 보상받는 데 수년이 걸리기 때문이다.

경청은 실패를 경험한 중소기업의 재도전을 지원하는 무료법률 지원 및 재도약을 위한 사회적인 환경 조성에도 앞장서고 있다. 기술탈취 및 지식재산권 등과 관련해 상담이 필요한 중소기업과 소상공인은 재단법인 경청 홈페이지 '무료상담신청'에서 언제든 신청할 수 있다.

출처: 한국일보, 2022

제4장

지식재산이란? I

1. 지식재산권
2. 영업비밀
3. 라이선스

제4장

지식재산이란? I

1. 지식재산권

1) 지식재산권의 종류 및 특징

통계청 승인통계에 의해 매년 '기술무역통계보고서' 형태로 발표되는 기술무역 통계를 세분화하여 살펴보면 다음과 같다.

▌기술무역에 포함되는 기술거래 유형▐

구분	내용
기술정보	영업비밀 또는 노하우, 발명 등 산업재산권에 의해 보호되지 않는 기술자산으로 기술정보, 기술자료, 정보 및 자료제공 등
기술서비스	사전적 기술조사 및 엔지니어링 작업, 기술지도(인력훈련, 컨설팅 등), 해외 위탁 연구개발, 국제기술협력 등
특허 판매 및 라이선스 제공	권리화된 발명을 독점적으로 이용할 수 있는 권리의 판매 또는 라이선싱 등
상표사용권	기술거래를 포함하는 상표권의 라이선싱이나 독점 판매권
실용신안·디자인·패턴 등	산업상 이용할 수 있는 물품의 형상·구조 또는 조합에 관한 고안 등의 판매 또는 라이선스

자료: 과학기술정보통신부, 한국산업기술진흥협회, "기술무역통계조사보고서"

2020년 우리나라의 기술무역수지 적자(57억 6천6백만 달러)중에서 지식재산권, 즉 산업재산권의 적자 비중은 약 50%(28억4천만 달러)이며 그 외 기술서비스와 해외 연구개발 투자가 약 50% 적자를 보이고 있다.

▌기술무역수지 적자 중 지식재산권 적자 비중(2020년)▐

(단위 : 백만달러, %)

전체적자	특허 라이선스	상표/디자인/실용신안 등	기술서비스/해외R&D	기타
-57억6,600	-16억6,700만	-11억7,300만	-29억2,600만	14억4,900만
100%	-49.3%(28억 4,000만)		50.7%	

자료: 과학기술정보통신부, 한국산업기술진흥협회, "기술무역통계조사보고서"

여기서 국내 기술무역의 약 50% 비중을 차지하고 있는 지식재산권에 대하여 살펴보자.

먼저, 세계지식재산기구(WIPO; World Intellectual Property Organization)의 정의에 의하면, 지식재산(Intellectual Property)이란 발명, 문학 및 예술작품, 상업적으로 쓰이는 상징, 이름, 이미지 등을 모두 포함한 정신적인 창작물을 지칭하는 용어를 의미한다.

이를 권리화한 지식재산권(Intellectual Property Rights)이란, 다른 재산권과 마찬가지로 해당하는 특허, 상표권, 저작권을 가진 유 · 무형의 작품 · 창작물 · 발명 등과 이의 창작자 또는 소유자를 보호하는 권리이다. 또한 해당 창작자 또는 소유자는 특정기간 동안 경쟁에 대한 우려 없이 이 창작물을 독점적으로 사용할 수 있는 권리로도 정의될 수 있다.[1]

한국의 지식재산기본법 제3조 1호에 의하면, '지식재산'이란 인간의 창조적 활동 또는 경험 등에 의하여 창출되거나 발견된 지식 · 정보 · 기술, 사상이나 감정의 표현, 영업이나 물건의 표시, 생물의 품종이나 유전자원, 그밖에 무형적인 것으로써 재산적 가치가 실현될 수 있는 것을 말한다.

4차 산업혁명기라 불리우며 인터넷 및 모바일을 중심으로 급속히 진보하는 기술 확산시대에 지식재산권(IPR)은 왜 필요할까?

첫째, 시장에서 독점적 지위 확보 가능

특허 등 지식재산권은 독점적이고 배타적인 무형의 재산권으로 거래 상대방과 신용을 창출하고 소비자의 신뢰도가 향상되며 기술판매를 통한 로열티(royalty)수입이 가능하기 때문이다.

둘째, 연구개발(R&D) 투자비 회수 및 추가 기술개발의 원천

막대한 기술개발 투자비를 회수할 수 있는 확실한 수단이 되며 특허출원 등 확보된 권리를 바탕으로 타인과 분쟁없이 추가 응용 기술개발이 가능하기 때문이다.

셋째, 특허분쟁의 예방 및 권리보호

자신의 발명 및 개별기술을 적시에 출원하여 권리화 함으로써 타인과의 분쟁을 사전 예방하고, 타인이 자신의 권리를 무단 사용 시 적극적으로 대응하여 법적 보호 가능하다.

넷째, 정부의 각종 정책자금 및 세제지원 혜택

특허권 등 지식재산권을 보유하고 있는 경우 특허기술사업화 자금지원, 우수발명품시제품 제작지원을 비롯하여 각종 정부자금 활용과 세제지원 혜택을 받을 수 있다.[2]

이러한 지식재산권 제도의 목적은, 개발된 발명을 널리 실시함으로써 기술진보를 높이고 산업을 발달시킨다는 취지인 한편, 발명자의 노력에 의한 성과물인 발명에 대해 재산권을 행사 할 수 있도록 함으로써 발명을 장려하고자 함이다.

지식재산을 WIPO에서는 크게 산업재산권(Industrial property)과 저작권(Copyright)으로 나누고 있다.

이중 기술무역의 범위에 포함되는 것은 산업재산권이다. 산업재산권은 전체 지식재산권에서 가장 큰 비중을 차지하는데 인간의 고도의 아이디어를 바탕으로 하는 발명을 의미하는 특허권, 일반적인 아이디어와 같은 고안에 해당하는 것은 실용신안권, 그리고 각각 디자인권과 상표권이 이에 해당된다.

신지식재산권30)은 전통적인 산업재산권과 저작권의 범주에 속하지 않으면서 경제의 발전 및 변화와 함께 그 보호의 필요성이 대두된 새로운 지식재산권을 이르는 것으로 지리적 표시, 데이터베이스, 반도체 배치설계권, 컴퓨터 프로그램, 영업비밀 등이 이에 속한다.

---

30) 신지식재산권에 포함되는 대표적인 기술인 '반도체배치설계권'은 큰 자본 시설없이 축적된 기술과 경험을 기초로 한 소규모의 전문인력만으로도 개발 가능한 반도체 IP의 특성이 반영된 결과로 볼 수 있다(특허청 홈페이지).

▌지식재산권(Intellectual Property Rights)의 종류▐

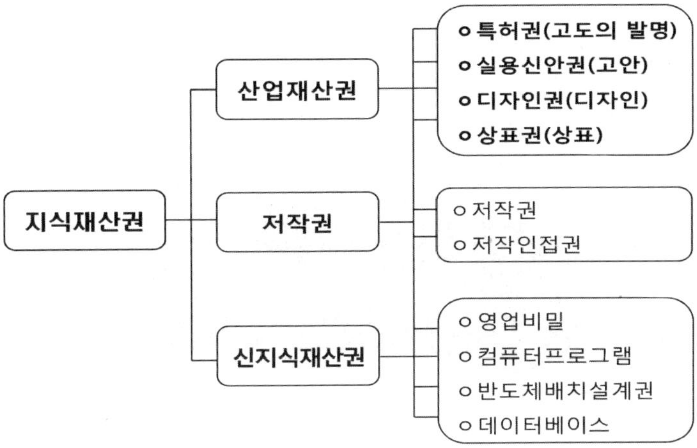

자료: 특허청

다음은 지식재산권 중 기술무역의 범위에 포함되는 산업재산권으로 각 유형별 정의와 존속기간 및 관련 법규이다.

▌산업재산권 특징▐

구분	정의	관련법	존속기간
특허권	▪자연법칙을 이용한 기술적 사상의 창작으로써 발명수준이 고도화된 것	특허법	설정등록일로부터, 출원일 후 20년까지
실용신안권	▪자연법칙을 이용한 기술적 사상의 창작으로써 물품의 형상·구조·조합에 관한 실용 있는 고안(소발명)	실용신안법	설정등록일로부터, 출원일 후 10년까지(구법 적용분은 15년)
디자인권	▪물품의 형상·모양·색채 또는 이들이 결합한 것으로써 시각을 통하여 미감을 느끼게 하는 것	디자인보호법	설정등록일로부터, 출원일 후 20년까지
상표권	▪타인의 상품과 식별하기 위하여 사용되는 기호·문자·도형·입체적 형상·색채·홀로그램·동작 또는 이들을 결합한 것	상표법	설정등록일로부터 10년(10년마다 갱신 가능, 반영구적권리)

자료: 특허청, 지식재산권의 손쉬운 이용, 2017

▌예: 자동차에 적용되는 산업재산권▐

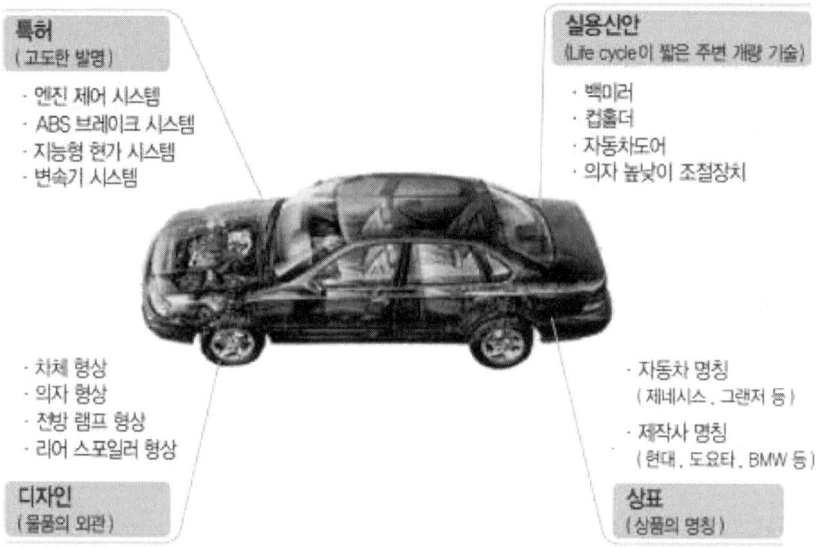

자료: '지식재산권의 손쉬운 이용', 특허청(2017)

2) 산업재산권의 주요 개념 및 국내 통계(2022년)

국내 지식재산권은 출원부터 등록까지 특허청의 관할로 이루어진다. 이때, 「특허법」에 적용되는 기본원칙 4가지, 즉 '선출원주의', '도달주의', '서면·양식주의 및 국어주의', '하나의 발명, 하나의 특허출원주의 '은 다음과 같은 의미를 담고 있다.

첫째, 특허의 출원은 특허제도의 특징인 '선출원주의'에 입각해서 특허청에 특허자료를 제출한 것을 의미하는 것으로 해당 자료의 제출일이 출원일이 된다[31].

둘째, '도달주의'란, 특허자료가 우편일 때에는 특허청장 또는 특허심판원장에게 도착한 날, 정보통신망으로 제출된 전자문서일 경우에는 정보통신망을 통해 접수번호를 확인 할수 있는 때이거나 접수용 파일에 기록된 내용으로 도달되었다고 본다.

셋째, '서면·양식주의 및 국어주의' 란, 특허청에 제출하는 서류는 국어로 작성되어야

31) 특허청 홈페이지 자료에 의하면, 만일, 동일한 발명에 대하여 같은 날에 둘 이상의 특허출원이 있는 경우에는 특허출원인 간에 협의하여 정한 하나의 특허출원인만이 그 발명에 대하여 특허를 받을 수 있다. 다만, 협의가 안되거나 협의를 할 수 없는 경우에는 어느 특허출원인도 그 발명에 대하여 특허를 받을 수 없다(「특허법」 제36조제2항).

하며 정보통신망이나 저장장치 등에 수록, 제출하는 경우에는 특허법에 따라 제출된 서류와 같은 효력을 갖게 된다.[32)]

넷째, '하나의 발명, 하나의 특허출원주의' 란, 특허출원은 하나의 발명마다 하나의 특허를 출원해야 한다는 의미이다. 다만, 청구된 발명간에 기술적 상호관련성이 있는 여러 군(群)의 발명이거나, 제출된 발명이 기술적 특징으로 봤을 때 전체 군(群)단위로 봐야 진보성이 인정되는 경우에는 이를 하나의 특허출원으로 인정하기도 한다.[2]

이와 같은 국내 산업재산권의 출원 및 등록 현황은 아래 그림과 같다.

국내 산업재산권 중 특허의 경우, 출원건수(592,615건)에 비해 등록 건수(341,873)는 약 57.7%에 불과하다.

일반적으로 산업재산권(특허, 실용신안, 디자인, 상표권)은 모두 출원수에 비해 등록까지 연결되는 경우가 적은게 사실이다. 선출원의 효과만 노리는 경우가 많기 때문이다.

출원(application)과 등록(registration)의 차이를 살펴보자.

▌2021년 국내 산업재산권 출원 및 등록 현황▐

(단위: 건)

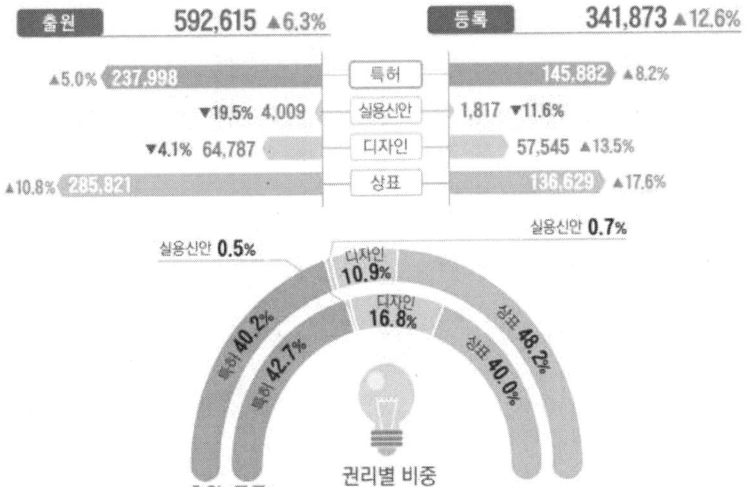

주: 본 통계에는 국내에 진입한 PCT, 헤이그(디자인권), 마드리드(상표권) 출원건수가 포함됨(이에 대한 개념은 5장에서 다루고 있음)
자료: 특허청, 지식재산통계 FOCUS 19호(2022.02)

32) 위임장, 우선권증명서류 등 외국어로 표기된 서류일 경우에는 국어번역문을 첨부해야 한다(「특허법 시행규칙」 제4조제2항).

먼저, 출원(application)은 단지 특허청에 특허심사를 위한 자료를 제출한 것을 말한다. 따라서 특허로 등록되지 않은 상태이면 특허권 고유의 독점권이 없다는 것을 의미한다. 이러한 출원 이후 일정 기간 동안 특허청 심사프로세스에 따라 심사후 특허의 등록(registration)이 결정되면 등록 절차와 등록 비용을 납부하게 되며 이후 해당 특허의 등록번호가 부여된다.

예를 들어, 출원후 등록된 나의 특허에 대해 후발업자와 우선권 다툼이 있을 경우, 출원만 된 상태라면 선출원 우선권만 주장할 수 있을 뿐이나, 등록 특허의 경우에는 특허침해행위에 제재를 가할 법적 강제성을 갖추었다는 의미이다.

국내에 등록된 특허는 키프리스(Kipris)에서 검색이 가능한데 등록 특허의 경우, 검색화면 상단에 등록 특허번호를 확인할 수 있다.

다음은 최근 코로나19 전·후의 산업재산권 출원 증감율을 살펴보았다.

❙ 코로나19 전후 유형별 출원 현황 ❙

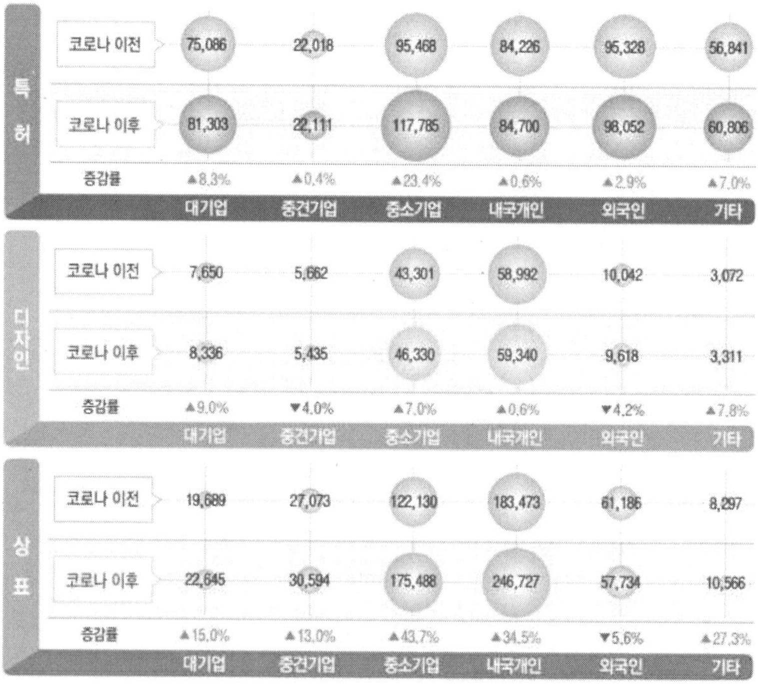

주: 코로나19 이전: 2018~2019 출원 건수 합계, 코로나19 이후: 2020~2021 출원 건수 합계,
증감률: 2018~2019 대비 2020~2021
자료: 특허청, 지식재산통계 FOCUS 19호(2022.02)

국내 중소기업의 경우, 특허권과 상표권 부문의 출원 증가율이 코로나 19전에 비해 크게 증가한 반면, 그 밖의 기업집단이나 개인의 출원 건수는 큰 변화가 없는 것으로 나타나고 있다.

아울러 기술 및 노하우 등 경제적 유용성이 있는 기업의 비밀 정보를 뜻하는 '영업 비밀' 또한 지식재산권의 일종으로 볼 수 있으며, 이러한 영업 비밀과 같은 비공개 정보의 비밀 유지를 위해 합리적인 수단과 절차의 사용이 강조되고 있다.

2. 영업비밀

특허권은 20년이라는 장기적이며 배타적인 권리를 행사할 수 있어 특허의 소유권 주장에는 유리하나, 특허 권리를 유지하기 위한 비용(특허 등록 및 유지비용)이 많은 걸림돌이 되고 있다.

반면, 영업비밀은 독점 및 배타적 권리가 없어 설사 영업비밀이 유출되더라도 영업비밀의 존재에 대한 입증이 쉽지 않다.

우리나라의 경우, 영업비밀에 대해 규정하고 있는 법률로는 「부정경쟁 방지 및 영업비밀보호에 관한 법률」이 있다. 이에 따르면, '영업비밀이란, 공공연히 알려져 있지 아니하고 독립된 경제적 가치를 가지는 것으로서 비밀로 관리된 생산방법, 판매방법, 그 밖에 영업활동에 유용한 기술상 또는 경영상의 정보'를 말한다(제2조 제2호).

예를 들어, 우리가 흔히 알고 있는 코카콜라(Coca-Cola)의 제조법이나 삼성전자의 반도체 생산라인 배치도와 생산공정 흐름도 등이 대표적인 영업비밀에 해당된다.

그러나 4차 산업혁명 시대를 살고 있는 요즘, 기술과 기술관련 서비스가 폭발적으로 확산되면서 영업비밀의 범위도 사실상 매우 복잡해지고 다양해지고 있어 보다 구체적인 예시규정 도입이 요구되고 있다.[3]

이러한 특허와 영업비밀은 산업별 특성에 따라 각기 다른 견해가 다수 존재한다. 즉, 제품생산에 다수의 특허가 필요한 산업에서는 라이선스 및 분쟁비용이 높아지므로 특허권을 통한 과도한 기술보호는 혁신을 저해한다는 견해와 기술 분야에 따라 일종의 비밀유지(Secrecy)가 특허보다 중요한 산업들이 있다는 연구들이 보고되고 있다[33].

33) 최근 삼성과 애플 간 스마트폰 특허분쟁이 대표적이며 소프트웨어 특허 덤불 문제로 특허권 1% 증가

특허권과 영업비밀의 특징과 차이점은 다음과 같다.

❙ 특허권과 영업비밀의 특징 및 차이점 ❙

구 분	특허제도	영업비밀제도
목적	▪발명보호 장려 및 특허 이용 활성화	▪타인의 영업비밀을 침해하는 행위 방지
보호조건	▪신규성, 진보성, 산업상 이용가능성	▪비공지성, 독자성, 실용성, 경제적 유용성, 비밀 관리성
보호대상	▪자연법칙을 이용한 기술적 창작	▪기술정보: 설계도, 매뉴얼, 배합비율, 성분표, 데이터, 컴퓨터소스 프로그램, 생산계획 등 ▪경영정보: 고객명부, 판매계획, 경영전략, 투자나 광고계획, 생산조직, 유통루트 등
보호기간	▪출원 후 20년	▪비밀로서 관리되는 한 무한
장점	▪독점·배타적 권리행사 보장 ▪선출원주의	▪기술내용으로 인해 기술경쟁 우위 유지 가능 ▪별도의 유지비용 없음
단점	▪권리화 위한 비용 발생 ▪기술의 공개 ▪속지주의 영향 ▪유효기간 존재	▪기업내부의 비밀유지 관리 곤란 ▪독점·배타적 권리 없음 ▪영업비밀의 존재 및 시점에 대한 입증 곤란

자료: 전소영, 2015,[4] 일부 저자보완

2019년부터 시작된 미국의 중국 IT기업인 화웨이에 대해 '영업비밀 유출 및 기술탈취 혐의'에 대한 미 연방지원법원의 소송이 진행중이다. 미국의 경우, 영업비밀 관련 주요 법률로 '통일영업비밀법(Uniform Trade Secrets Acts; UTSA 1979)'과 경제스파이방지법(Economic Espionage Act; EEA 1996)이 있다.

그러나 미국의 주(state)별로 규정과 제재범위가 각각 다르고(통일영업비밀법), 형사적 제재 위주(경제스파이법)라는 비판이 있어왔다. 이를 보완하기 위해 2016년 연방법(Federal Law)으로써 '영업비밀보호법(Defend Trade Secrets Acts of 2016) '을 제정하게 되었다.

이는 연방정부 차원에서의 형사적 제재와 민사적 구제로까지 확장한 법률로 알려져 있으며, 기술혁신이 가속화되고 있는 최근 외국 산업스파이에 의한 기술유출이 빈번해

시 시장진입이 0.8% 감소된다는 연구결과도 있다(Cockburn and MacGarvie, 2011).

진데 기인한 것으로 분석되고 있다.

❙ 국가별 영업비밀 침해에 대한 형사적 제재 ❙

구분		한국 (부정경쟁방지· 영업비밀보호법)	미국 (경제스파이법 및 영업비밀보호법)	중국 (부정경쟁 방지법)	일본 (부정경쟁 방지법)
범죄구성요건	신분	누구든지 (비신분범)	비신분범	비신분범	비신분범
	목적범	부정이익 또는 보유자 손해 목적 (목적범)	개인/외국 이익 인지 또는 의도 (목적범)		부정이익 또는 보유자 손해 목적(목적범)
	보호대상	기업의 영업 비밀 (Knowhow 포함)	기술 또는 영업상 모든 정보 (knowhow 포함)	기술상· 경영상의 정보	기술 또는 영업상정보(Know how 포함)
소추요건		비친고죄	비친고죄	비친고죄	친고죄
가중처벌		외국관련	외국관련	손해가 특별히 심각한 경우	
미수 예비 음모		미수, 예비, 음모 처벌 양벌 규정 적용	미수, 음모 처벌 조직범죄 처벌	양벌규정 적용	양벌규정 적용
형벌		■국외유출 : 10년 이하의 징역 또는 1억 원 이하의 벌금(단, 이득액 1억 원 초과 시 이득액의 10배까지 가능) ■국내유출 : 5년 이하의 징역 또는 5천만 원 이하의 벌금(단, 이득액 5천만 원 초과 시 이득액의 10배까지 가능)	■경제간첩죄(국외) 개인: 15년 이하 징역 또는 500만 불 이하 벌금 법인: 1천만 불 또는 유출 영업비밀 가치의 3배 중 다액 ■영업비밀 절도죄(국내) 개인: 10년 이하 징역 및 또는 벌금 법인: 500만 불 이하 벌금 ■2016년 '영업비밀보호법(DTSA)'에 따라 연방차원의 민사소송 제기가능	■중대한 손실이 발생한 경우 : 3년 이하의 유기징역 혹은 구류에 벌금형을 병과 ■특별히 심각한 손해가 발생한 경우 : 3년 이상 7년 이하의 유기징역에 벌금부과	개인: 10년 이하의 징역 또는 1천만 엔 이하 벌금 법인: 3억 엔 이하 벌금

자료: 윤정근, 2015[5], 일부 저자보완

영업비밀에 대한 최근 국가 경제적 차원의 보호가 강화되면서, 국내에서 신설된 법제로 '유명상표와 표지' 등을 도용하여 도메인네임으로 등록하는 사이버 스쿼팅(cyber squatting)행위 금지와 타인의 상품 '형태(shape, design)를 모방' 하는 행위 금지 등을 개정하였다. 또한 영업비밀 유출행위에 대한 '부당이득환수제도'를 도입, 유출로 인한 처벌을 대폭 강화하였으며 침해주체나 보호범위에 대해서도 선진국과 유사하게 확대 적용하고 있다.

이러한 이유는 특허권 등 지식재산권으로 보호받지 못하는 영업비밀이나 기술서비스의 해외 기술유출시, 국내 해당산업 뿐만 아니라 국가 경제에 미치는 손실 역시 크기 때문이다. 또한 건전한 거래질서는 물론 연구개발 활동 촉진을 도모하기 위함이다.[6]

이에 2012년 한국 특허정보원에 '영업비밀 보호센터'를 설립, 영업비밀에 대한 교육·보호·관리 활동을 지원하고 있으며 '영업비밀 원본증명제도' 등을 운영하고 있다. 따라서 국내 중소기업들의 경우, 기업 자체적으로 영업비밀에 대한 수시점검이 필요하며 영업상 비밀에 대한 적극적인 보호조치와 관리방안들을 강구해 나가야 할 것이다. 이외에도 최근 시행, 확산되고 있는 '기술임치제도'34)나 '영업비밀 원본증명제도' 등 정부기관들의 다양한 지원정책과 정보를 활용하여 적절한 대처를 강화하는 전략이 필요하다.

사례: 신차설계도면 영업비밀의 해외유출사건

국내 H자동차 회사의 구매총괄본부 직원이 중국담당 본사 직원과 결탁하여 거액의 돈을 받고 중국 자동차 회사에 자동차관련 도면을 유출한 사건이다. 물론, 일부도면의 경우 다른 직원의 ID와 PW를 이용하여 다운로드만 받은 후 유출하지 않고 삭제했다고 주장하고 있으나, '영업비밀의 취득'이란 사회통념상 영업 비밀을 자신의 것으로 만들어 이를 사용할 수 있는 상태에 이른 경우를 말한다. 검찰은 전직 직원 K씨를 수사하여 구속기소하였으며 재판부는 1심에서 징역 1년 6월의 실형을 선고했다.

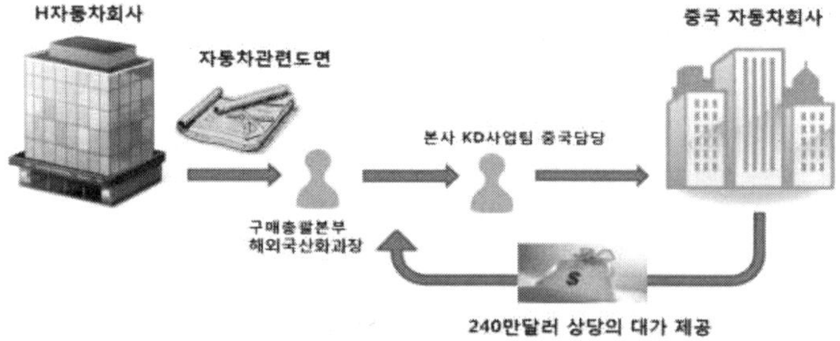

출처: 국정원 산업기밀보호센터, 2014년

34) '기술임치제도'란, 기업의 기술자료를 제3의 기관인 대·중소기업협력재단에 보관해 두고 기술 유출이나 특허 논란이 생길 경우 해당 기술자료를 활용해 기술개발 및 보유 사실을 입증해주는 제도이다.

3. 라이선스

한국의 기술무역수지 적자 중 특허라이선스가 차지하는 비중은 매우 큰 편이다. 2018년 총 기술무역수지 약 38억 6천2백만 달러 적자 중 특허라이선스는 약 15억 7천 6백만 달러, 그 중 전기전자 산업의 경우 17억 7천만 달러(112.3%)가 특허라이선스에 의한 적자로 나타나고 있다.

라이선스란 기술, 노하우 등 무형(intangible)의 지식재산 또는 특허, 상표 등 지식재산권을 일정기간, 일정조건 아래 사용 또는 실시할 수 있는 권리를 허락하는 것을 말하며, 특허권 등의 실시허락 혹은 상표권 등의 사용허락을 의미한다.

이러한 지식재산 또는 지식재산권을 빌려주고 대가를 받는 사람 또는 기업을 라이선서(Licensor)라고 하고, 반대로 대가를 지불하고 사용 또는 실시의 권리를 일정기간 받게 되는 사람 또는 기업을 라이선시(Licensee)라고 한다.

| 라이선스 계약의 성립 |

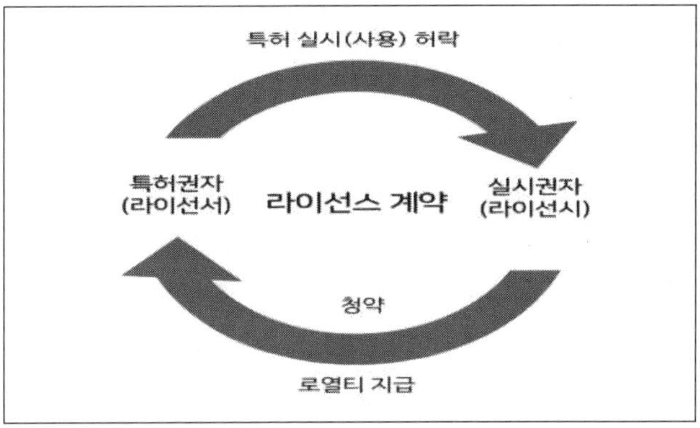

자료: 특허청, 2021

라이선스는 "실시권"이라고도 하며 이에 대해서는 지식재산권에 대한 각각의 법령에 대해서 일정한 요건을 만족한 경우에 라이선스가 될 수 있는 것으로서 규정하고 있다.

또한 라이선스 계약에 있어서는 라이선스를 허여(License-out)하는 경우와 라이선스를 취득(License-in)의 두 가지 경우가 있다.

라이선스 계약을 체결하기 전에 먼저 라이선스를 제공하는 특허권자에 대한 사전조사, 전용실시권과 통상실시권, 그리고 라이선스의 대가 및 개량기술의 취급, 마지막으로 분쟁해결 수단 등에 대한 사전 매뉴얼이 필요하다.

1) 라이선스에 대한 기본 매뉴얼

(1) 라이선스를 제공하는 특허권자에 대한 사전조사

먼저, 특허권자가 제공하려는 특허권의 유효성을 판단해야 한다. 특허권자의 특허에 무효사유가 있다면 무효소송 또는 이의신청을 제기할 수 있고 특허권자로부터 무료로 실시 허락을 받을 수도 있으므로 특허의 유효성 판단이 선행되어야 한다.

둘째, 해당 특허에 대한 다른 권리와의 저촉 문제를 파악해야 한다. 특허권자와 라이선스 체결을 한다 하더라도 라이선시가 제3자로부터 침해금지나 손해배상 청구를 받을 수 있기 때문에 제3자의 특허를 침해하지 않는지에 대한 검토가 행해져야 한다. 만약 위와 같은 위험성이 있는 경우에는 라이선스를 체결하는 것을 포기하거나 라이선스 계약 중에 라이선시가 손해를 입었을 때에는 라이선서가 보상한다는 조항을 계약서에 넣어야 한다.

셋째, 경제적 이익에 대해 신중하게 판단해야 한다. 국내 중소기업이 개발한 기술이나 특허 등을 상업화하기에 역부족인 경우 라이선스 아웃(License-out) 계약을 통해 글로벌 기업과 파트너십을 구축하는 것도 좋은 방법이 될 수 있다. 그러나 라이선스 계약을 체결하였음에도 실제 도움이 되지 않는다면 경제적 손실을 입을 수 있으므로 라이선스를 받았을 때와 받지 않았을 때의 경제적 실익을 판단하는 것이 필요하다.

(2) 전용실시권과 통상실시권

① 전용실시권이란 특허권자가 타인에게 전용실시권을 설정하는 것을 의미하며 전용실시권자는 계약으로 정한 범위 내에서 그 특허 발명을 실시할 권리를 가진다. 이 경우 특허권자라 하더라도 특허를 실시 할 수 없고 제3자의 침해가 있는 경우, 전용실시권자가 침해금지, 손해배상을 청구할 수 있다.

② 통상실시권이란 특허권자가 타인에게 통상실시권을 설정하면서 발생한다. 이는 전용 실시권과 달리 독점적인 권리가 아니기 때문에 특허권자는 다른 사람에게 중복하여

통상실시권을 설정할 수 있다.

③ 서브라이선스(sub-license)란 라이선시가 타인에게 다시 라이선스를 주는 것을 말한다. 이를 위해선 미리 서브 라이선스를 체결하는 것에 대해 라이선서에게 양해를 구해야 한다.

(3) 라이선스의 대가

라이선스 대가의 지불 방법에는 계속실시료(러닝로열티), 정액실시료(일시금) 및 양자를 다 활용할 수도 있다. 이는 쌍방의 협상에 의해서 결정된다. 라이선서는 라이선시가 당초 예상한 정도로 라이선스 제품을 판매할 수 없을 때를 대비하여 최저 실시료를 요구하기도 한다.

(4) 개량기술의 취급

라이선스 계약 체결 후에 라이선서나 라이선시가 개발한 개량 발명을 사용하고 싶다면 그에 대해 실시 허락을 받는 예외조항을 넣어둘 필요가 있다.

▎라이선스 계약 시 개량기술에 대한 라이선싱 종류▕

방법	내용	비고
Feed Back	라이선서의 개량기술을 통지	
Option Back	통지한 개량기술에 대해 라이선서에게 옵션 권리 부여	
Grant Back	개량기술에 대해 라이선서에게 비독점 라이선스 허여	
Sole라이선스의 Grant Back	라이선시의 자기실시권을 보유하고 독점적인 라이선스 허여	
독점라이선스의 Grant Back	개량기술에 대해 라이선서에게 독점 라이선스를 허여	독점금지법상 문제있음
CoOwnership Back	개량기술을 라이선서와 공유	
Assign Back	개량기술을 라이선서에게 양도	독점금지법상 문제있음

(5) 기타 분쟁 해결수단

특허 라이선스 계약 당사자간 특허로 인한 분쟁이 종종 발생하기도 한다. 이때 소송으로 확산되기 전에 서로가 보유한 특허권리를 양 당사자간 공유하기로 하는 크로스 라이선스(Cross License)를 체결하면서 분쟁을 해결하기도 한다.

이외에도 대체적 분쟁해결 절차로 타협 및 화해, 조정, 중재 등이 있다. 이와 같은 해결수단들은 대체로 소송에 의한 분쟁해결방법보다 신속하고 경제적이다.

2) 로열티(Royalty)

(1) 로열티 계약시 유의할 점

라이선스 형태의 기술수출입에서 특허권 실시자(licensee)는 특허권자(licensor)에게 특허권 실시(허여)에 따른 대가로써 금전적 지불을 하게 되는데 바로 로열티(royalty)이다.

로열티의 종류로는 크게 정액로열티(Fixed Royalty)와 경상로열티(Running Royalty)가 있는데 경우에 따라 착수금 형태의 선불금(Initial Payment)이 지급되기도 한다.

로열티 지급 방법이 경상 로열티일 경우에는 최저로열티 금액을 정해 놓는 것이 좋으며 로열티를 계산할때 로열티 산정의 대상이 되는 조건을 명확히 한 후 그 지급 시기, 요율, 기간 등을 계약서에 명시해야 한다.

또한 지급방법이 현금 또는 전신환 송금(T/T base)인지, 그럴 경우 어떤 통화로 결제할 것인지, 이때 적용되는 환율 등도 명확하게 결정하여야 분쟁 발생시 그 근거가 될 수 있다. 만일 로열티를 기한내 적정하게 지급하지 않을 경우, 패널티(penalty) 지급 조항과 연체시 이자 및 지불유예 기간 등에 대해서도 로열티 계약 조항에 반드시 삽입해야 한다.

▌로열티(Royalty) 지급방법▐

항목	내 용
로열티 방법	▪정액로열티 또는 경상로열티(경상로열티의 경우 제조원가, 판매액, 대물 로열티 중 택일)
최저로열티	▪경상 로열티의 경우, 판매가 없을 때 유지비 명목으로 최저 로열티를 정하고, 이를 장래에 발생하는 로열티에서 차감하는 등 약정이 필요함
로열티 계산	▪로열티의 산정기초, 발생 시기, 요율, 기간, 계산방법 등 명확히 함
지급시기	▪정액 로열티의 경우 계약과 동시에 전액을 지급, 분기별로 지급 등
지급수단	▪수표, 어음, 현금, 송금이나, 통상적으로 전신송금(T/T)을 택함 ▪지급통화(현지통화, 원화, US$ 등)를 규정, 원천징수세의 공제여부, 환전하는 기준일 및 환율, 수수료의 부담 등 규정하는 것이 바람직함
지급지연	▪지불 기한 내에 이행하지 못한 경우 패널티 지급 조항 연체이자와 지불유예기간, 기간 내 미지급 시 계약 종료

자료: 특허청(2022)

(2) 로열티의 종류

로열티의 종류 중 정액 로열티(Fixed Royalty)는 해당 기술(영업비밀, 노하우 포함) 및 특허 등 지식재산권에 대한 사용대가를 일시불로 지급하는 형태를 말한다. 거래의 대상이 되는 기술 및 지식재산권 등이 제품에 체화된 이후 해당 제품의 판매액에 관계없이 기술에 대한 대가를 고정금액으로 확정짓는 것을 의미한다. 기술 및 라이선스 제공자(licensor)의 경우, 장래의 불확실한 판매액 보다는 일정금액을 수취하는 것이 위험부담을 낮추는 장점이 있으나, 탑재된 기술로 제품의 판매가 증가할 경우 로열티를 더이상 요구할 수 없다는 단점이 있다.

반면, 경상로열티(Running Royalty)의 경우에는 제품 판매량이 증가할수록 그에 따른 로열티 수입을 확보할 수 있으며 또한 기술 및 라이선스 제공자의 용역 제공시 기술용역(기술 서비스)에 따른 비용수입도 예상할 수 있다. 제품 판매가 예상에 못 미칠 경우의 수입보전을 위해 최저 로열티에 대한 상호 합의도 필요하다. 또한 판매가격 대비 및 %식의 판매액 로열티(요율 실시료)를 활용할 수도 있고 제품판매 수량에 따른 대물 로열티(종량 실시료) 중 선택적으로 활용할 수 있다.

▌로열티(Royalty)의 종류 및 장 · 단점▐

종류	정액 로열티(Fixed Royalty)	경상 로열티(Running Royalty)	
내용	▪수익과 관계없이 고정금액 ▪지급방식은 계약체결과 동시에 전액 지급, 또는 일정기간 분납	▪성과에 따라 로열티를 지불함 ▪최저로열티(Minimum Royalty)설정 필요 ▪실무상 대부분 판매액 로열티, 대물 로열티를 사용함	
		▪판매액 로열티	제품 판매가격에 대한 일정비율로 표시되는 로열티
		▪대물 로열티	실시제품에 고정액으로 표시된 로열티 예) 1개당 000원
장점	▪라이선서의 판매여부에 관계없이 일정액을 확보함 ▪관련 규정(회계 감사 등)의 번거로운 작업이 필요 없음 ▪환율변동에 따른 위험부담을 줄일 수 있음	▪ 판매액 로열티 수량과 가격 확인과 계산이 용이함 판매가격, 물가 상승 시 로열티액 상승함 ▪ 대물 로열티 상품 판매 없어도 로열티를 받을 수 있음 시장가격이 성립되지 않은 제품에 대해서도 일률적으로 적용됨	
단점	▪판매수량의 증가에도 로열티액의 증가가 없음	▪ 수익의 예측 가능성이 없음	

자료: 특허청(2022)

사례1: 삼성전자 기술사용료 5조원 돌파

미국 라스베이거스에서 열리는 세계 최대 가전전시회 'CES 2016' 삼성전자 전시장에서 기존 TV 화질을 뛰어넘는 퀀텀닷 디스플레이 SUHD TV를 선두로, IoT 기능이 적용된 '패밀리 허브' 냉장고, 기발한 아이디어의 '애드워시', '액티브워시' 세탁기 신제품, 듀얼 도어 '플렉스 듀오 오븐 레인지' 등 최신 가전제품과 '기어 S2'와 '기어 VR' 등 스마트 웨어러블 기기를 비롯한 다양한 혁신 제품과 서비스를 대거 공개했다.

■ 삼성전자 기술사용액(특허로열티) 변동추이

(2014년 4분기2015년 4분기), (단위: 원)

자료: 금융감독원, 업계

삼성전자가 미래 사업에 대비해 천문학적인 특허사용료를 쏟아 붓고 있다. 불과 2년 전까지만 해도 1조 원 대이던 기술사용액(특허사용료)이 지난해 연간 기준으로 5조 원을 넘어섰을 것으로 분석된다. 이는 연간 매출액의 3%, 영업이익의 20% 수준에 육박하는 수치다. 1월 20일 업계에 따르면 삼성전자의 연간 특허사용료는 지난해 3분기 말 기준으로 4조 8,669억 원인 것으로 확인됐고 4분기 말을 포함하면 5조 원을 돌파할 것으로 알려졌다. 특허사용료가 불과 2년여 만에 2~3배 가까운 수준으로 급등한 셈이다.

이처럼 삼성전자가 지불해야 하는 특허사용료가 급증한 것은 반도체, 디스플레이, 소비자가전(CE) 등 사업부문에서 다른 회사가 보유한 기술사용 비중이 높아졌기 때문으로 보인다. 그동안 삼성전자의 특허사용료는 대부분 1조원 미만으로 특허 사용계약건수가 많은 연도에도 2조 원을 넘는 경우는 거의 없었다.

특허사용료가 단기간에 급증한 이유는 다국적 IT 업체와 잇단 포괄적 특허 상호 계약에 이어 차세대 반도체, 사물인터넷(IoT), 소프트웨어 플랫폼 개발 등에 적지 않은 금액을 쏟아 부었기 때문이다.

삼성전자의 특허사용료가 본격적으로 늘기 시작한 것은 2014년부터로 1분기에 7,543억 원, 2분기에 6,209억 원을 사용하며 상반기에만 1조원을 돌파한 데 이어 4분기 말에는 3조 9,000억 원대를 기록했다.

2015년 1분기의 경우 3조 7,000억 원대로 소폭 감소했지만 2분기에 사상 최초로 4조 원을 돌파하고 3분기 말 기준으로 4조 8,669억 원을 기록했다.

4분기에 지출한 특허사용료까지 계산하면 5조 원 돌파가 유력하다. 우선 삼성전자의 회사의 대들보나 다름없는 반도체 부문에서 설계자산(IP) 관련 기술 확보비용이 크게 증가했다. 특히 모바일 반도체 설계자산 시장을 독점하고 있는 ARM과의 거래가 큰 폭으로 늘어난 것으로 보인다.

출처: 2016년 1월 21일 디지털타임스

사례2 : IP 분석 통한 라이선스 성공

S기업은 국내업체로는 유일하게 초전도 응용기기의 핵심요소인 초전도 선재를 개발·생산하고 있다. 이 회사는 급증하는 초전도선재산업의 지식재산권(IP) 분쟁에 적극적으로 대응하기 위해 특허청의 지식재산활용전략 지원사업에 참여, 관련기술 해외기업을 대상으로 약 5,000여건의 IP 정밀분석·데이터베이스를 구축했다.

이를 토대로 러시아 초전도선재 기업과 15억 원 규모의 장비 수출과 연간 1억 원 규모의 기술 라이선싱 계약을 이끌어내는 데 성공했다. 기업 관계자는 "글로벌 후발업체로서 특허문제가 해결되지 않으면 해외시장에 진출할 수 없다는 인식에서 출발했다며 특허전담인력도 없는 국내 중소기업이 자체적으로 대응전략을 마련하기는 쉽지 않기 때문"이라고 말했다.

출처: 서울경제: "똑똑한 IP활용에 중기 대박 웃음", 2014.2

제5장

지식재산이란? II

1. 특허권
2. 디자인권
3. 상표권

제5장

지식재산이란? II

1. 특허권

1) 특허제도의 변천

세계 최초의 특허법은 1474년 이탈리아 북부 도시국가인 베니스에서 공포되었다. 1453년 당시 지중해에서 가장 앞선 문물을 자랑하던 비잔틴 제국이 이슬람 세력에 의해 멸망한 후, 갈 곳을 잃은 비잔틴의 고급 기술자와 숙련공들을 베니스로 유치하기 위한 것이었다. 베니스처럼 작은 나라가 지중해 전역의 해상 교통로를 장악하고 거점도시의 안전을 유지하기 위해서는 매우 효율적인 국가시스템이 필요했고, 이를 위해서는 무엇보다도 유능한 기술인재의 양성과 유치가 필수적이었던 것이다.[1]

그러나 개인의 특허 권리의 보장은 좀 더 거슬러 올라가 1449년 영국의 헨리 6세가 Utynam의 John이라는 사람에게 부여한 것으로 알려져 있다. 당시 영국의 왕은 제조업자나 중개업자에게 'Letters Patent'를 통해 일정한 특권을 부여하면서 왕가의 문양이 새겨진 종이서류를 발행해 왔다. Utynam의 John에게 부여한 특권은 이전까지 잉글랜드에 알려지지 않은 스테인드글라스 제조 기술에 대해 John이 20년 동안 독점권을 행사할 수 있도록 보장한 권리였다.[2]

▌세계 최초의 특허권을 부여한 왕과 최초의 특허권을 갖게된 John이 만든 스테인드 글라스▐

영국 헨리(Henry) 6세	존(John)이 만든 이튼칼리지(Eton College)의 스테인드 글라스

자료: 위키피디아

이후 1594년에는 갈릴레오가 개발한 양수·관개용 기계에 대한 특허가 주어지기도 하는 등 영국의 특허제도는 모직물 공업 발전을 위해, 또한 제도적으로 발명을 보호하기 위해 제정, 실행되어 왔다. 그러나 한편으로는 왕실이 돈을 받고 파는 형태로 남용되기도 했다. 이러한 폐단을 방지하기 위해 영국 의회는 1623년 전매조례를 통과시키면서 최초의 '특허법'을 탄생시켰으며 특허제도는 전 세계로 확산되었다.

1967년 세계적인 지식재산권 보호를 목적으로 '세계 지식재산권 기구(WIPO: World Intellectual Property Organization)'가 설립되었다.

WIPO
스위스 제네바 본부

WIPO 회원국
(193개국; 2022년)

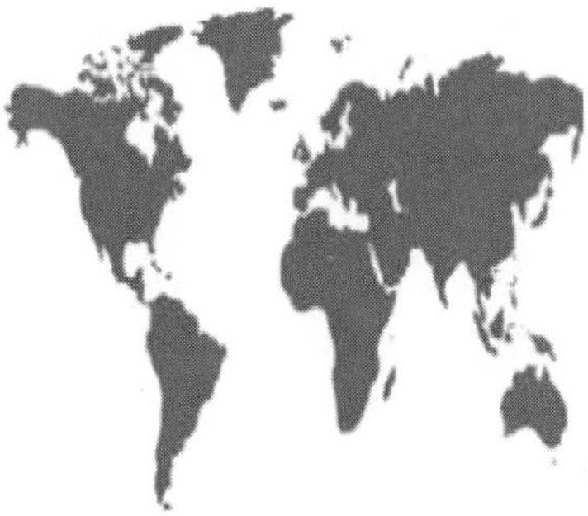

자료: WIPO 홈페이지

이후 특허권의 권리범위가 출원국가에 한정되는 점을 보완하고, 한번의 출원으로 모든 회원국가에서 선출원의 효과를 인정받기 위해, 파리조약에 근거한 '특허협력조약(PCT; Patent Cooperation Treaty, 1970년)'이 조인되었다. 1979년 수정, 1984년 및 2001년에 각각 개정된 후 현재에 이르고 있다.

한국의 특허청은 1894년 장려국 설치를 시작으로 1908년에 특허국으로, 1946년 특허원에서 1977년 특허국, 이후 특허청으로 명명되며 오늘에 이르고 있다.

한국의 특허령은 일제치하인 1908년 공표되면서 특허제도가 시행되게 되었다.

한국인의 최초 특허는 1909년 정인호가 등록한 '말총모자'로 우리나라의 전통 갓에 서양의 중절모를 절충한 모자였으며 이는 '한국인 제1호 특허권자'로 기록되어 있다.

이후 대한민국의 특허법이 제정되어 특허행정의 기반을 다지게 되었으며 1948년 11월 20일, 공식적인 대한민국 특허 · 실용신안 · 디자인 각 1호가 등록되었다.

먼저, 대한민국 최초의 특허1호는 1948년 중앙공업연구소에서 근무하던 직원(이범순 · 김찬구)에 의한 '유화염료 제조법'이다. 품질이 좋은 염료를 저렴하게 생산하는 방법에 관한 기술이었으며 1947년 2월 특허 출원되어 1948년 11월에 특허로 등록 되었다[35].[3]

▌한국인 최초 특허와 대한민국 특허1호▐

한국인 특허1호 정인호의 '말총모자' 특허등록증	대한민국 특허1호 '유화염료 제조법' 특허 원부
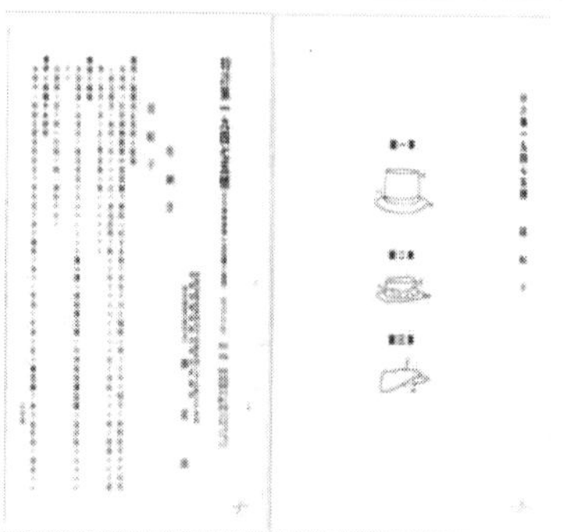	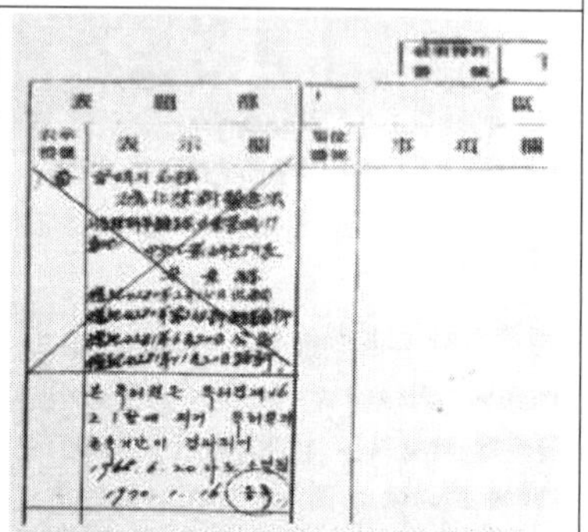 특허등록 제1호 : 중앙공업연구소의 '유화(硫化)염료제조법'

출처: 특허청

35) 이후 이 특허는 1965년 6월 특허권 존속기간 만료로 소멸된 바 있다.

실용신안 1호는 아동용 보건차이다. 운전하기 쉽고 저렴한 가격에 공급되는 유아동을 위한 유모차(발명자: 신경철)로 기록되어 있다.

디자인 1호(당시에는 미장)는 반휘장 옷고름(발명자: 최창록)의 모양과 색채의 결합이다. 옷감의 안팎에 금색으로 복(福)자와 국화 모양을 번갈아 배치한 형태이다.

상표권 1호는 1949년 11월 천일산업이 등록한 '天'자 상표이다. 천일산업은 고무신과 운동화 등에 이 상표를 사용했으며 天자표 고무신은 값싸고 질겨 시장에서 인기를 끈 것으로 알려져 있다36).[4]

▌한국 최초의 실용신안권, 상표권, 디자인권▐

한국 실용신안 1호 신경철의 '아동용 보건차(保健車)'	한국 상표권 1호 천일산업의 '天'	한국 디자인1호 최창록의 '반휘장 옷고름'
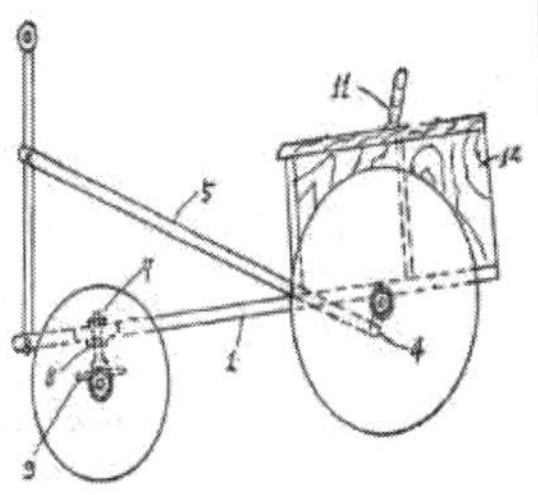		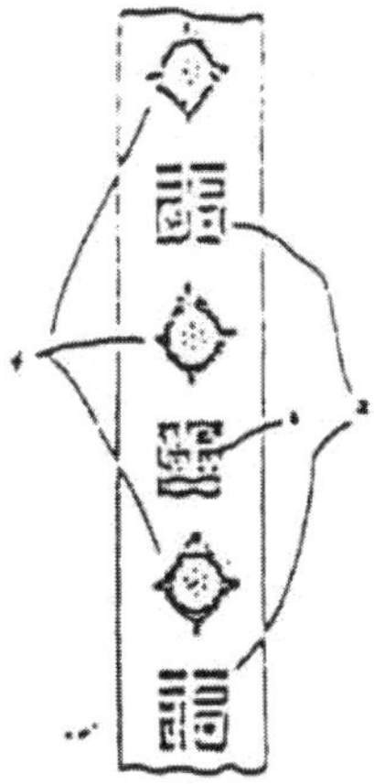

출처: 특허청

한국은 1979년 세계 지식재산권 기구에 가입한 후, 1984년 특허협력조약(PCT)에 가입하는 등 특허제도를 통하여 국가산업의 발전을 도모하고 '기술공개의 대가로 특허권을 부여'하는 것을 구체적 수단으로 사용하고 있다.

특허권은 설정등록을 통해 효력이 발생하며 존속기간은 출원일로부터 20년간 유지할 수 있다. 이렇게 존속기간이 20년으로 한정된 특허는 기술 발달과 시간 흐름에 따라 시장에서 권리성이 약화 또는 상실될 수 있다. 그러나 특허 포트폴리오를 구축하게 되면

36) 10년후(1959년 11월)천일산업이 상표권 연장을 신청하지 않아 존속기간 만료로 해당 상표권은 소멸되었다.

포괄적 권리범위를 형성하게 되고 기술생명주기에 따른 새로운 영역의 기술이 개발되더라도 특허권리를 연속적으로 유지할 수 있게 된다.[5] 또한 권리를 획득한 국가 내에서만 효력이 발생하는 '속지주의'를 택하고 있다. 더불어 동일한 발명이 다수인 경우, 발명시점에 관계없이 최우선적으로 발명을 출원한 자에게 특허권을 부여하는 '선출원주의'를 채택하고 있다.

2) 특허출원 절차

(1) 어느 나라에 출원을 할 것인가?

특허출원은 자국내 시장만을 대상으로 하는 경우에는 다른 나라에서 출원할 필요가 없다. 그러나 글로벌 시장으로 진출할 가능성이 있다면, 다른 국가에서도 특허 출원을 검토해야 한다.

특허의 출원 및 등록, 그리고 유지를 위해서는 비용이 지속적으로 발생한다. 또한 취득한 특허의 경쟁력 유지를 위해서는 보유 특허에 대한 모방이나 침해 사례를 파악하고 분석하기 위한 노력 역시 필수적이다. 이렇다보니 대기업에 비해 중소기업이 특허제도를 기업의 핵심경쟁력으로 활용하기가 쉽지 않은게 현실이다. 따라서 글로벌 진출을 목표로 하는 기업들은 자국에 등록한 특허를 다른 국가에 효율적으로 출원하기 위한 전략이 필요하다.

출원국가를 결정하는 몇가지 이론 중 세가지를 살펴보자.[6]

① '우선은 경쟁사의 생산 국가에, 그리고 경쟁사의 시장 진출 국가에 먼저 출원하라'

이는 오래된 정석 이론으로써 특허권은 법적으로는 발명에 대한 독점 배타권이고 사업적으로는 경쟁사를 견제하여 시장을 제어하는 도구이기 때문이다. 경쟁사의 생산 국가에서 특허권을 취득하면 적어도 경쟁사의 생산 체제에 영향을 미칠수 있지 않은가?

뿐만 아니라, 경쟁사의 주요 시장국에 특허를 출원하면 경쟁사의 영업에 제한을 줄수 있고 자사 제품의 판매를 유리하게 이끄는 수단이 되기도 한다.

예를 들어, 주요 전자부품을 대만에서 생산하고 중국에서 조립하여 일본과 미국에 완성품을 수출한다고 가정해 보자. 이때 경쟁기업이 대만과 중국에서 모방품을 생산하리라 예측할수 있으므로 특허를 대만과 중국(생산국가), 그리고 일본과 미국(시장 진출 국가)에서 출원하는 것이 기본이다.

② '생산법인이 있는 현지 국가에서 출원하라'

글로벌 공급망이 확대되면서 고부가가치의 기술이나 디자인 등은 기술선도국에서, 조립이나 최종재 생산은 중국, 동남아시아, 인도 등 현지법인에서 담당하고 있다. 따라서 모회사와 현지법인간 기술 및 자본의 이동이 잦을 수밖에 없다. 이때 현지 생산법인 국가에 출원하게 되면 모-자회사간 특허라이선스에 대한 로열티 항목으로 모회사에 자금이 이동하게 되므로 국제 회계의 투명성이 높아지는 장점이 있다. 다만, 현지 생산법인 국가에서 출원을 하더라도 기술수명 주기상 기술사이클이 짧아진 탓에 특허가 아닌 실용신안 등 해당국가에서 단기간 기술의 배타성을 인정받을수 있는 지식재산권을 활용하는 것이 보다 유리하다.

③ '최종재를 수출하는 경우, 최종재 수출국가에 출원하라'

전자제품이나 자동차처럼 많은 국가의 기술과 중간재, 그리고 최종 조립까지 글로벌 가치사슬이 복잡한 제품은 주요 수요처인 시장국가(예; 미국, 중국 등)에 특허출원 하는 것이 유리하다. 반면, 생산 설비, 장비, 기계 등 생산국에서 제작, 수출되어 수요국에서 소비되는 제품들은 수출대상국가 마다 특허를 출원하는 것이 유리한 경우가 많다. 즉, 생산국가와 각 개별 수출국가에서 특허를 취득하지 않으면 시장을 제어하기 어렵기 때문이다.

(2) 출원 절차

이처럼 특허출원은 우선 자국내 특허청을 통해 먼저 출원한 이후, 특허기술이 체화된 상품의 특성에 맞게 특허출원 대상국을 선정하게 된다. 특허권 자체를 다른 국가로 수출하려 한다면, 해당 특허권을 구매할 기업의 소재 국가 또는 현지법인을 파악하여 해당 국가에 특허출원 할 수도 있다. 혹은 글로벌 경쟁이 치열한 특허의 경우 하루라도 먼저 출원권을 주장하고 싶다면, 자국의 특허청을 통해 처음부터 국제 PCT 출원을 요청할 수도 있다.

현재 한국에서 국내 및 국제 특허(PCT, 특허, 실용신안, 상표권, 디자인권 등)의 전자

출원을 진행하기 위해서는 특허청의 '특허로(https://www.patent.go.kr/)'를 통해 출원이 가능한데 최근에는 모바일 앱을 통한 출원 서비스도 시행중이다[37].

▎모바일 출원 서비스▎

한국의 특허출원 및 심사절차를 간단히 살펴보면 다음과 같다.[7]

첫번째 단계로써 방식심사이다. 이는 서식의 필수사항 기재여부, 기간준수 및 증명서 첨부 여부 등 심사요청 상에서 지켜야할 형식적 요구사항을 말한다.

두번째 단계는 출원 공개 절차로써 출원 후 1년 6개월이 경과하면, 그 기술내용을 특허청이 공보의 형태로 일반인에게 공개하는 제도를 이른다. 이는 심사가 지연될 경우 출원인의 출원 기술의 공개가 늦어지는 것을 방지하기 위해 도입되었다.

이후 세번째 단계로 실체심사 단계로 이어진다. 이는 특허요건, 즉 산업상 이용가능성, 신규성, 진보성을 판단하는 심사단계이다. 이 단계에서 필수요건을 갖추지 못한 것으로 판단될 때에는 특허출원이 거절되기도 한다.

네번째 단계에서는 해당 출원이 특허요건을 충족하는 경우, 심사관이 특허를 부여 한다. 다시 말해, 실체심사 결과 거절이유가 존재하지 않을 시에는 특허가 결정되면서 특

---

37) '특허로'를 통한 특허 등 지재권 출원신청을 위해서는 특허로를 이용할 수 있는 사용자 고유번호를 우선 발급받아야 하며 온라인 출원 및 전자문서 교환을 위하여 인증서 등록 또는 발급을 받아야 한다(특허청 특허로 참조).

허결정서를 출원인에게 통지한다.

마지막으로 특허결정이 확정되면 출원인은 등록료를 납부하여 특허권을 설정등록하고, 이때부터 특허권의 권리가 발생하게 된다. 또한 설정등록된 특허출원 내용이 등록공고로 발행되면 일반인에게도 공표된다. 그러나 등록공고일로 부터 3개월이내 누구든지 특허에 대하여 무효사유(특허요건 미비, 기재불비 등)를 이유로 특허권을 무효 시켜 줄 것을 요구하게 되면, 심판절차를 밟게 되고 이후 무효 심결이 확정되면, 해당 특허권은 처음부터 없었던 것으로 간주된다.

▌특허 출원 후 특허 등록까지 심사절차▐

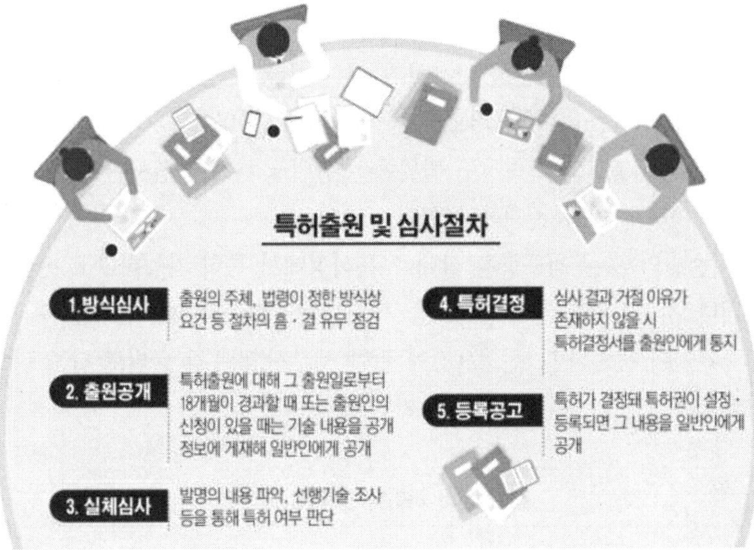

출처: 이투데이(2020.01)

3) 기술무역 관련 특허제도

한국 기술수입에서 가장 큰 비중을 차지하는 유형은 산업재산권(특허, 실용신안, 디자인, 상표권 등)부분이다. 다음은 다양한 특허제도 중 특히 기술무역과 관련된 특허제도와 절차 등을 살펴보도록 한다. 이외 국내 특허 및 기타 상세한 자료는 특허청 홈페이지를 통해 각종 지원 제도와 절차 등이 상세히 소개되어 있으므로 참조하기 바란다.

(1) 특허심사 하이웨이제도(Patent Prosecution Highway, PPH)

특허심사 하이웨이 제도(Patent Prosecution Highway: PPH)는 A 국가와 B 국가에 특허가 출원된 경우, A 국가에서 특허가 가능하다는 결정이 내려지면 B 국가에서는 A 국가의 심사결과를 활용해 신속하게 심사하며 심사기간을 단축하는 제도이다.

즉, 타국에 있어 자국의 심사 결과를 이용하는 것으로 자국 출원인이 타국에서 출원할때 자국의 심사 결과를 이용하는 것이다. 따라서 신속한 심사로 조기에 특허권 획득이 가능하며 특허청은 상대국 특허청의 심사결과를 활용할 수 있다는 장점이 있다.

특허심사 하이웨이 제도는 동맹국끼리만 가능한데, 2022년 현재 특허심사 하이웨이에는 34개국이 가입되어 있다[38].

특허심사 하이웨이제도(PPH)를 활용하기 위한 기본 요건으로는 첫째, 특허출원이 상대국 특허출원을 우선권 주장의 기초로 한 것이어야 한다.

둘째, 상대국 특허출원의 특허청구 범위에는 상대국 특허청 심사관이 특허가능판단을 내린 청구항이 한 개 이상 존재해야 한다.

셋째, 특허출원의 모든 청구항은 상대국 특허청에서 특허 가능하다고 판단된 청구항과 동일하거나 청구범위를 감축할 것 등 세 가지가 충족되어야 신청할 수 있다.

이러한 요건들이 충족되면, 신청요건에 관한 세부사항은 각 국별로 다소 다르기 때문에 각 국별 이용신청 안내문을 반드시 확인해야 한다.

▌특허심사 하이웨이(PPH) 제도▐

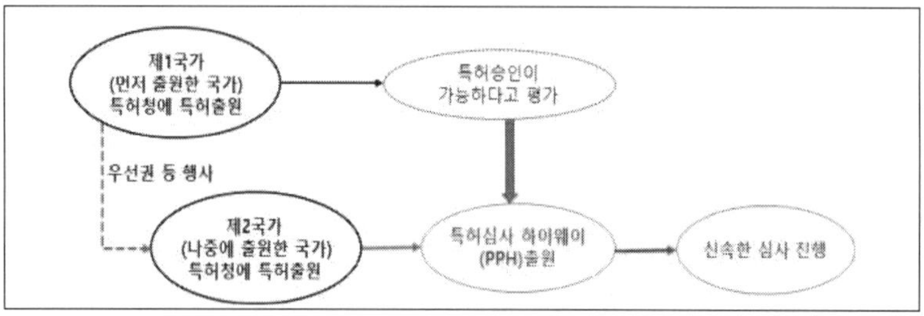

자료: 특허청(2022)

38) 한국, 일본, 미국, 덴마크, 영국, 캐나다, 러시아, 핀란드, 독일, 스페인, 중국, 멕시코, 싱가포르, 헝가리, EPO, 오스트리아, 호주, 이스라엘, 스웨덴, 노르웨이, 포르투갈, 아이슬란드, 대만, 필리핀, 콜롬비아, 에스토니아, 폴란드, 뉴질랜드, 유라시아, 페루, 베트남, 사우디아라비아, 브라질, 칠레 등 34국

❙ 특허심사 하이웨이(PPH) 우선심사 신청서 양식 ❙

특허심사하이웨이(PPH)에 의한 우선심사신청설명서

A. 본원출원번호	
B. 신청	
대상국가	
신청종류	□ 국내단계 심사관련 통지서를 이용한 PPH 신청 □ 국제단계 국제조사/국제예비심사 관련통지서를 이용한 PCT-PPH 신청
대응(국제)출원번호	

C. 제출서류
I. 심사 관련통지서 또는 국제조사/국제예비심사 관련 통지서
1. □ 서류 제출 □ 제출 생략(심사관이 정보통신망을 통해 입수 가능)
2. □ 번역문 제출 □ 제출 생략(심사관이 정보통신망을 통해 국어/영어로 된 번역문 확인 가능)
3. 서류명 및 통지일
II. 특허가능하다고 판단된 청구항
4. □ 서류 제출 □ 제출 생략(심사관이 정보통신망을 통해 입수 가능)
5. □ 번역문 제출 □ 제출 생략(심사관이 정보통신망을 통해 국어/영어로 된 번역문 확인 가능)
6. 서류명 및 통지일
III. 선행기술문헌
7. □ 서류 제출 □ 제출 생략(심사관이 정보통신망을 통해 입수 가능) □ 선행기술문헌 없음
8. 서류명 및 통지일

D. 청구항간 대응관계설명표		
본원출원 청구항 번호	대응(국제)출원에서 특허 가능하다고 판단한 청구항 번호	대응관계 설명

자료: 특허청(2022)

(2) PCT(Patent Cooperation Treaty) **국제 출원제도**

특허권은 철저하게 속지주의를 선택하고 있다. 따라서 본국 뿐 만 아니라, 다른 나라에 나의 특허권을 등록하고 싶다면 해당국가에 직접 출원해야 한다.

이러한 1국 1특허의 원칙 때문에 해외에서 특허권을 취득하기 위해서는 별도의 해외출원이 필요하다. 해외에서 특허를 출원하는 방법에는 두 가지가 있다. 직접 해당국가 특허청에 출원하는 것과 PCT 국제출원 제도를 이용하는 것이다.

PCT 국제출원이란, 특허협력조약에 가입국의 국민이 출원하고자 하는 국가를 지정하여 국제출원서를 해당국 특허청에 제출하면, 그 날에 보호받고자 하는 각 체약국에 정규의 국내출원을 한 것과 같은 효과를 인정하는 제도이다. 이때 주의사항이 있는데 PCT 국제 출원에 의하여 국제출원일을 인정받은 후에는, 각국마다 별도로 번역문을 제출해야하고 해당 국가의 심사를 통과해야 한다. 이때 특허와 실용신안의 출원만이 인정된다.

❙ PCT 체약국 156개국 (2022년) ❙

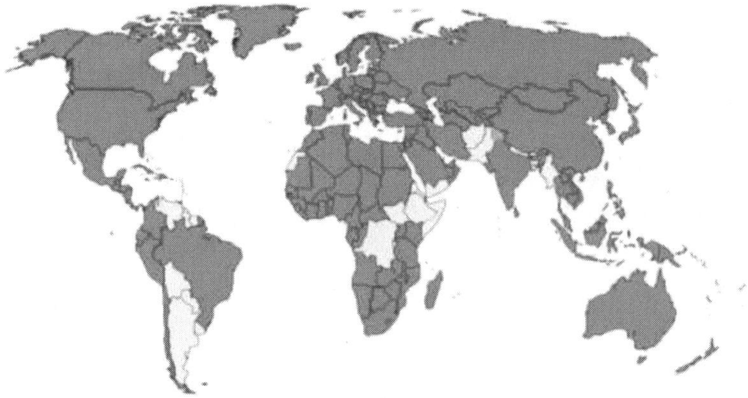

출처: WIPO(2022년)

① PCT국제출원에 필요한 서류 및 프로세스

PCT 국제출원을 하기 위해서는 특허청에 Request(국제출원서), 명세서, 청구범위, 요약서, 도면(있는 경우), 서열목록(해당하는 경우)으로 이루어진 국제출원 관련 서류를 별도로 제출해야 한다.

명세서도 국내출원과 달리 PCT규칙에서 규정하는 기술순서에 따라 작성하여야 하며, 국내출원과 달리 명세서와 청구범위를 구분하여 별도로 작성하여야 한다. 국제출원서(Request)는 반드시 한국어, 영어 또는 일본어 중 하나의 언어로 작성해야 한다.

아래 그림과 같이 PCT국제출원 서류를 양식에 맞추어 제출하면 서류가 접수되는 그 날이 출원일로 인정되면서 국제적 특허분쟁시에 우선일로 인정받을 수 있다. 이렇게 국내 출원후 12개월 이내 PCT국제출원(WIPO)을 신청하게 되며 국제조사, 국제공개, 국제예비심사청구 등의 절차를 거쳐 약 30개월째에 각국의 해당 관청에 진입하게 된다.

▌PCT 국제출원 절차▐

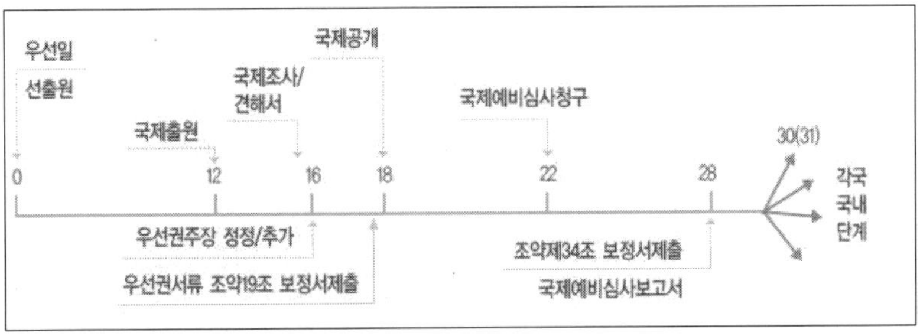

자료: 특허청

앞서 특허심사 하이웨이(PPH) 제도는 PCT 국제출원에서도 적용 할 수 있는데 아래 그림과 같은 절차로 진행된다.

▌PCT 특허심사 하이웨이(PPH)▐

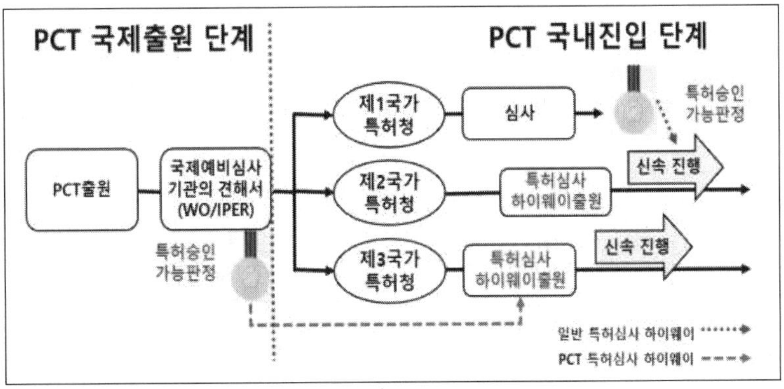

자료: 특허청

| 해외 직접출원과 PCT출원 비교 |

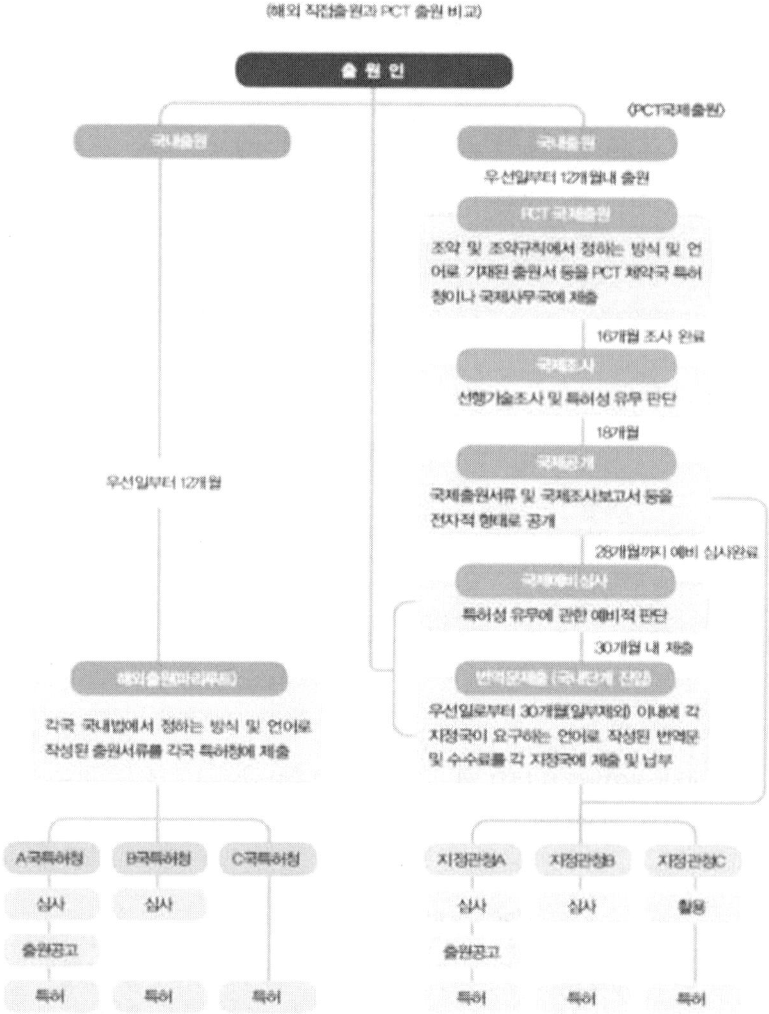

자료 : 특허청

PCT출원의 경우, 본국 특허청이나 WIPO 사무국을 통해 출원이 가능하며, 이는 다른 국가에 일일이 직접 출원하는 것과 비교했을 때 다양한 장·단점이 있다.

특히, 2017년 10월1일부터 국내 출원인들에게 제공되고 있는 ePCT는 WIPO의 PCT정보시스템으로써 PCT를 통한 해외 특허출원시 출원서류를 인터넷상에서 간편하게 작성하고 출원 진행상황을 출원인이 직접 실시간으로 조회할 수 있는 서비스이다.

▌PCT 국제출원[39]과 해외 직접출원의 장·단점▐

구분		PCT 국제출원	해외 직접출원(파리루트)
PCT 장점	출원일 인정	1회 PCT 국제출원으로 다수 가입국에 직접 출원한 효과로 간편함	개별국가마다 직접 해외출원
	특허 가능성 제고	지정국가 진입 전에 국제조사기관의 선행기술조사 및 예비심사 절차를 통해 특허획득 가능성을 미리 알수 있고 평가 및 보완의 기회도 있어 유리함	개별국가의 법률이 정한 특허요건에 따라 특허성 유무를 판단
	출원 서류 작성	하나의 언어(한국: 국어, 영어, 일어 중 택일)로 출원서류를 제출	개별국가가 허용한 언어로만 출원 서류 작성
	무모한 해외 출원 방지	지정국에 국내단계진입(우선일로부터 30개월 내)하기전에 특허획득가능성을 검토하고, 지정국의 시장성을 조사하여 국내절차 진입여부를 결정, 무모한 해외출원방지	개별국가로 해외출원 전에 출원인이 직접 선행기술조사 및 특허획득 가능성을 판단해야 함
	수수료 감면	PCT 국제출원을 통한 국내단계 진입 시 자국의 특허수수료가 일부 감면되면서 일부 비용절감	수수료 감면은 자국 법률의 기준에 해당(중소기업, 장애인등)해야 하므로 외국인은 대부분 적용되지 않음
PCT 단점	국제 출원 비용 부담	PCT 국제출원 비용 추가발생 (지정국의 국내단계 진입 시에는 개별국 출원과 동일한 비용 소요)	개별국가의 출원비용만 소요되므로 비용절감 ※ 국제출원단계의 비용 없음
	이중적 심사 절차	국제조사 및 국제예비심사를 받은 후 국내진입 후 지정국에서 새로 심사(2회)를 받아야 하므로 이중적 심사절차를 거쳐야 함	개별국가의 심사절차만 거침 (1회) → 심사절차 간편
	기간의 엄격성	PCT 국제출원단계에서 준수기간(수수료 납부기간, 국내단계 진입기간 등)이 엄격히 정해져 있어 그 기간을 넘길 경우 불이익 발생	개별국가 진입 후의 기간 준수 의무는 PCT와 동일

자료: 특허청

2021년 세계지식재산권기구(WIPO)의 통계 자료에 의하면, 특허협력조약을 통한 국제특허출원(PCT; Patent Cooperation Treaty) 건수가 27만 7,500건으로 이중 1위 중국이 6만 9,540건(25.1%), 2위 미국이 5만 9,570건(21.5%), 3위 일본이 5만 260건

39) WIPO 의 ePCT 웹사이트 주소: https://pct.wipo.int/ePCT 이다.

(18.1%), 한국이 2만 678건(7.5%)으로 4위를 나타내고 있다. 그간 PCT출원 건수로는 미국이 역대 늘 1위였으나 2019년부터 중국의 PCT출원건수가 미국을 넘어섰으며, PCT출원 기업 1위는 2017년부터 5년 연속 화웨이(Huawei)가 차지하고 있다. 2021년 2위를 기록하고 있는 퀄컴(Qualcomm)은 상위 10개 기업 중 전년대비 80%의 출원증가율을 보이며 가장 높은 증가율을 기록하고 있다. 다만, PCT 출원건수는 특정 업종(ICT) 편중현상이 큰 만큼, 실제 PCT의 가치는 해당 출원이후 라이선스 수입액(receipts)을 비교하는 것이 보다 타당하다.

▌PCT 국제출원 주요기업▐

순위	PCT출원기업	국가	등록된 PCT 국제특허(건수)		
			2019년	2020년	2021년
1	화웨이(Huawei Technology)	중국	4,411	5,464	6,952
2	퀄컴(Qualcomm Incorporated)	미국	2,127	2,173	3,931
3	삼성전자(Samsung Electric)	한국	2,334	3,093	3,041
4	LG전자(LG Electronics)	한국	1,646	2,759	2,885
5	미쓰비시(Mitsubishi Electric)	일본	2,661	2,810	2,673
6	오포(Oppo)	중국	1,927	1,801	2,208
7	BOE Technology	중국	1,864	1,892	1,980
8	에릭슨(Ericsson)	스웨덴	1,698	1,989	1,877
9	소니(Sony)	일본	1,566	1,793	1,789
10	파나소닉(Panasonic)	일본	1,567	1,611	1,741

자료: WIPO(2022)

이를 다시, 주요 출원국별 PCT특허 최고 기술분야를 살펴보면, 아래 그림과 같다. 중국과 미국은 컴퓨터 기술분야에서 가장 앞서는 것으로 나타났다.

PCT출원 1위국인 중국은 컴퓨터 기술에 이어 디지털 커뮤니케이션(digital communication)과 오디오 비주얼(audio-visual) 관련 기술에 많은 출원건수를 보여주고 있다. 미국은 컴퓨터에 이어 의학관련 기술(medical)과 디지털 커뮤니케이션(digital communication) 관련 PCT가, 일본과 독일은 전기장비 및 기구와 에너지 관련 PCT 건수가 많은 것으로 나타나고 있다.

한국은 디지털 커뮤니케이션(digital communication)관련 국제특허가 가장 많았으며, 전기 및 컴퓨터 관련 기술에서 다수의 출원 건수를 보이고 있다.

❙주요 출원국의 PCT 특허부문 최고 기술분야[8]❙

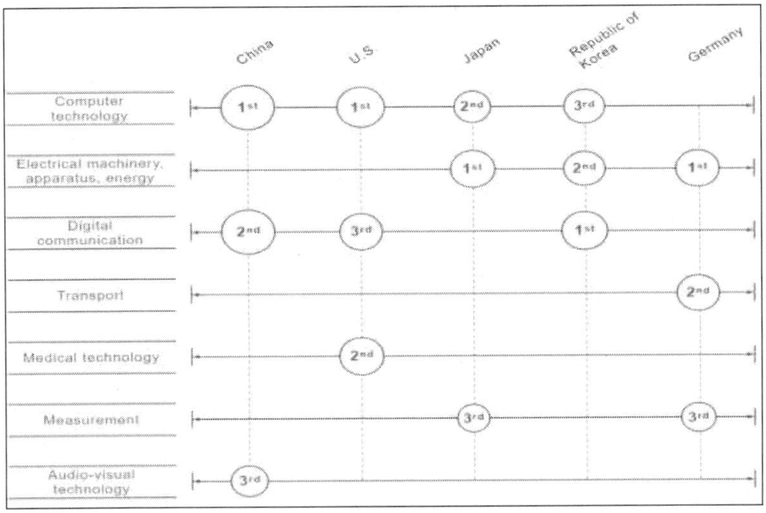

자료: WIPO, IP Facts and Figures, 2022. 5.

다음은 WIPO에 등록된 국제상표출원, 즉 마드리드(Madrid) 시스템에 상표권을 등록한 국가 순위를 살펴보자. 미국의 상표권 등록이 가장 많은 건수를 기록하고 있고 독일, 중국, 프랑스, 영국 순으로 나타나고 있다.

국제디자인출원, 즉 헤이그(Hague) 시스템에 등록된 디자인권은 단연 독일이 1위를 차지하고 있고 다음으로 미국, 이탈리아, 스위스, 프랑스, 그리고 한국 순이다.

Madrid top 10 countries **Hague top 10 countries**

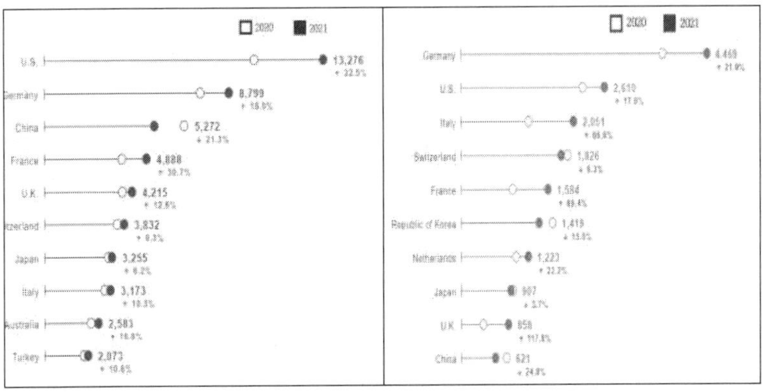

자료: WIPO, IP Facts and Figures, 2022. 5

국내에서의 PCT출원서는 한글, 영어, 일어 등으로 작성할 수 있는데 한글로 작성할 때 요령은 다음과 같다[40].

먼저, 제1기재란에 적시하는 발명의 명칭은 짧고 명확하게 기재하되, 2~7단어 이내(영어기준)로 그 명칭은 발명의 명칭과 반드시 일치해야 한다.

PCT 한글 출원서

PCT

출원서

아래 서명자는 이 국제출원이
특허협력조약에 따라
처리될 것을 청구합니다.

수리관청 전용

국제출원번호

국제출원일

수리관청 명칭 및 "PCT 국제출원"

출원인 또는 대리인의 서류참조기호 PCT-2019-1

제1기재란 발명의 명칭

세탁기능 향상을 위한 보조장치 제조방법

제2기재란 출원인 ☐ 이 난의 출원인은 발명자이기도 하다.

성명(명칭) 및 주소:

주식회사 가나다
GANADA CORPORATION

대한민국 35208 대전광역시 서구 청사로 189
189, Cheongsa-ro, Seo-gu, Daejeon, 35208, Republic of Korea

전화번호 (+82-42) 100-1234

팩스번호 (+82-42) 200-1234

특허고객번호 4-2019-123456-7

이메일 송부 동의: 아래 난 중 하나에 표시함으로써 수리관청, 국제조사기관, 국제사무국 또는 국제예비심사기관이 이 국제출원과 관련하여 발행한 통지서를 아래와 같이 이메일로 송부하고자 할 경우 이 난에 적은 이메일 주소를 사용하여 송부할 것에 동의한다.

☐ 서면 통지서에 앞서 선람용 사본 송부; 또는 ☒ 오직 전자적 형태의 통지서만 송부(서면 통지서는 송부되지 않는다)

이메일 주소: abc@abc.co.kr

국적 (국가명): 대한민국 KR | 거주국 (국가명): 대한민국 KR

이 난에 적은 자는 다음 지정국에 대한 출원인이다: ☒ 모든 지정국 ☐ 추가기재란에 표시된 국가

제3기재란 추가 출원인 및/또는 (추가) 발명자

☒ 추가 출원인 및/또는 (추가) 발명자는 계속용지에 적는다.

제4기재란 대리인 또는 대표자; 또는 통신용 주소

아래에 적은 자는 관할 국제기관에 대하여 우측에 표시된 자격으로 출원인을 대리하는 것으로 선임되었다. ☒ 대리인 ☐ 대표자

성명 및 주소:

이대리
LEE, Dae Ri
대한민국 35260 대전광역시 서구 문예로 100
100, Munye-ro, Seo-gu, Daejeon, 35260, Republic of Korea

전화번호 (+82-42) 300-1234

팩스번호 (+82-42) 400-1234

대리인번호 9-2019-123456-7

이메일 송부 동의: 아래 난 중 하나에 표시함으로써 수리관청, 국제조사기관, 국제사무국 또는 국제예비심사기관이 이 국제출원과 관련하여 발행한 통지서를 아래와 같이 이메일로 송부하고자 할 경우 이 난에 적은 이메일 주소를 사용하여 송부할 것에 동의한다.

☐ 서면 통지서에 앞서 선람용 사본 송부; 또는 ☒ 오직 전자적 형태의 통지서만 송부(서면 통지서는 송부되지 않는다)

이메일 주소: leepatent@leepatent.co.kr

☐ **통신용 주소:** 이 난은 대리인 또는 대표자가 선임되어 있지 않고, 대신 위의 기재 공간에 특별히 통지서 송달을 위한 별도의 주소를 적는 경우에 표시한다.

자료: 특허청 홈페이지

40) 다음의 내용은 특허청 홈페이지에서 자세히 확인할 수 있으며 관련 서류 제출시에는 (1544-8080) 통해 도움 받을수 있다.

제2기재란은 출원인의 정보와 관련된 내용으로, 이름(명칭), 주소, 국적, 거주국의 경우에는 한글과 영어로 각각 병기해야 한다.

제4기재란에는 이메일 주소를 명기, 이하 제5~제10 기재란(서명 또는 날인)까지 작성요령을 참조하여 작성한 후 수수료 계산서와 함께 ePCT 웹사이트 또는 특허청 국제출원과에 제출한다.

사례1: 일본과 미국기업 간 특허분쟁

일본 A사는 무선통신용 디지털 마이크로웨이브 장치의 특허를 침해했다며 미국 플로리다의 B사를 상대로 미국 캘리포니아 북부지법에 소송을 제기하였다. 이에 B사는 A사에 대해 PBX 및 키폰 시스템과 관련하여 특허 침해를 이유로 미국 텍사스 지방법원에 반소를 제기했다. 그러나 A사와 B사는 소송을 취하하고 각 사의 문제 특허에 라이선스 계약을 체결 및 타 특허에 대해서는 크로스 라이선스 계약을 체결함으로써 1년여 간의 소송을 마무리 할 수 있었다(KOTRA, 2006년).

본 사례의 경우, 미국 기업을 대상으로 특허 소송을 제기했던 일본 기업이 결국 쌍방 간의 라이선스 계약을 체결하는 것으로 마무리한 사례이다.

▶ 지식재산권 침해가 특허 소송으로 이어질 경우, 비용 및 시간적인 측면에서 막대한 손해를 볼 수 있으므로, 분쟁이 일어난다면 협상, 라이선스 계약, 실시 포기 등으로 해결해 가는 방법이 있다.

출처: 해외지식재산권보호 가이드북, 2010

사례2: 국내기업의 미국업체와의 특허분쟁

국내 중소 신발제조 업체인 A사는 신발 완제품을 미국에 수출하는 중에 미국의 MBT사로부터 특허침해 소송을 제기 당했다. 대략 4억 원의 소송비용과 7개월의 소요기간이 들어 승소(미국 MBT 회사 측의 소송 취하)하긴 했지만, 특허침해 소송을 받게 되면 해당 국가에 수출을 금지 당하므로 그 기간 동안에 막대한 손해를 입게 되었다.

본 사례의 경우, 미국으로 완제품을 수출하는 중 미국 동종 업체의 특허 침해 소송으로 인해 국내 수출기업이 피해를 본 사례이다.

▶ 국내기업들이 강구해야 할 대응방안으로는 진출 국가에서의 시장 확대를 막기 위해 고의적으로 소송을 제기하는 경우에 대비하여 분쟁으로 확대되기 전에 미리 협상 방안을 준비하는 것이 바람직하다.

출처: 해외지식재산권보호 가이드북, 2010

2. 디자인권[41)9]

한국과 달리 미국은 디자인권이 특허권의 범위에 포함되어 있다. 미국 특허권의 범위에는 실용특허, 디자인특허, 식물특허, 재발행특허, 재심사 특허, 법정 발명 특허 등이 포함되어 있다.

그동안 디자인 특허(Design patent)는 실용특허(Utility patent)[42)]에 비하여 상대적으로 중요성이 낮다고 여겨져 왔으나, 최근 삼성과 애플간의 스마트폰 및 태블릿 PC에 대한 글로벌 특허소송으로 인하여 디자인 특허의 중요성이 부각되면서 미국 특허상표청(USPTO)에 출원된 디자인 특허건수가 급속하게 증가하고 있다.

▌국내외 디자인 혁신 작품들▐

자료: 좌측; 영국 다이슨사(Dyson)의 절전형 날개 없는 선풍기,
우측; 삼성전자 2020년 독일 iF디자인 어워드 수상, The Sero TV

디자인권이란, 물품의 형상・모양・색채 또는 이들을 결합한 것으로서 시각을 통하여 미감을 일으키게 하는 것을 말한다. 디자인권의 존속기간은 설정등록일로부터 발생하여 출원일부터 20년이 되는 날까지이며, 타인에게 전용실시권이나 통상실시권으로

41) 본 디자인권과 관련한 자료는 한국지식재산연구원(2014), "GLOBAL IP TREND 2014"와 특허청 홈페이지의 내용을 근간으로 작성되었음을 밝혀둔다.

42) 한국은 디자인에 있어 진보성 정도에 따라 실용신안과 특허로 구분하고 있으나, 미국에서는 실용신안과 특허를 합쳐 실용특허로 규정하고 있다.

그 권리를 허락할 수 있다.

디자인권자나 전용실시권자는 고의나 과실로 디자인권을 침해당했을 경우, 손해 배상을 청구할 수 있으며, 침해한 자는 7년 이하의 징역 또는 1억 원 이하의 벌금에 처해질 수도 있으므로 디자인권을 침해하지 않도록 유의해야 한다.

한편, 외국에 디자인을 등록하기 위해서는 개별국에 일일이 직접 출원하는 방법 이외에 헤이그시스템(헤이그협정)을 이용하는 방법이 있다. 헤이그시스템은 하나의 출원서로 협정가입 국가 중 하나 또는 다수의 국가에 동시에 디자인을 출원할 수 있는 장점이 있다.

▌개별국 직접 출원과 헤이그시스템에 의한 출원의 비교▐

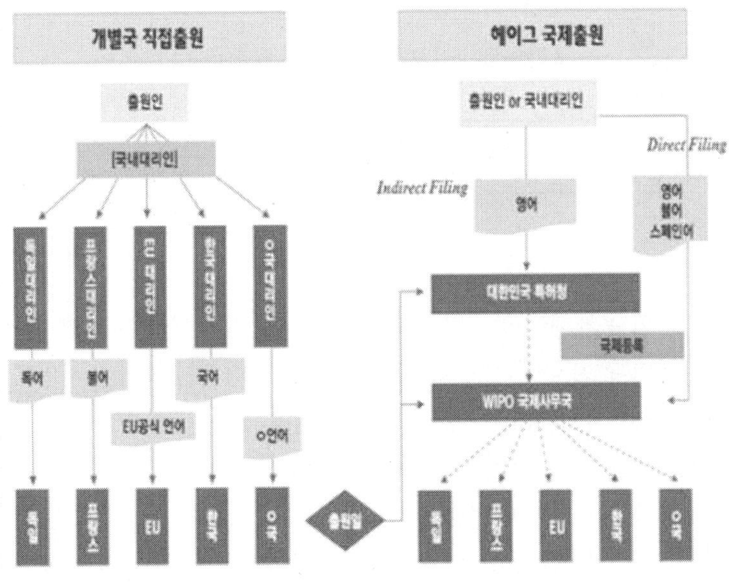

자료: 특허청 '지식재산권의 손쉬운 이용(2020년)'

개별국에 직접 출원하는 경우, 해당 국가마다 각각 다른 언어로 출원서를 제출해야하는 번거로움이 있다. 헤이그시스템에 의한 국제출원의 경우, 영어로 헤이그시스템의 양식에 따라 출원서를 작성하고, 국제등록이나 갱신절차 등이 비교적 수월하며, 디자인에 대한 거절사유가 발생하지 않는 한 대리인을 선임하지 않아도 되는 등 보다 편리한 디자인 출원 방법으로 활용도가 높아지고 있다.

그러나 최근 특허제도의 개선을 위한 주된 논의가 실용특허를 중심으로 진행되고 있어 디자인 특허제도에 대한 인식이 부족하다는 지적이 많다.

디자인 특허의 출원 절차는 실용특허의 절차와 상이하다. 예컨대, 실용특허의 경우에는 해당 특허에 대하여 일반대중이 의견을 제시할 수 있도록 상당한 기간을 허용하고 있는 반면, 디자인 특허 출원의 경우에는 특허 허여전에 해당 디자인이 공개되지 않으며, 선행기술에 대한 의견을 제기할 수 있는 절차가 없다. 따라서 해당 디자인 특허의 신규성에 대한 이의제기 절차가 없어 발생되는 문제점들에 대하여 지속적인 논의가 요구되고 있는 상황이다.

이러한 디자인의 중요성에 대해 영국의 디자인 진흥기관인 디자인 카운슬(Design Council)은 디자인개발에 의한 효과는 22배의 매출증가효과가 있다고 강조하고 있다.[10]

▌기술개발과 디자인개발의 매출효과 비교▐

구분	평균개발기간	평균개발비	매출효과
기술개발	24~36개월	4억 원	5배 증가
디자인개발	6~7개월	0.2억 원	22배 증가

자료: 특허청, 2011

특히, 중소기업이 유념해야 할 디자인권은 미국 시장에 진출하는 기업이라면 더욱 주목해야 하는 부분이다. 미국에서는 디자인 특허를 침해한 제품에서 디자인이 기여한 부분만을 고려해 손해액을 산정하지 않는다. 해당 침해 제품 전체 판매 이익을 기초로 손해액을 산정하므로 고액의 손해배상을 당할 가능성이 높다. 이는 한국을 포함한 대부분 국가에서 침해 제품 디자인이 기여한 부분만을 고려해 배상액을 산정하는 것과 달리 미국은 디자인특허에 대한 권리범위를 매우 넓게 인정하는 '징벌적 손해배상'제도43) 때문이다.

한국의 특허청에서도 디자인 보호법에 대한 글로벌 트랜드를 반영하여 '디자인 보호법'을 전면 개정하여 2014년 7월부터 적용하고 있다. 주요 개정 내용으로는 헤이그 협정에 따른 국제 출원 제도 도입과 디자인 창작자의 권리 보호 강화, 그리고 출원인의

---

43) 미국에서 적용하고 있는 지식재산권에 대한 '징벌적 손해배상' 규정은 기술자료 제공 또는 지식재산권 침해로 인한 손해의 발생 시 손해액의 3배까지 배상책임을 부여한 제도로서 특히 손해규모를 침해부분에 대한 배상이 아닌, 전체 매출액 기준 3배를 요구하는 등 무리한 징벌적 성격을 띤 손해배상 제도를 말한다.

편의 개선 등 측면에서 보완, 강화되었다.

 # 사례1: 디자인 가볍게 생각했다가는 큰 코 다친다

아이폰 모서리의 둥근 사각형 디자인에 대해 미국 법원은 삼성이 특허를 침해했다고 인정했다. 배상금은 9억 2,000만 달러로 우리 돈 1조 원에 가깝다. '그 정도 디자인은 누구나 생각할 수 있는 범용적인 것 아니냐'고 생각했다가 큰 코 다칠 수 있다는 얘기다.

출처: 특허청 '지식재산권의 손쉬운 이용', 2012

 # 사례2: 등록 디자인 특허 침해

2004년 베트남의 A사는 일본 오토바이 제조 회사인 B사의 등록된 디자인 특허를 도용하여 오토바이를 제조 및 판매를 하고 있었다. 결국 하노이의 경제경찰에 의하여 A사는 구내에서 사용 가능한 20만대의 침해 오토바이를 압류당하였으며, 하노이의 경제경찰은 본 사건을 처리하는데 과학기술부의 심사관과 협력하여 침해 사례로 판결함으로서 사건이 종료되었다.

출처: 해외 지식재산권보호 가이드북(베트남), 특허청, 2009년[11]

3. 상표권

1) 상표권 개념

상표권이란, 자기의 업무에 관련된 상품을 타인의 상품과 식별되도록 하기 위하여 사용하는 상표를 특허청에 등록, 권리를 인정받은 것을 이르는 것으로, 등록일로부터 10년간 존속(10년마다 갱신 가능)되며, 선출원주의 원칙이 적용되고 있다.

한국기업들의 상표권 침해가 중국에서 동남아시아로 확산되고 있는 상황에서, 최근 기업 실태조사 결과에 의하면 여전히 중국에서 한국상표권 도용이 가장 빈번한 것으로 나타나고 있다.

❙중국의 상표 도용으로 피해 본 한국기업 현황❙

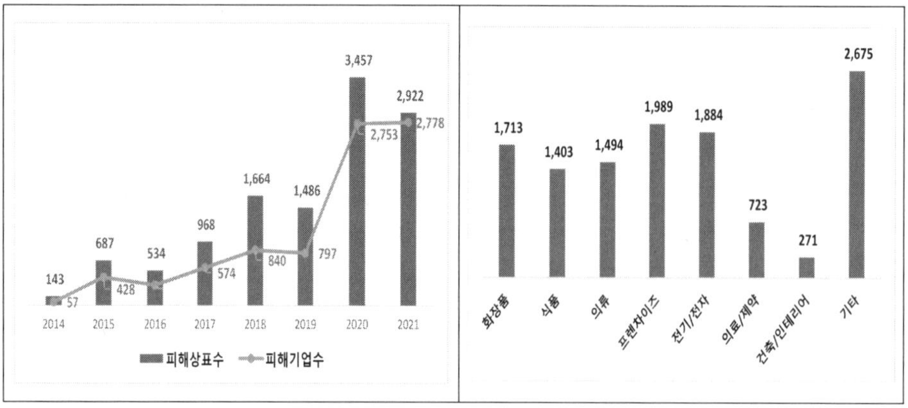

자료: 특허청, 2022

한국에서 상표를 보호받으려면 한국의 상표법에서 규정하는 절차에 따라 상표 등록을 받아야 하는 것처럼, 해당 국가에서 상표를 보호받으려면 각 국가의 법과 절차에 따라 상표등록을 받아야 한다.

2) 마드리드(Madrid) 국제 출원

외국에서 상표를 출원하는 방법은 크게 2가지로 구분할 수 있다.

첫째, 전통적인 방법으로 파리협약에 근거하여 각 국가에 직접 출원하는 방법

둘째, 마드리드 협정과 마드리드 의정서를 포함하는 마드리드 시스템(WIPO 국제상표출원)을 이용하여 하나의 출원서에 여러 국가를 지정하여 동시에 상표를 출원하는 방법이 있다.

세계 최대의 상표출원국인 미국에서 마드리드 의정서 집행 법안이 1999년 하원, 2002년 상원을 통과하면서 2003년 8월 WIPO에 가입서를 기탁하였다. 이로써 WIPO는 2003년 11월부터 국제상표출원 업무를 개시하게 되었다.[12]

2021년 한국의 마드리드 출원건수는 1,973건으로 전세계 11위 규모를 보이고 있으며, 특히 2021년 전년대비 큰 폭(24%)의 증가율을 나타내고 있다. 한국 특허청은 해외에 진출했거나, 진출예정인 중소기업 등의 국제 지식재산권 확보를 적극 지원하고 있다.

다음은 마드리드 국제출원의 요건과 등록 절차이다.

❙ 해외직접출원과 마드리드 국제출원의 비교 ❙

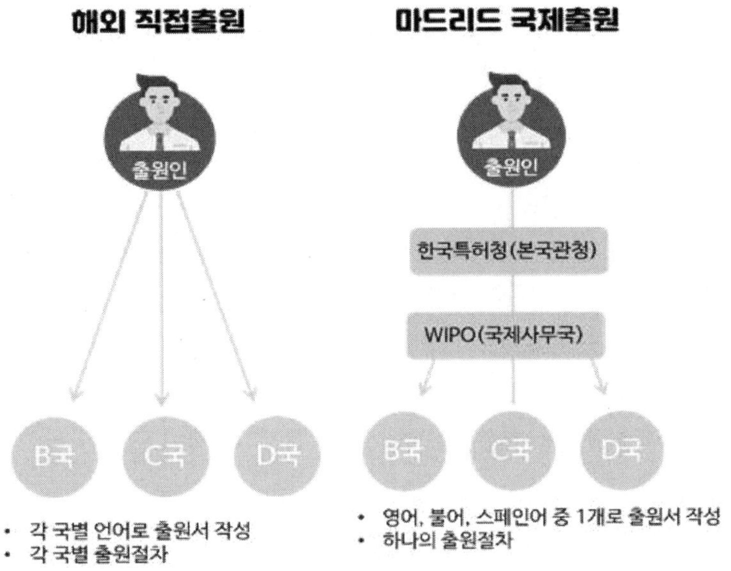

자료: 특허청, 2022

① 기초요건

국제출원의 대상이 되는 표장은 우리나라의 특허청(본국관청)에 계속 중인 상표등록출원(기초출원) 및/또는 등록상표(기초등록)의 표장과 엄격히 동일해야 한다.

더불어 국제출원에서 지정 가능한 상품(서비스업)은 기초 출원(등록)의 지정 상품(서비스업)과 동일 또는 그 범위 이내여야 한다.

② 출원인(대한민국 특허청에 국제출원을 할 자격을 가진 자)

먼저, 대한민국 국민이거나 국내 주소(법인인 경우 영업소)를 가진 외국인으로서 대한민국 특허청에 계속 중인 자기의 상표등록출원 또는 자기의 등록상표를 가진 자이어야 한다.

다음으로는 2인 이상이 공동으로 국제출원을 하고자 하는 경우에는 모두가 위의 요건을 충족하고 있어야 한다.

③ 국제출원의 언어

국제출원 언어는 영어, 프랑스어, 스페인어 중 본국관청이 정하고 있으며, 한국 특허청은 영어를 선택하고 있다.

④ 국제등록

국제사무국(WIPO: 세계 지식재산권기구)은 본국관청을 경유하여 제출된 국제출원이 의정서 상의 요건에 합치한다고 인정할 경우 이를 국제등록부에 등록한다.

이때 국제사무국이 국제출원을 본국관청이 접수한 날로부터 2개월 이내에 접수한 때에는, 본국관청이 접수한 날이 국제등록일이 된다. 반면, 접수한 날로부터 2개월 이후에 국제사무국이 국제출원서를 접수하는 경우에는, 국제사무국이 접수한 날이 국제등록일이 된다.

접수(등록)이후 국제사무국은 당해 국제등록 사실을 지정국 관청 및 본국관청에 통보하고 출원인에게 증명서면을 송부한다.

⑤ 국제등록의 존속기간

국제등록은 국제등록일로부터 10년간 유효(10년마다 갱신가능)하며 국제사무국에 한 번의 갱신 신청으로 각 지정국 모두에 갱신이 가능하다.

⑥ 지정국 관청 심사

지정 통지를 받은 각 지정국 관청은 보호를 거절하는 취지의 통지를 일정기간(1년 또는 18개월) 내에 국제사무국에 통보하지 않으면, 해당 지정국은 그 표장을 지정국에 등록된 것과 동일한 보호를 해야 한다. 이러한 마드리드 국제상표 출원의 장점은 다음과 같다.

첫째, 해외 상표출원 절차가 간편하다. 즉, 본국관청(한국의 경우 특허청)에 하나의 출원서를 제출하는 것에 의해 여러 나라에 동시에 출원한 효과를 갖게 된다.

둘째, 상표권 관리가 간편하다. 각 나라마다 존속기간의 갱신, 소유권의 이전, 명칭변경신청 등의 절차를 따로 할 필요가 없이, 국제사무국에만 신청하면 모든 지정국에서 동일한 효과를 갖게 된다.

셋째, 사후지정에 의한 보호 확장이 가능하다. 사후절차에 의해 최초 출원 시에 지정하지 않았던 국가는 물론, 국제 출원 시에 특정국가에 대하여 상품(서비스업)을 한정하여 지정한 경우에도 국제등록의 범위 이내라면 지정하지 않았던 상품(서비스업)을 사후에 추가 지정할 수 있다.

사례1: 상표권 침해 국제소송

모자 및 의류 제조업체인 중소기업 A사는 중국 기업과의 상표권 침해 국제소송이 걸려 1년 넘는 소송 기간 끝에 승소 했지만 중국 기업의 고의적인 부도로 인해 실익이 없었다. (중국 정부가 고의적인 부도를 내도 봐주는 식의 자국민을 보호하려는 성향이 매우 강함)

출처: 해외지식재산권보호 가이드북, 인터뷰 내용 中 일부, 2010년

사례2: 중국 등록상표를 세관에 등기하다

(주)B금속은 세관에 자신의 중국 등록상표를 등기하였다. 그 후 (주)B금속은 2008년 한 해에만 4차례 걸쳐 세관으로부터 상표권 침해품의 통관 요청 사실을 통보받았고, 모두 침해품의 통관을 저지하면서 침해품 수출자에 대한 행정처벌결정을 받아냈다.

출처: 중국의 전리상표제도, 한국지식재산보호협회, 2009년

사례3: 한국, 상표출원에도 아이돌 바람!

세계적으로 케이팝(K-POP) 열풍이 불면서 '아이돌' 관련 상표출원도 더불어 크게 증가하고 있다. 특허청에 따르면 음반연예기획사들의 '아이돌'브랜드를 상표로 출원해 연예산업의 사업권을 확보하려는 움직임이 본격화되고 있다. SM, 빅히트, JYP 등의 대형 기획사들 중심으로 소속 아이돌 그룹 명칭인 EXO, BTS, Twice 등 그룹이름을 붙인 상표출원이 활발하게 이루어지고 있다.

1999년 아이돌 최초로 S.E.S가 출원된 이래 지금까지(2019년 6월말 기준) 약 20년간 연예음반기획사의 상표출원건수는 4,794건에 이르고, 최근에는 폭발적인 증가세를 나타내고 있다. 이들 회사 중 SM이 2,314건으로 전체의 48.3%를 차지, 으뜸을 차지했다. 이어 빅히트(657건), FNC(465건), 젤리피쉬(328건), YG(275건), JYP(147건) 등의 순으로 나타났다. 주목할 만한 점은 음악연예기획사들이 상표 출원하는 분야는 과거에는 음반, 연예업에 한정됐으

나 최근에는 이른바 '아이돌굿즈' 시장 활성화로 화장품, 의류, 액세서리, 문구용품, 식품 등으로 다양해지고 있다는 점이다. 특히, 빅히트는 최근 2년 6개월간 'BTS', 'Army' 등 605건을 전 업종에 망라하여 출원하고 있다. 방탄소년단 공식 데뷔일이 2013년 6월 13일인데 이미 2년 전 2011년 3월에 "방탄소년단"을 상표로 출원하여 등록받았다. 또한 팬클럽 이름인 'Army'도 최근에 등록을 받아서 상표관리에 많은 노력을 들이는 것으로 보인다.

〈음반연예기획사별 상표출원 예〉

SM	EXO	Red Velvet	SUPER JUNIOR
빅히트	BTS	花樣年華	ARMY
FnC	FTISLAND	AOA	SF9
젤리피쉬	gugudan	VIXX	VERIVERY
YG	BLACKPINK	iKON	WINNER
JYP	TWICE	GOT7	WG
기타	IZ*ONE 아이즈원		MAMAMOO

출처: 특허청 보도자료, 2019.08.16

제6장

어제는 경고장을 받고 오늘은 쓰는

1. 지식재산권 분쟁 소송 현황
2. 한국의 지식재산권 활용전략
3. 주요국의 지식재산권 활용전략

제6장

어제는 경고장을 받고 오늘은 쓰는

1. 지식재산권 분쟁 소송 현황

급증하고 있는 글로벌 특허 전쟁에서 공공연하게 나오는 말 중에, 한국기업 매출액이 1천억 원을 넘어가면 외국 경쟁사들이 지식재산권 침해에 관심을 갖기 시작하고, 4천억 원~1조 원 규모가 되면 틀림없이 특허분쟁에 휘말린다는 것이다.[1]

이는 한국기업들의 기술력과 브랜드 가치가 향상되면서 글로벌 시장에서 한국기업에 대한 견제가 급증하고 있다는 이유이기도 하다.

기술과 지식재산권, 그리고 기술서비스는 무형의 무역재화이다. 특히, 특허 및 디자인·상표권 등 지식재산권이 라이선스 계약형태로 글로벌 교역이 활발함에도 불구하고, 국내 기업들은 무형재에 대한 글로벌 트렌드를 미처 따라가지 못하거나 인식부족이 만연하다.

이렇게 특허권이 수익자산이라는 인식이 확산되면서 인텔렉처 벤처스(Intellectual Ventures), 아카시아 리서치(Arcasia Research) 등 수백 개의 특허관리기업(NPE)들이 전 세계 제조기업을 대상으로 막대한 금액의 소송을 제기함으로써 기업들의 사활을 좌지우지하고 있는 실정이다44).

미국을 위시로 한 대규모 특허관리기업(Non Practicing Entities; NPE; 일명 특허괴

44) 특허청과 한국지식재산보호원에 따르면, 공격적 NPE기업부터 방어적NPE, 모회사가 특허방어를 위해 설립한 자회사, NPE를 근간으로 한 R&D 기업 등 지재권을 활용한 넓은 범위의 NPE기업 수가 2,825개(2009년부터 2015년 6월까지 파악된)로 조사되었다고 밝히고 있다.

물)은 직접 생산·제조를 하지 않고 보유한 특허자산으로 수익을 창출하려는 새로운 유형의 비즈니스이다.

최근 5년간 미국에서 발생한 특허소송 현황을 살펴보면, 매년 약 6천 여건의 특허소송이 제기되고 있는 것으로 나타났다.[2]

그 중 매년 1,000여건 이상의 소송이 발생하는 산업으로, 전기전자산업(7,428건)과 정보통신산업(7,563건)이 있으며 화학/바이오산업도 약 5,500여건에 달하고 있다.

한국의 기술무역 비중이 가장 큰 산업 역시 전기전자와 정보통신 산업이다.

▌최근 5년간 미국에서 발생한 산업별 총 특허소송▐

(기준 : 2017년~2021년, 단위 : 건)

분야	2017	2018	2019	2020	2021	합계
전기전자	1,575	1,300	1,533	1,537	1,483	7,428
정보통신	1,332	1,458	1,203	1,723	1,847	7,563
화학·바이오	1,112	1,210	1,154	1,058	911	5,445
기계·소재	522	610	494	488	403	2,517
장치산업	878	1,005	837	910	812	4,442
기타산업	580	530	510	746	511	2,877
합계	5,999	6,113	5,731	6,462	5,967	30,272

자료: 특허청, 한국지식재산보호원, 2021 IP Trend 국제 지재권분쟁동향 연차보고서 p.21

이를 다시, 최근 5년간 한국기업과 관련한 특허소송을 산업별로 살펴보면 아래와 같다.

2017~2021년 간 국내기업을 상대로 총 1,111건의 특허소송이 제기되었고, 국내기업이 해외기업을 대상으로 소송을 제기한 것도 291건에 이른다.

전체 피소 건수 중 가장 큰 비중을 차지한 산업은, 전기전자 산업(38%)과 정보통신산업(33.4%), 그리고 기계 및 소재산업과 장치산업이 각각 약 11%를 차지하고 있다.

특히, 전기전자 및 정보통신산업에 대한 특허소송 피소 비중이 71.7%에 달하고 있는데, 이러한 특허소송 관련 수치는 비소송 사건을 제외한 국제 특허분쟁사건 만을 모은 결과이며, 국제 특허분쟁을 비밀로 하는 기업 관례상 이보다 더 많을 것으로 추정되고 있다. 급변하는 글로벌 기술 경쟁 속에서 원천기술(특허)과 세계 표준을 장악한 선진국의 기술기반 기업들로부터 국내 기업들이 끊임없이 견제를 당하고 있다.

❙ 한국기업 관련 산업별 특허소송 현황 ❙

(기준 : 2017년~2021년, 단위 : 건)

분야	2017	2018	2019	2020	2021	합계
전기전자	67(1)	66(18)	109(45)	100(25)	84(14)	426(103)
정보통신	57(1)	99(8)	56(24)	58(2)	101(18)	371(53)
화학·바이오	2(0)	14(7)	5(0)	5(0)	18(18)	44(25)
기계·소재	20(15)	79(71)	8(8)	6(0)	8(4)	121(98)
장치산업	29(1)	22(0)	28(2)	13(0)	33(4)	125(7)
기타산업	7(3)	4(0)	2(2)	5(0)	6(0)	24(5)
합계	182(21)	284(104)	208(81)	187(27)	250(58)	1,111(291)

자료: 특허청, 한국지식재산보호원, 2021 IP Trend 국제 지재권분쟁동향 연차보고서
( )는 한국기업이 외국기업을 상대로 소송을 제기한 건수

한편, 미국에서 제기되는 특허소송은 특허관리기업(NPE)에 의한 소송이 점점 큰 비중을 차지하면서, 미 백악관은 NPE로부터 특허침해 경고장을 받거나 소송을 당한 기업이 2012년에만 10만 개사에 이른다고 발표했다. 특히, 삼성과 LG는 2012년 NPE로부터 소송당한 글로벌 기업 순위에서 각각 2위와 3위에 오르기도 했다.

최근 애플(Apple)은 독일 IPCom으로부터 긴급통화 관련 유럽무선통신특허와 관련하여 15억 7천 유로 규모의 특허 침해소송을 당하였고(FOSS Patent), Google은 미국 NPE인 Vringo와의 특허 소송에서 패소하여 2016년까지 총 약 10억 달러 이상을 지불해야 할 위기에 처하고 있는 것으로 보도되고 있다.[3]

이러한 특허관리기업들의 소모적인 특허소송에 대항하기 위해 제조기업들을 위한 방어형 사업모델, 즉, 특허방어기업[45]도 등장하고 있으나, 여전히 NPE기업들의 특허소송은 글로벌 지식재산권 시장에서 커다란 장벽이 되고 있다.

다음 그림과 같이, 2017년부터 2021년간 한국기업을 대상으로 하는 특허소송 건수는 매년 평균 약 200건이 넘는다. 5년 총 1,057건 중 56%(589건)가 NPE와 연관된 사건이며, 이중 95.2%(561건)이 국내 대기업을 대상으로 한 제소건이다.

특허소송에 가장 많이 노출된 기업들은 대부분 특허 사용이 빈번한 대규모 글로벌 IT 기업이라는 공통점이 있다. 한국의 삼성전자와 LG전자 등 국내 대기업들의 기술경쟁력

45) 대표적인 기업으로 AST(Allied Security Trust), RPX(Rational Patents) 등이 활동하고 있다.

이 높아지고 글로벌 사업 범위가 넓어지면서 특허관리기업들에 좋은 먹잇감이 되고 있는 것이다.[46]

▌한국기업에 대한 제조기업과 특허괴물(NPEs)간 특허소송 현황▐

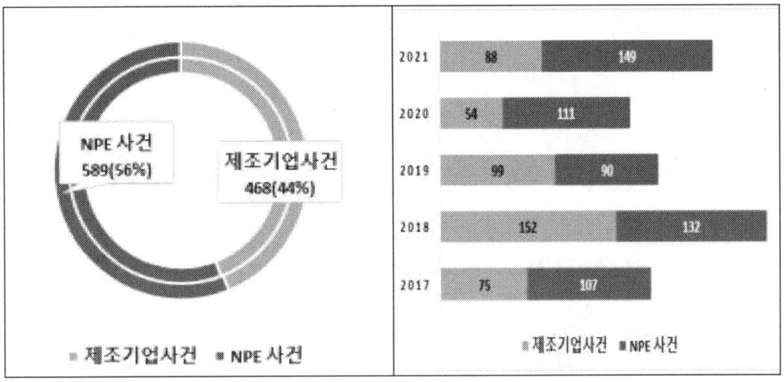

자료: 특허청, 한국지식재산보호원, 2021 IP Trend 국제 지재권분쟁동향 연차보고서

2022년 2월 특허청 산하 한국지식재산보호원에 따르면, 한국 기업을 대상으로 한 전세계 NPE의 소송은 최근 3년간 꾸준히 증가세를 보이고 있다.

이들 특허관리기업(NPE)들은 2000년대 초 정보기술(IT) 버블 시대가 저물어갈 때 처음 탄생했다. 사업을 철수하는 기업들의 특허를 저렴하게 매입, 살아남은 기업을 공격하면서 거액의 소송배상금으로 급속히 성장해 왔다. 이러한 특허관리기업들과 특허관련 소송이 발생하면, 소송 관련 특허로 만든 제품의 판매금지로 압박하기 때문에 소송을 제기당한 제조기업의 경우, 판매 중단이라는 리스크를 막기 위해 상대가 과도한 금액을 요구해도 끌려갈 수밖에 없다. 또한 합의에 이르더라도 라이선스 계약을 통해 로열티를 지불해야 하며 만약, 소송에 패하게 되면 물어야하는 손해배상금도 수백억 원 수준이라 그 피해가 막심하다.

이러한 특허관리기업(NPE)은 때론 산업내 긍정적 역할을 하기도 한다. 첫째, 특허의 유통을 활성화함으로써 세상에 묻힌 기술이나 특허를 다시 선보이기도 하고, 둘째, 기업

46) 2019년 과학기술정보통신부가 주최하는 기술무역 전문가 회의석상에서 모대기업의 법무팀장은, '어제는 해외기업으로부터 경고장을 받았고 오늘은 경고장을 쓰다가 왔다'라고 밝히면서 현재 국내 대기업들이 경고장에서부터 특허소송으로 이어지는 사건들이 매우 빈번함을 전해 준바 있다. 이에 본 장의 제목을 '어제는 경고장을 받고 오늘은 쓰는'이라고 정한 이유이기도 하다.

에 필요한 특허를 제공하거나, 셋째, 철수한 사업분야의 투자를 회수하거나 파산한 기업의 특허자산을 정리하는 등 경제적 효율을 향상시키는데 기여하기도 한다.[4]

그러나 한국 공공기관이나 기업들의 기술을 매입한 뒤 국내 기업을 공격하는 특허 역소송의 주체들 역시 NPE들이다. 더욱이 최근에는 코로나 사태로 인한 비대면(untact) 관련 기업들이 급성장하다 보니, 네이버(naver)와 카카오(kakao)를 대상으로 하는 특허괴물의 피소까지 증가하고 있는 실정이다.

▌최근 5년간 국내 주요기업들의 특허괴물(NPE) 피소 현황▐

(단위: 건)

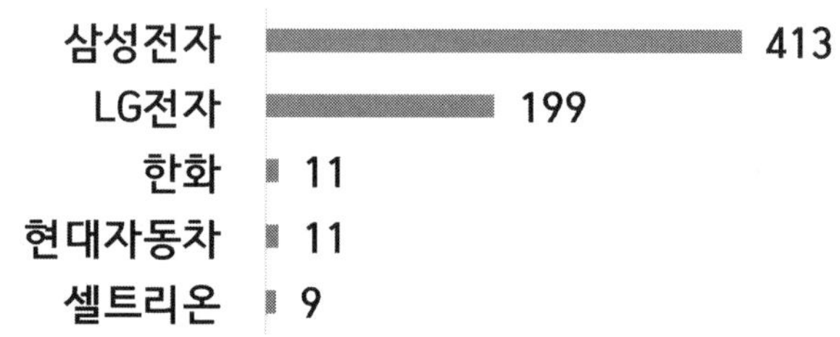

자료: 2017~2021년 9월까지, 미국법원·매일경제 재인용

이처럼 특허분쟁이 가열화되면서 한국 대기업에 대한 피소건이 증가하는 반면, 국내 중소·중견기업은 피소건수보다 제소건수가 상대적으로 많은 추세로 나타나고 있다.

▌한국기업 규모별 피소 및 제소 특허소송 현황▐

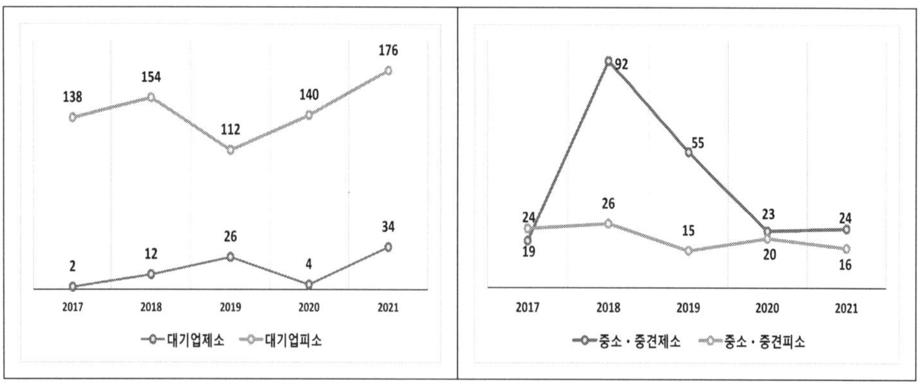

자료: 특허청, 한국지식재산보호원, 2021 IP Trend 국제 지재권분쟁동향연차보고서

한국지식재산연구원의 분석에 따르면, 국내 기업이 경험한 글로벌 지재권 침해분쟁에서 빈도가 가장 많은 국가는 미국과 중국이며, 특허권과 관련 분쟁은 미국(23.9%)이 가장 많았고, 상표권 관련 분쟁은 중국(19.4%) 비중이 단연 높은 상황임을 알 수 있다.

▌지재권 침해분쟁 경험한 53개 기업의 분쟁국가 및 권리유형(2019)▐

(단위: 건, %)

구분		전체	미국	중국	유럽	일본	기타
		67(100)	21(31.3)	18(26.9)	12(17.9)	7(10.4)	9(13.4)
권리 유형	특허	33(49.3)	16(23.9)	4(6.0)	7(10.4)	2(3.0)	4(6.0)
	상표권	26(38.8)	5(7.5)	13(19.4)	4(6.0)	0(0.0)	4(6.0)
	디자인권	4(6.0)	0(0.)	1(1.5)	1(1.5)	2(3.0)	0(0.0)

출처: 한국지식재산연구원(2019), '우리 기업의 해외 지재권 분쟁현황 및 시사점

이와 같이 지식재산권 침해로 인한 국내외 소송이 크게 늘고 있는 상황을 반영하여 특허청은 2019년 3월부터 '산업재산 특별사법경찰' 제도를 도입, 상표(위조상품)·특허·영업비밀·디자인 등 산업재산 침해에 관한 범죄사건을 수사하여 검찰에 송치하는 업무를 담당하고 있다[47].

사례1: 특허괴물, 한국기업 무차별 공격..

국내 기업과 정부 출연연구기관 등이 외부에 매각한 특허가 국내 기업을 공격하는 사례가 잇따르고 있다. 특히 이들 특허를 사들인 특허관리전문회사(NPE; Non Practicing Entity, 일명 특허괴물)는 무차별적인 소송을 통해 제품 판매금지를 압박하며 국내 기업에 고액의 합의금을 요구하고 있다. 현재 NPE 상위 10곳이 미국 법원에서 한국 기업을 대상으로 진행 중인 전체 NPE 특허소송의 84%를 독식하고 있다.

2022년 2월 매일경제가 미국 특허소송정보사이트인 'RPX인사이트'의 최근 10년간 특허 관련 소송을 전수조사한 결과, 한국 기업이나 연구기관·연구자 등이 보유했다가 NPE로 매각된 특허 중에 부메랑이 돼 한국 기업을 공격한 소송은 12건, 특허 건수는 781개에 달하는 것으로 나타났다.

2022년 1월 삼성전자를 대상으로 특허침해 소송을 제기한 '스크래모지테크놀로지'는 소송 제기를 위해 1년 전 무선충전 사업에서 철수하는 LG이노텍으

47) 산업재산 특별사법 경찰제도는 산업재산 침해 및 부정경쟁행위 신고센터(www.ippolice.go.kr)를 운영중이며 대표번호는 1666-6464이다.

로부터 응용 특허 123건을 무더기로 매입했다. 스크래모지 측은 50억원 수준에 해당 특허를 매입한 것으로 알려졌다.

스크래모지 모회사는 앞서 삼성에 디스플레이 특허침해로 6,000만 달러 배상을 요구한 바 있다. 업계에서는 이번엔 피해를 주장하는 상품군의 매출 규모가 더 큰 만큼 보상 요구 금액도 6,000만 달러를 넘어설 것으로 보고 있다.

더욱이 국내 관계자들이 외국 NPE처럼 국내 기업을 공격하는 사례도 문제가 되고 있다. 미국 텍사스 동부지방법원에 따르면 안승호 전 삼성전자 부사장이 만든 NPE인 시너지IP는 2022년 2월 14일 삼성전자가 무선 오디오 제어 기술 등 특허 4건을 침해했다며 손해배상 소송을 제기했다. 2021년 11월 무선 오디오 관련 기술 10건에 대해 소송을 제기한 데 이어 추가로 소송을 확대한 것이다.

시너지 IP는 또한 2021년 한국전자통신연구원(ETRI)으로부터 145억원 규모의 디지털TV 관련 특허 라이선스를 매입했다. 일각에서는 이를 두고 삼성에 추가 소송을 제기할 의도로 보인다고 우려하고 있다.

ETRI 측은 "해당 기술 매각 공고 때 국내 기업을 대상으로 하는 특허권 행사가 쉽지 않도록 전제를 걸어놨다"면서 "국내 기업들에 해당 기술을 적용한 특허권을 행사하기는 어려울 것"이라고 설명했다.

NPE는 국내 기술뿐 아니라 전 세계에서 다양한 기술을 사들인 뒤 대표 ICT 기업을 상대로 적극적인 소송전을 펼치고 있다.

인텔은 2021년 NPE인 VLSI에 특허 침해와 관련해 21억8000만달러(약 2조6000억원)를 배상하라는 판결을 받았다. 삼성전자도 2년 전 미 법원으로부터 반도체 기술과 관련해 카이스트IP에 4억달러 배상 판결을 받은 후 합의해 종결했다.

또한 러시아 법원은 2021년 7월 삼성전자의 '삼성페이'가 자사의 특허를 침해했다며 스크윈SA가 제기한 소송에서 원고 승소 결정을 내렸다. 이어 10월에는 2017년 출시된 갤럭시 J5부터 최신 모델인 갤럭시 Z플립과 갤럭시 폴더 등을 포함한 61개 모델의 러시아 판매를 금지했다. 양사는 현재까지도 치열한 법정 다툼을 이어가고 있다.

삼성전자의 경우, 2017년부터 최근까지 미국에서만 438건의 특허 침해 소송을 당했다. 매주 한 차례씩 특허소송에 시달리고 있는데 공격하는 곳의 상당수가 NPE다. 전문가들은 NPE의 무차별적 소송에 맞서기 위해 우선 국내에서 NPE에 매각하는 특허의 경우 '한국 기업을 상대로 소송을 제기하지 말 것'을 단서로 달거나 이들 특허를 별도의 정부출연기관 등이 매입·관리할 필요가 있다고 지적했다. 또 해외 NPE를 국내 공정거래위원회에 신고한 뒤 공정위가 공정거래법상 사업활동 방해 금지 조항을 역외적용하는 방법도 거론됐다.

이 같은 논란이 계속되자 미국에서는 NPE의 무차별적 공격에 반발하는 목소리가 커지고 있다. 2021년 미국 연방무역위원회(FTC)는 NPE에 대한 보고서를 발행하며 정부 차원의 대책 마련을 촉구했다.

해당 보고서는 NPE가 보유한 특허는 전체의 9% 수준이나, 이들이 특허소송으로 전체 특허 이익의 80%를 차지한다고 지적했다. 이에 따라 피소 기업의 방어권인 특허권 무효 제도 강화를 골자로 한 미국 발명가 복원 법이 최근 발의됐다.

출처: 매일경제, '이러려고 한국 기술 샀구나…특허괴물, 한국기업 무차별 공격', 2022.02.22.

사례 2: 삼성전자의 3각 특허동맹(2014)
삼성 & 구글 & 시스코

삼성전자는 미국 네트워크 장비업체인 시스코와 특허 크로스 라이선스 계약을 체결했다고 6일 밝혔다. 이에 따라 두 회사는 기존에 갖고 있던 특허는 물론이고 향후 10년간 출원되는 모든 특허까지 서로 무상으로 사용할 수 있게 됐다. 앞서 삼성전자는 지난달 말 구글과도 같은 내용의 특허 크로스 라이선스 계약을 체결했다. 4일(미국 현지 시간)에는 구글과 시스코도 10년 이상 장기간 특허를 서로 공유한다고 발표했다. 날로 치열해지는 전자·통신업계의 특허전쟁에 대비하기 위한 제조사(삼성전자)-운영체제(구글)-장비(시스코) '빅 3' 업체 간 견고한 '특허 3각 동맹'이 만들어진 것이다.

○ 서로에게 든든한 '특허 우산'

1984년 설립된 시스코는 미국에 등록한 특허만 9700여 건(지난해 12월 기준)에 이른다. 최근 10년 사이 네트워크 보안업체와 소형기지국 기술업체 등 특허 경쟁력이 있는 41개 업체를 잇달아 인수해 특허 포트폴리오를 강화하기도 했다. 이번 계약 체결로 삼성전자로서는 시스코가 확보한 통신 장비 관련 특허를 자유롭게 사용할 수 있다.

시스코 역시 지난해 미국 특허 출원 건수에서 2위를 기록한 삼성전자 특허를 자유롭게 쓸 수 있어 서로 '윈윈'이란 평이 나온다.

구글까지 세 회사가 특허 동맹을 맺게 된 데는 불필요한 특허 소송과 그로 인한 비용 지출을 줄이려는 목적이 있다. 예측 가능한 위협을 사전에 방지해 '제 살 깎아먹기 식' 소송보다는 특허 공유를 통한 경쟁력 강화에 집중하자는 것이다. 또한 특허괴물들의 무분별한 특허 소송에도 공동으로 대비한다는 취지다.

앨런 로 구글 특허 담당 고문 역시 시스코와의 특허 계약을 발표하면서 "유사한 형태의 계약에 관심 있는 기업이라면 누구든 환영한다"고 밝혀 향후 특허 동맹에 참가하는 업체가 더 늘어날 수 있다는 점을 강조했다.

3각 특허 동맹은 삼성과 애플이 벌이고 있는 소송전에도 간접적으로 영향을 미칠 것으로 전망된다. 전자업계 관계자는 "삼성전자와 구글, 시스코가 손을 잡았다는 점이 애플에는 큰 부담으로 작용할 것"이라고 내다봤다.

○ ‘사물인터넷’ 시대에 빛 볼 듯

정보기술(IT) 전문가들은 주변 모든 사물이 네트워크를 통해 연결되는 사물인터넷(IoT) 시대를 맞아 세 업체의 특허 동맹이 더 큰 빛을 볼 것으로 내다보고 있다. 이제까지는 하드웨어, 소프트웨어, 네트워크 등 각기 다른 사업 분야에서 활동해왔지만 사물인터넷 시대에는 서로의 영역 침범이 불가피하기 때문이다. 사물인터넷 관련 기술과 특허를 상당수 확보한 시스코는 추후 웨어러블이나 단말기 사업을 시도하더라도 구글, 삼성전자와 부딪힐 일이 없게 된다. 삼성전자 역시 최근 선보인 ‘스마트홈’(가전 기기들이 네트워크로 서로 연결된 기술)과 관련해 시스코의 홈 네트워킹 특허 기술을 유용하게 쓸 수 있게 됐다.

출처: 동아일보, 2014.02.07

사례3: 97전 97승…서울반도체, 특허소송 무패행진

97전 97승. 필립스, 파츠아이디 같은 글로벌 대기업을 비롯해 미국의 ‘특허괴물’ 도큐먼트시큐리티시스템스(DSS) 등과 치른 특허 소송에서 20년째 무패행진을 이어온 기업이 있다. LED(발광다이오드)를 주력으로 생산하는 코스닥시장 상장 ‘부자(父子)기업’ 서울반도체와 서울바이오시스가 그 주인공이다.

서울반도체·서울바이오시스 주요 특허 승소

시기	판결 내용
2019년	필립스 TV 일부 모델 영구 판매 금지
2020년	파이트 특허 침해 전구 영구 판매 금지
2021년 7월	파츠아이디 특허 침해 제품 영구 판매 금지
2021년 12월	DSS 특허권 무효
2022년 4월	바이오레즈 특허 침해 제품 영구 판매 금지

자료: 서울반도체

서울바이오시스는 미국 플로리다연방법원이 바이오레즈(Violeds) 특허를 침해한 코스닥시장 상장사 에스엘바이오닉스의 제품을 사용한 남성전자 등을 상대로 제기한 소송에서 승소했다고 19일 발표했다. 법원은 특허 침해 제품이 장착된 냉장고와 세탁기 등 가전 제조·유통업체를 포함해 관련 기업 모두를 대상으로 이 제품의 영구 판매금지 조처를 내렸다. 바이오레즈는 서울바이오시스가 개발한 자외선(UV) LED 기술이다. 살균 기능을 겸비한 덕에 한국과 미국, 중국 등 글로벌 주요 가전기업의 냉장고 에어컨 세탁기 등 다양한 제품에 적용되고 있다.

이번 미국 법원 특허소송에선 이례적으로 한국 기업을 상대로 승소했지만, 서울반도체와 서울바이오시스는 글로벌 대기업을 상대로 한 '특허 전쟁'을 마다하지 않았다. 두 회사는 바이오레즈와 와이캅(중간 기판 없이 LED 칩을 인쇄회로기판에 연결하는 기술)을 비롯한 1만4000여 개 특허를 앞세워 2003년 이후 진행한 97건의 국내외 특허 소송에서 모두 승리하는 진기록을 세웠다. 서울반도체는 세계 1위 LED 업체인 일본 니치아화학공업과 수년에 걸친 특허 분쟁 끝에 상호 특허를 자유롭게 사용하는 '크로스 라이선스'를 2009년 맺었을 정도로 발군의 특허 경쟁력을 인정받고 있다.

2019년엔 미국에서 서울반도체의 LED 디스플레이 기술을 침해했던 필립스 TV의 영구 판매 금지를 끌어낸 데 이어 2020년엔 미국 최대 전구업체인 파이트의 LED 전구에 대해서도 같은 판결을 받아냈다.

2021년 7월엔 미국 자동차 부품 유통업체 파츠아이디가 유통하던 13개 제품에도 영구 판매 금지 조처가 내려졌다. 파츠아이디는 미국 최대 자동차 부품 유통 플랫폼인 카아이디의 운영사다. 미국 특허관리업체 DSS와의 특허 소송 4건도 모두 작년 말 서울반도체 승리로 일단락됐다.

최근에는 UV 살균 기술 수요가 증가하면서 바이오레즈 특허를 둘러싼 분쟁이 늘었다. 서울바이오시스는 2021년 11월 프랑스에서 연매출 10조원 규모의 현지 조명 유통그룹 프낙다르티를 상대로 특허 침해 소송을 내기도 했다.

서울반도체와 서울바이오시스는 특허에 관해 무관용 정책을 고수하고 있다. '특허는 창업자 생존과 계층 이동을 위한 사다리'라는 이정훈 서울반도체 대표의 철학이 반영됐다. 중견기업으로서 20여년 동안 연구개발(R&D)에 1조원이 넘는 돈을 쏟아부을 정도로 핵심 특허 확보에 공을 들였다. 이 대표는 "중견·중소기업의 땀과 눈물로 일군 지식재산을 도둑질하는 기업과의 싸움을 멈추지 않을 것"이라고 강조했다. 서울반도체는 글로벌 3위 LED 기업이며 2021년 매출은 1조3010억원으로 역대 최대다.

출처: '97전 97승 서울반도체 특허소송 무패행진', 한경 경제, 2022. 4. 20.

이 중견기업이 쟁쟁한 글로벌 기업과 어깨를 나란히 하는 비결은 1만4,000건에 달하는 세계 최고 수준의 특허 경쟁력이다.

첫째, 독자적인 기술 확보에 집요하게 매달렸다. 국내 중소·중견 제조업체는 매출의 평균 1% 안팎을 연구개발(R&D)에 투자한다. 이 회사는 20년 이상 연매출의 10%를 R&D에 투자해왔다. 300여명의 연구원들을 독려해 20여 년간 쌓은 특허가 1만 건이 넘는다.

둘째, 조직적인 대응 체계를 갖추었다. 이 회사는 변리사와 변호사 등으로 구성된 별도의 특허팀을 두고 있다. 1만 건이 넘는 특허를 유지하는 비용만 1년에 수백억 원이 들어간다.

셋째, 글로벌 기업으로부터 특허 공격이 들어와도 후퇴하지 않고 공격적으로 나갔다. 2006년 세계 1위 LED 기업인 일본 '니치아화학공업'과의 3년에 걸친 특허 소송이 대표적인 사례다.

넷째, '전문가 네트워크'를 철저하게 활용했다. 서울반도체는 현재 20여명의 국내외 기술고문을 두고 있다. 청색 LED를 개발한 니치아 출신의 노벨물리학상 수상자 나카무라 슈지 교수도 그중 한 명이다.

출처: 조선비즈 기사 일부 발췌, 2015.12.24.

사례4: 삼성 · 애플 · 퀄컴의 특허전쟁

주요 기업 특허전쟁

삼성 vs 애플

- 2011년 애플, 미국 캘리포니아 법원에 디자인 도용 혐의로 삼성 제소
- 삼성, 한국 · 독일 · 일본 법원에 애플 제소
- 이탈리아 · 영국 · 네덜란드 · 프랑스 등으로 소송 확대
- 2018년 삼성 · 애플 특허분쟁 합의… 7년 분쟁 종지부

애플 vs 퀄컴

- 2017년 애플, 퀄컴이 독점지위 이용 특허 사용료 과도하게 요구 제소
- 퀄컴, 애플과 제조업체들이 계약위반… 손해배상 및 피해보상 요구
- 2018년 라이선스 계약 체결… 2년 만에 합의

화웨이 vs 삼성

- 2016년 화웨이, 삼성전자가 4세대 통신 표준 특허 침해 제소
- 삼성전자 맞대응… 표준특허 침해 소송
- 2018년 크로스 라이선스 합의… 3년 특허분쟁 종결

1997년 미국 아마존은 한 번의 클릭만으로 주문이 완료되는 '원클릭 특허(1-Click)'를 출원했다. 이 간단한 특허는 무려 2조5000억 원에 달하는 가치를 내며 아마존을 온라인 쇼핑업계 글로벌 1인자로 만들어주었다. 막대한 비용과 시간이 소요됨에도 기업들이 '특허 확보'에 사활을 거는 데는 다 이유가 있다. 2011년 4월을 기점으로 삼성 vs 애플 간 가장 치열한 '특허전쟁'이 시작되며, 글로벌 특허분쟁은 업종을 가리지 않고 전방위적으로 확산됐다. 21세기 '특허'는 경쟁사를 압박하는 가장 강력한 창이자, 기업 자신을 보호하는 최고의 방패이다.

2011년 4월 애플은 삼성전자가 자사의 디자인 특허를 침해했다며, 미국 캘리포니아 법원에 디자인 도용 혐의로 삼성전자를 제소했다. 애플은 10억 달러의 배상금을 요구했다.

애플은 또 삼성전자가 디자인 특허를 침해한 스마트폰을 판매하면서 23억 달러의 매출과 10억 달러의 이익을 올렸다고 주장했다. 반면, 삼성전자는 배상액 산정의 기준을 제품 전체가 아닌 일부 부품으로 해석해야 한다는 요지의 변론을 폈다.

특히 삼성전자는 미국 국제무역위원회(ITC)에 애플 제품의 수입금지를 신청하며, 애플에 맞대응했다. 애플 역시 ITC에 삼성 제품 수입금지를 신청했다. 삼성은 한국, 독일, 일본, 이탈리아, 영국, 네덜란드, 프랑스 법원에 애플을 제소했고, 애플도 한국, 일본 법원 등에 삼성을 제소하고 네덜란드 법원에 삼성제품 판매금지 가처분 신청을 하며 맞대응했다.

2013년 11월 미국 법원 배심원단은 삼성전자에 2억9000만 달러의 추가 배상을 평결했다. 1심에서 결정된 손해배상액은 9억3000만 달러였다. 삼성은 디자인 특허 침해 부분에 대해서만 연방대법원에 상고했다. 대법원으로부터 '일부 디자인 특허 침해 때 전체 이익 상당액을 지불하는 것은 부당하다'는 판결을 받아냈다. 이후 손해배상액을 다시 산정하기 위한 재판이 진행돼왔다.

지난해 5월 캘리포니아주 새너제이 연방지법의 배심원단은 삼성전자가 애플의 디자인 특허를 침해해 5억3900만 달러(약 6000억 원)를 배상해야 한다고 평결했다. 유틸리티(사용성) 특허 침해에 관해서는 이보다 훨씬 적은 530만 달러를 배상해야 한다는 결론을 내렸다. 삼성전자는 앞서 2015년 애플에 배상액 5억4800만 달러를 우선해서 지급했으며, 이중 디자인 특허 침해 배상액은 약 3억9000만 달러였다.
삼성과 애플은 지난 2014년 미국 이외의 다른 나라 법원에서 제기된 소송을 취하하기로 합의했다. 이어 2018년 양측의 소송 종결로 삼성과 애플의 7년 분쟁은 종지부를 찍게 됐다.

애플과 퀄컴은 '짧고 굵게' 30조 원 짜리 특허전쟁을 벌였다. 2017년 애플은 "스마트폰 모뎀칩 공급업체인 퀄컴이 독점 지위를 이용해 2013년부터 특허 사용료를 과도하게 요구했다"며 소송을 제기했다. 애플과 아이폰 제조업체 4곳은 퀄컴을 상대로 270억 달러의 손해배상을 청구했다. 반면, 퀄컴은 애플과 제조업체들이 계약을 위반했다며 최소 70억 달러의 손해배상을 청구하고 수십억 달러의 피해보상도 요구했다.

양측의 법정분쟁은 2년 만에 극적인 합의에 도달하면서 마무리됐다. 퀄컴과 애플은 지난해(2019) 4월 분쟁을 종결하면서 6년의 라이선스 계약을 체결했으며 퀄컴이 애플에 차세대 이동통신망인 5G용 모뎀 칩도 공급하기로 합의했다.

특허는 기존 시장 지배자와 후발주자와의 헤게모니(hegemony) 싸움에도 자주 활용되고 있다. 통신장비 업체 화웨이는 2016년 삼성전자가 4세대 통신 표준 관련 특허를 침해했다며 소송을 걸었고 삼성전자가 이에 맞대응하면서 양쪽의 공방이 계속됐다. 양사는 지난해 '크로스 라이선스'에 합의하면서 3년 특허분쟁을 종결했다.

LG전자는 2019년 말에 아르첼릭(터키의 가전업체), 베코, 그룬디히(아르첼릭의 자회사)를 상대로 양문형 냉장고 특허 기술이 침해당했다며 소송을 걸었다. 하이센스(중국 가전업체)를 상대로는 TV 관련 특허 침해, TCL은 휴대폰 LTE 통신기술 침해를 주장하며 소송에 나섰다. 업계 관계자는 "특허를 쥐고 있는 것이 곧 힘이고 경쟁력인 시대"라고 말했다.

출처: 이투데이, 2020.01.15

2. 한국의 지식재산권 활용전략

4차산업혁명기라 불리는 21C초, 본 장에서는 작금의 기술패권시대에서 더욱 강조되고 있는 지식재산권 제도 중, 글로벌 기술교역과 관련있는 '일괄심사제도'와 '우선심사제도'를 특허청 자료를 활용하여 살펴본다.

1) 국내 일괄심사제도

일괄심사 제도란, 하나의 완제품에 관련된 특허, 실용신안, 상표권 등을 한꺼번에 심사하거나 국가 R&D사업과 관련한 여러 개의 지식재산권을 일괄심사제도이다.

스마트폰을 예로 들면, 안테나, 모뎀, 카메라 등 여러 부품에 대한 복수의 특허·실용신안 출원들을 신제품 출시에 맞춰 한꺼번에 심사를 진행함으로써 기업들이 제때 신제품에 대한 강력한 지식재산권 포트폴리오를 갖출 수 있게 도와주는 제도다.

이 제도를 이용하면 늦어도 2개월 안에 일괄적으로 특허심사 결과를 통지받을 수 있게 된다.

일괄심사 신청대상은 '사업실시 또는 준비', '해외 수출' 관련 특허·실용신안 출원이다. 중소기업 및 창업 지원을 위해 '벤처기업', '기술혁신형 중소기업', '창업 3년이내 중소기업', '1인 창조기업'의 출원도 일괄심사 신청이 가능하다.

최근 일괄심사제도가 보다 폭넓게 적용되도록 개정되면서 하나의 제품군 또는 동일한 사업관련 서비스까지 일괄 심사할수 있게 되었다.

최종재에 체화된 지재권을 동시에 출원시킴으로써 기존 일반심사에 비해 글로벌 출시를 용이하게 지원하는 제도이다.

또한 출원인이 달라도 대기업 제품에 중소기업으로부터 조달받은 부품이 포함된 경우, 대기업과 중소기업이 관련된 출원을 동시에 심사받을 수 있도록 함으로써 대·중소기업 간 상생 협력에도 기여하도록 했다.

일괄심사 신청은 특허청이 운영하는 온라인 특허출원 사이트인 '특허로(www.patent.go.kr)'를 통해 신청하면 된다.

▌일반심사와 일괄심사의 비교▐

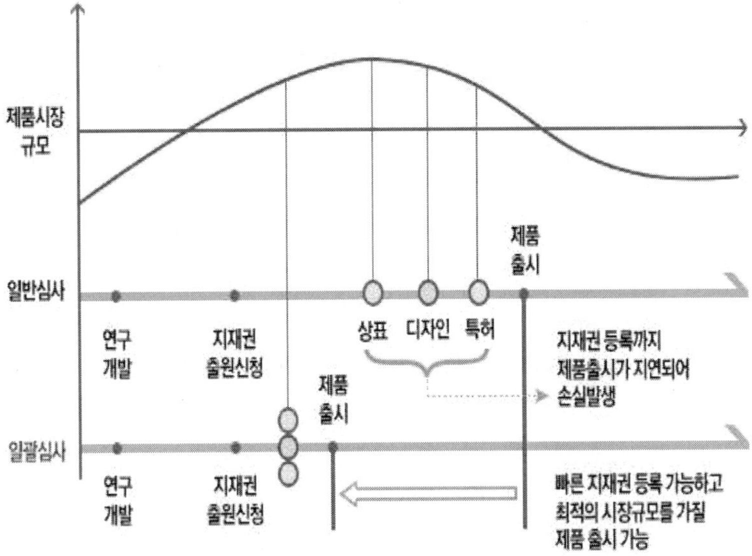

자료: 특허청

▌개선된 일괄심사제도▐

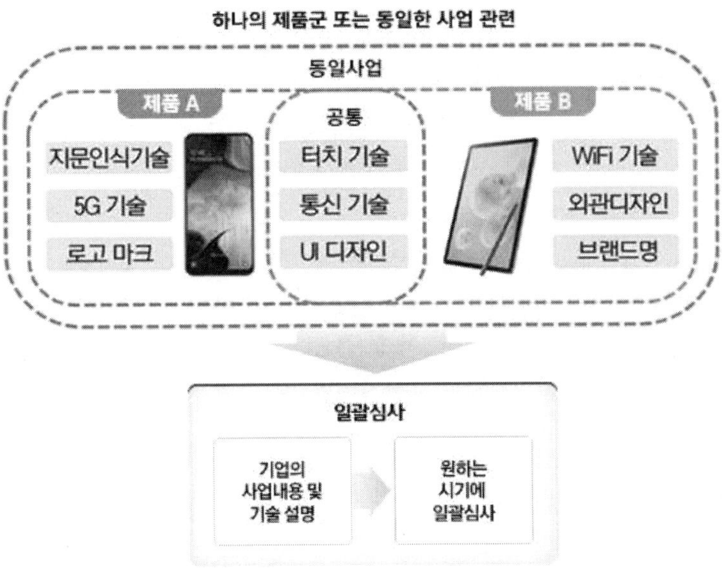

자료: 특허청

❙ 일괄심사의 절차 ❙

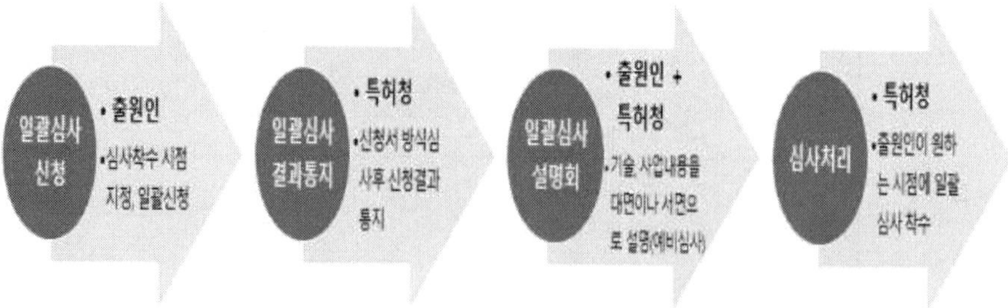

자료: 특허청

2) 우선심사제도

특허·실용신안·디자인에 관한 심사는 심사청구 순위에 따라 순서대로 진행되는 것이 원칙이다. 그러나 모든 출원에 대해서 예외 없이 이러한 원칙을 적용하다 보면, 공익이나 출원인의 권리를 적절하게 보호할 수 없는 측면이 있다.

따라서 우선심사제도란, 일정한 요건을 갖춘 출원에 대해서는 심사청구 순위에 관계없이 다른 출원보다 먼저 심사하는 제도이며 미국, 유럽, 일본 등에서도 이미 시행되고 있다.

❙ 우선심사 제도의 도입 목적 ❙

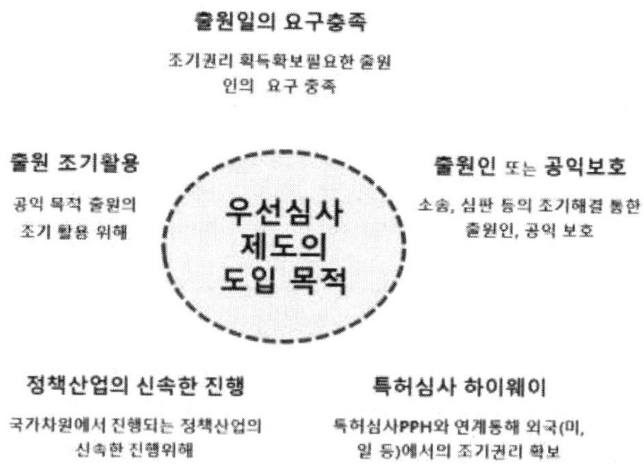

자료: 특허청

일반적으로 우선심사 신청건은, 신청서 접수부터 우선심사 여부 결정후 심사 착수, 즉 우선심사 처리기간은 3개월 내로 소요된다[48]. 이러한 우선심사제도에는 3가지 트랙, 즉 '빠른 심사(초고속심사, 우선심사)', '일반 심사', '늦은 심사'[49] 등으로 구분되어 진행되고 있다.

먼저, '빠른 심사' 중 우선심사대상으로는 첫째, 출원공개 후 특허 등 출원인이 아닌 제3자가 업(業)으로서 특허출원된 발명을 실시하고 있다고 인정되는 경우, 둘째, 긴급처리가 필요하다고 인정되는 경우 등이 이에 해당 된다. 우선심사에 해당되는 요건으로, 특허와 실용신안에 공통적으로 적용되는 12개 분야, 특허출원 4개 분야, 실용신안 등록출원 1개 분야 등이 해당된다. 특히, 2018년 4월 24일부터는 4차산업혁명 7대 기술분야[50]를 우선심사대상으로 추가하는 시행령이 발효되고 있다.

'초고속심사'는 심사결정 후 14일이내 심사결과를 제공한다. 이에 해당되는 기술은 '녹색기술'로써, 저탄소 녹색성장 정책에 힘입어, 2009년 10월부터 도입한 제도이다. 따라서 녹색기술 초고속 심사 신청후 1개월 이내 심사결과 제공을 목표로 시행중이다.

▌우선심사의 맞춤형 3트랙 시스템▐

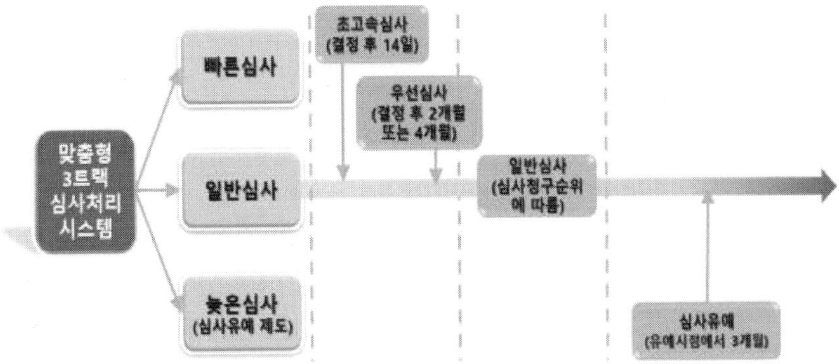

자료: 특허청, 정부3.0 특허출원인용 우선심사신청 길잡이

48) 전문기관에 선행기술조사를 의뢰하고 그 조사결과를 특허청에 통지토록 요청한 우선심사 신청 출원 또는 특허청장이 외국특허청장과 우선심사하기로 합의한 특허출원의 우선심사 처리기간은 5개월 내로 소요된다.(특허청자료)

49) 특허출원인이 원하는 유예시점에 맞추어 늦게 심사받는 대신 희망시점에 심사 서비스를 제공하는 제도이다

50) 인공지능, 사물인터넷, 3D 프린팅, 자율주행차, 빅데이터, 지능형 로봇, 클라우드컴퓨팅 등 7대 기술분야를 이름

❙ 우선심사 프로세스 ❙

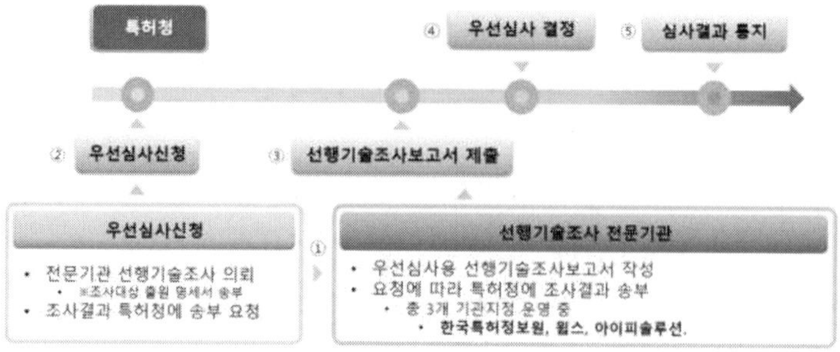

자료: 특허청, 정부3.0 특허출원인용 우선심사신청 길잡이

❙ 특허 · 실용신안 우선심사 신청서 양식 ❙

■ 특허법 시행규칙 [별지 [illegible]] <개정 2021. 6. 10.> 특허로(www.patent.go.kr)에서 온라인으로 제출 가능합니다.

심사청구서 · 우선심사신청서

(앞쪽)

【구 분】 □ 심사청구 □ 우선심사신청
【제출인】
【성명(명칭)】
【특허고객번호】
【사건과의 관계】 □ 출원인 □ 국제출원인 □ 제3자
【대리인】
【성명(명칭)】
【대리인번호】
(【포괄위임등록번호】)
【사건의 표시】
【출원번호(국제등록번호)】
(【디자인의 일련번호】)
【발명(고안)의 명칭[디자인의 대상이 되는 물품, 상품류]】
【기타사항】 □ 심사유예신청 □ 선행기술(디자인, 상표)조사의뢰된 출원
(【유예희망시점】 심사청구일 후 24개월이 지난 때부터 ( )개월)
(【심사청구료 납부유예】 □필요 □불필요)
(【선행기술조사의뢰정보】)
(【의뢰기관】)
(【의뢰일자】)
(【국제특허분류】)
위와 같이 특허청장에게 제출합니다.

제출인(대리인) (서명 또는 인)

【수수료】(기재요령 제6호 참조)
(【수수료 자동납부번호】)
(【심사청구료】 항 원)
(【우선심사신청료】 원)
【첨부서류】 법령에서 정한 서류 각 1통(기재요령 제8호 참조)

자료: 특허청

3) 최근 한국의 지식재산권 지원제도

한국의 지식재산권 관련 지원제도는 특허청을 중심으로 정책화되고 있다. 이에 최근 도입된 제도인 '증거수집제도'를 살펴보고, 2022년 지식재산 지원 특허청 보도자료 '2022 새롭게 달라지는 지식재산 제도' 내용과 국내외 지식재산권 지원사업, 그리고 한국지재권보호원의 '지식재산권 분쟁 대응 지원사업'을 살펴본다.

① 한국형 증거수집제도(디스커버리; Discovery)[5]

최근 한국은 2021년 6월부터 개정된 특허법, 상표법, 디자인보호법, 부정경쟁방지법이 시행되고 있다. 이러한 개정법의 효과적인 추진을 위해서는 징벌적 손해배상제도의 정착이 필요하나, 미국, 일본, 독일 등 기술강국들이 징벌적 손해배상제도를 강력하게 추진하고 있음에도 국내에서는 그 실효성에 지적이 많은 상황이다. 징벌적 손해배상 제도가 한국에서 실효성을 갖추기 위해 보완해야 하는 사항 중 가장 대표적인 제도가 '디스커버리(Discovery)' 제도이다.

'디스커버리(Discovery)' 제도란, 영미법권(영국, 미국 등)국가에서 재판이 개시 되기 전에 당사자 양측이 증거와 서류를 서로 공개해 쟁점을 명확히 하자는 것이다.

디스커버리(Discovery)제도는 19C부터 시행, 몇 번의 개정을 거치면서 2006년에는 '세도나 원칙(Sedona)'을 통해 전자적 증거(이메일, 영상, 이미지, 데이터베이스 등)도 반영한다는 내용을 담음으로써 '이디스커버리(eDiscovery)제도'까지 탄생하게 되었다.[6]

한국형 디스커버리(Discovery)제도의 도입 필요성은 그동안 줄기차게 시도되어 왔다. 특히, 국내에서 기업과 소비자간 분쟁이 발생했을 때 증거수집에 불리한 쪽이 소비자이다보니, 손해배상액 산정에도 많은 문제가 발생했다. 따라서 지식재산권 침해분쟁에서 '증거수집제도(Discovery)'를 도입하자는 요구가 거세지고 있다.

그 배경 및 필요성에는 다음과 같은 요인들이 있다.

첫째, 징벌적 손해배상을 위한 기본 손해액 산정방식을 개선하고 실효성을 제고 하기 위함이다.

둘째, 국내 증거수집절차의 실효성 부족으로 국내기업간 소송이 해외에서 제기됨으로써 막대한 지재권 침해소송비용 지출, 영업비밀 유출 등 국익을 저해한다는 우려 역시 높은 상황이다.

▮ 소송단계 중 재판전 사전심리단계에서 증거개시요구 ▮

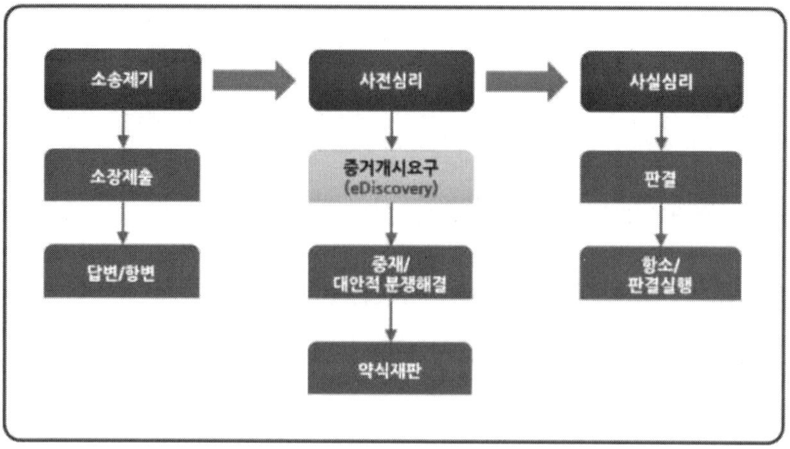

자료: 프론테오코리아(20220502), '이디스커버리(eDiscovery)란 무엇일까'

셋째, 특허침해소송에서 침해·손해액 증거의 대부분은 침해자에게 편재해 있다. 특히, B2B(기업간 거래) 제품, 소프트웨어, 제조방법에 관한 특허는 침해자가 증거를 자발적으로 제출하지 않을 경우 침해입증이 곤란하다.

넷째, 특허소송은 민사소송에 비해 원고승소율이 1/3 수준이며, 1심 처리기간은 약 2배 더 소요되는 등 제도개선에 대한 필요성이 증대되고 있다.

다섯째, 손해액 산정을 위한 증거확보가 어려워 법관재량에 의한 손해액 산정비율이 전체의 61%에 달할 정도로 매우 높은 상황이다.

여섯째, 특허침해소송 경험이 있는 기업의 80% 이상이 소제기 전·후의 증거수집에 어려움이 있으므로 강한 '증거수집제도'가 필요하다는 설문조사(2020.1월) 결과도 있다.

일곱째, 특허·기술침해 사건은 동산 · 부동산 등 유형자산 관련 사건보다 증거훼손이 용이하여 현행 '증거수집제도'만으로는 입증에 한계가 있다.

지식재산권 침해 소송과 관련하여 이러한 문제들이 상존하고 있고, IP5국가(미국, 일본, 중국, 유럽, 한국)국가 중 징벌적 손해배상 제도의 효율적 보완제도인 증거수집제도가 한국에서만 실행되지 못하고 있는 실정이다.

더욱이 한국의 경우, 최근 5년간 국내 제조기업간 지재권 침해소송시, 국내에서 소를 제기하지 않고 미국에서 소제기한 사건이 32건이나 달하고 있다. 또한 특허침해 입증의 어려움이나 침해기술의 발전 가속화 및 수준 고도화 등을 고려하면 특허법에 개선된 증거수집제도의 우선 도입이 매우 필요한 상황이다.

따라서 특허 및 영업비밀 등의 침해소송이 발생했을 때 이의 증거자료 제출을 의무화 한다는 것이 한국형 '증거수집제도'이다. 또한 제3의 전문가가 증거를 조사한 후 보고서를 제출토록 하고 있는데, 이때 국내 도입시에는 해당 전문가의 영업비밀 유출 방지를 위한 벌칙을 강화 하는 등 보완이 필요하다는게 중론이다.

이러한 증거수집제도는 지재권 침해소송 시 원활한 증거수집이 쉬워짐으로써 소송의 지연을 사전에 방지할수 있다는 장점이 있는 반면, 제도의 악용으로 침해소송이 남발하거나, 소송시 기술이 유출될 수 있는 위험 역시 잠재되어 있다. 이에 국내 지재권 침해소송 관련 기관에서는 시행시기를 늦출 필요성을 제기하고 있다.

Ⅰ 한국형 증거수집제도의 주요 내용 및 보완사항 Ⅰ

<table>
<tr><th>구분</th><th>주요내용</th><th>한국도입시 보완(안)</th></tr>
<tr><td>내용</td><td>특허·영업비밀 침해소송에서 증거자료 제출 의무화</td><td rowspan="4">■ 전문가 조사개시 요건 및 피조사자 방어권 강화
■ 전문가 활용시 영업비밀 유출 방지 위한 벌칙강화필요(5년 이하징역, 5천만원이하 벌금, 재산몰수 등)
■ 국내 업계 경쟁력을 고려하여 시행시기 늦출 필요성</td></tr>
<tr><td>해외 현황</td><td>■ 미국: 재판전 당사자간 광범위한 증거 교환 >>자료제출거부시 벌금 또는 패소 등으로 제재
■ 독일·일본: 제3의 전문가 증거조사후 보고서 제출</td></tr>
<tr><td>장점</td><td>원활한 증거수집으로 소송 지연 방지</td></tr>
<tr><td>단점</td><td>제도 악용으로 소송 남발 및 기술유출 우려</td></tr>
</table>

자료: 국회 '최신 입법 정보' 및 한국지식재산협회, 2021 & 특허청 '2020년도 특허청 업무계획', p.18.

② 특허청의 국내외 지식재산권 지원 사업

최근 한국 특허청은 새롭게 달라지는 지식재산권 제도 및 지원 정책을 발표했다. 크게 지식재산권의 보호 강화를 위한 제도, 행정서비스 품질 개선을 위한 제도, 그리고 지식재산 역량 강화를 위한 지원정책 등 3분야로 나누어 제시하고 있다.

상대적으로 기술선도국에 비해 지식재산권 보호가 미흡했던 사안들을 보완하여 먼저, 해외에 진출한 국내 기업의 지식재산권 분쟁대응 지원을 강화한다. 이에 중소기업을 대상으로 지식재산권 침해 분쟁이 발생할 위험이 높은 기술이나 특허에 대한 정보를 수집, 분석하여 분쟁위험을 조기진단해주는 서비스를 신설하였다. 또한 중소기업과 관련한 침해 분쟁 발생시, 컨설팅 비용지원을 최대 2억원까지 상향 조정했다.

지식재산 행정서비스의 품질을 높이는 시책으로는, 우수한 지식재산을 보유했음에도 지식재산을 담보로 금융기관 혜택을 보지 못하는 중소기업을 위해, 중소기업의 지식재산권 가치평가 비용을 정부가 지원해 줌으로써, 우수 지재권 보유 중소기업을 간접적으로 지원하는 등 지식재산제도 보완에 노력하고 있다.

▌2022년 새롭게 달라지는 지식재산 제도 및 지원시책▐

구분	주요 제도	주요 내용
지식재산권 보호강화	▶ 중소기업 지재권 분쟁 대응전략 지원	분쟁 고위험 기술 및 특허 도출, 기업에 분쟁위험 경보 서비스제공
		특허분쟁 컨설팅 비용지원 확대, 전체 중소·중견 기업 대상으로 2억원으로 상향
	▶ 데이터 부정사용행위를 부정경쟁행위로 추가	거래목적으로 축적, 관리한 데이터를 부정취득하여 사용하는 행위시, 또한 기술적 보호조치를 정당한 권한없이 고의적으로 무력화하는 행위에 형사처벌 가능
행정서비스 품질개선	▶ 특허분리출원제도도입	특허출원시 거절되었을 때, 거절되지않은 청구항만 분리하여 출원가능
	▶ 특허·상표·디자인 심판 청구 기간연장	거절결정불복심판의 청구기간을 30일에서 3개월로 연장
	▶ 지식재산펀드운영	우수 지식재산에 투자하는 지식재산펀드 확대운영
	▶ IP가치평가비용지원확대	우수IP보유 중소기업에 금융기관의 IP가치평가에 비용지원 확대
지식재산 역량강화	▶ 소상공인 지식재산 역량강화 지원	소상공인 대상 지식재산 권리화 지원신설

자료: 특허청 보도자료(20220102), '2022년 새롭게 달라지는 지식재산 제도'

이밖에 특허청은 국내 출원을 지원하는 프로그램뿐만 아니라, 국제출원을 위한 지원사업으로 글로벌 IP스타 기업 육성, 표준특허 창출지원, IP서비스기업 해외시장 수요 창출 지원, IP-DESK(해외지식재산센터)운영, 국제 지재권 분쟁 대응 전략지원 사업 등 체계적이고 실효성 있는 많은 지원사업을 시행하고 있다.

③ 지재권 분쟁 대응 지원사업

한국의 한국지식재산보호원은 중소 · 중견기업이 지재권 전문가(특허법인 등)를 통해 해외기업과의 지재권분쟁에 대응할 수 있는 전략을 제공하고자 지원사업을 실시하고 있다.

본 지원사업의 특징은,

첫째, 미국, 중국, EU뿐만 아니라 전 세계 주요 수출국가의 지재권 분쟁에 대비 가능하다는 것

둘째, 비용의 최대 70%까지 지원하여 기업 부담을 감소시킨다는것

셋째, 한국지식재산보호원의 지재권 전문 프로젝트 매니저(PM)가 기술미팅, 진행사항 점검 등을 통해 품질을 관리하여, 보다 우수한 대응전략을 제공한다는 내용이 포함되어 있다.

▎중소 · 중견기업의 해외 지식재산권 분쟁 대응 지원사업 내용▐

구분	내용	
신청대상	-수출중이거나 수출예정인 중소·중견기업	
총비용	-최소 1,000만원 ~ 최대 5,000만원까지	
신청방법	-www.ip-navi.or.kr 통해 사업정보 확인 및 신청가능	
보호전략	▶ 특허 보호전략 (최대 5천만원)	- 경쟁사 분쟁성향 분석 - 지재권 분쟁특허 조사 및 회피설계 - 권리 비침해 논리 개발 - 대상 특허 무효화 - 역공격 특허 발굴 등의 전략
	▶ 상표·디자인 보호전략 (최대 4천만원)	- 유사상표 분석 - 상표 현지화 전략 - 행정단속 및 판매금지 조치 방안 - 회피설계, 형태모방 대응 전략

자료: 한국지식재산보호원 홈페이지

3. 주요국의 지식재산권 활용전략

본 장에서는 한국의 주요 기술무역 상대국인 미국, 중국, 일본, 유럽을 대상으로 지식재산권과 관련되는 특징과 전략, 그리고 사례들을 살펴보도록 한다.

1) 미국에 대한 지식재산권 활용전략

(1) 지식재산권 체제

미국은 2011년 특허법을 개편하면서 그동안 유지해 왔던 '선발명주의'를 버리고 대부분의 국가들이 선택하고 있는 '선출원주의'를 천명한 개정 특허법을 발표하였다. 즉 지식재산권 시장규모가 세계에서 가장 클 뿐 아니라 특허권자에게 매우 우호적인 친 특허정책(ProPatent)을 시스템으로 보유하고 있는 대표적인 국가이다.

또한 특허분쟁 역시 가장 많은 국가로 포럼쇼핑(Forum Shopping: 원고가 법원을 선택할 수 있는 제도)이 만연해 있을 뿐 만 아니라, 지식재산권 배상액에서 '징벌적 배상제도'를 활용, 지식재산권 침해에 대한 강력한 제재를 제도적으로 보장하고 있는 국가이기도 하다.

▌미국의 지식재산권 구분 및 특징▐

<table>
<tr><th>권리유형</th><th>보호대상</th><th>보호기간</th><th>특징</th></tr>
<tr><td rowspan="3">특허권</td><td>실용특허
(Utility Patent)</td><td>출원일부터 20년</td><td>▪1995년 6월 8일 이후에 신청한 특허는 출원일로부터 20년 후까지</td></tr>
<tr><td>디자인특허
(Design Patent)</td><td>출원일부터 15년</td><td>▪2015년 5월 13일 이전에 신청한 특허에 경우 출원일로부터 14년
▪2015년 5월 13일 이후에 신청한 특허에 경우 출원일로부터 15년</td></tr>
<tr><td>식물특허(Plant Patent)</td><td>출원일부터 20년</td><td>▪특허유지료가 없으며 등록특허의 수가 적음</td></tr>
<tr><td>상표권</td><td>상표(Trade mark),
증명표장(Certification mark),
서비스표, 단체표장(Collective mark)</td><td>등록일부터 10년</td><td>▪미국 연방에 등록된 경우: 10년 마다 갱신가능</td></tr>
<tr><td>저작권</td><td>저서, 사진, 음악, 미술 등 창작물</td><td>생존기간+ 사후 70년</td><td>▪1978년 이후 적용됨</td></tr>
</table>

자료: Kotra 뉴욕 무역관 IP-Desk(2020)

미국에서 실용특허를 취득하기 위한 기본 요건으로는,[7]

① 공정(process), 기계(machines), 제조품(articles of manufacture), 조성물(compositions of matter), 또는 이들에 대한 개량(improvements) 등 특허받을 수 있는 대상일 것

② 유용할 것(useful)

③ 새롭고(novel)

④ 자명하지 않을 것(non-obviousness)51)

또한 디자인특허의 요건으로는,

① 제조품(articles of manufacture)의 디자인을 다룰 것

② 독창적일 것(original)

③ 장식적인 (ornamental) 목적을 가질 것

④ 새롭고(novel), 자명하지 않을 것(non-obviousness)

미국은 지식재산권을 존중하고 매우 중요시 여긴다. 한・미 FTA 발효 이후 국내기업들의 미국진출이 더욱 활발해지면서, 미국지식재산권 제도 및 지식재산권분쟁의 특징에 대해 국내기업들의 치밀한 준비가 절실히 요구되고 있다. 다음은 미국 지식재산권 출원을 준비하는 국내 기업들이 유의해야 할 사항이다.

(2) 미국 진출 시 지식재산권 출원 주의사항[8]

① R&D에 있어서 철저하게 선행기술에 대한 조사가 수반되어야 한다. 이는 생산할 제품이 기존의 특허권과 저촉되는 경우, 설계를 변경(회피설계)하거나, 크로스라이선스 등 교섭을 통해 분쟁을 미연에 예방해야 한다.

② 미국 내 특허출원 시 높은 비용이 부담으로 작용하긴 하나, 미국 내 해당제품이나 기술 등이 공개 발표가 일어난 지 1년 안에 특허를 출원해야 한다는 '1 Year Statutory Bar(1년 법정 거절이유)'가 존재하기 때문에 발명품이나 주력 제품 등은 즉시 특허출원을 진행하는 것이 적극 권장된다.

③ 미국에서 출원할 때 미국에서 주로 활용되고 있는 가출원(Provisional applica-

---

51) 이의 의미는 청구된 발명과 선행기술의 차이를 평가할 때 해당 기술분야에서 통상의 기술을 가진 자에게 자명하다면 특허를 받을수 없다는 것이다.

tion; 출원일을 확보하기 위한 출원으로 비교적 적은 비용과 간단한 절차로 특허 출원에 대한 권리와 특허 출원일을 일시적으로 확보해두는 제도), 계속출원(최초 출원에 기재된 동일 발명에 대한 또 다른 출원), 일부 계속 출원(출원 이후에 기술이 개량되거나 진보된 경우, 선출원에는 없던 새로운 기술 내용을 추가하기 위한 출원)등을 적극적으로 활용토록 한다.

④ 고의(willful) 침해를 회피하기 위하여, 또한 3배 배상을 피하기 위해서는 전문가에 의한 감정을 확보하는 것이 가장 효과적이다.

⑤ 미국에서는 발명자만이 특허출원인이 될 수 있으며 출원이나 출원 내용을 담고 있는 모든 서류는 영어로 써야 한다.

⑥ 미국의 특허권 침해 방법 중, 간접침해의 경우, '기여침해(Contributory Infringement)' 뿐만 아니라, '유도침해(Induced Infringement)', 즉, 제3자가 특허를 침해하도록 유도하는 자도 간접침해의 책임을 지도록 하고 있다는 것에 유의해야 한다.

⑦ 출원 시 특허출원서, 명세서, 특허청구범위, 도면 등 기본서류 외에 특허출원선언서(Patent Application Declaration), 정보공개서와 선행기술리스트(Information Disclosure Statement and List of Prior Art), 그리고 필요한 경우, 양도증서(Assignment)를 제출해야 한다. 이때 개인이나 500인 미만의 소기업의 경우에는, 소기업 선언서(Small Entity Declaration)를 제출하면 수수료의 50%가 절감이 된다.

(3) 미국 지식재산권 침해 소송의 특징[9]

미국에서는 매년 약 4천여건의 지식재산권 관련 소송이 접수되고 있다. 2019년 말부터는 특히, eBay, Wish 등 전자상거래 웹사이트를 통해 모조품을 판매하는 셀러(Seller)들을 대상으로, 매우 많은 상표 침해 소송이 접수되고 있는 상황이다.

상표나 저작권과 같은 지식재산권의 경우에는, 여러 명의 피고를 모아 하나의 소송으로 진행하는 것이 가능하기 때문에, 주로 피고가 되는 셀러(Seller) 아이디를 이용해 많은 셀러(Seller)를 대상으로 한꺼번에 소송을 거는 경우도 빈번하다. 미국에서 사업을 하는 한국 기업들은 판매하는 모든 제품에 대해, 타인의 지식재산권을 침해하는 경우가 없는지 꼼꼼한 검토가 필요하며, 항상 이에 대해 유념해야 한다.

① 특허권자에게 유리한 제도, 즉, 막대한 소송비용이 발생하는 소송에서 특허권자의 승소율이 높으며, 배심원제도와 침해액의 3배에 달하는 징벌적 배상제도를 활용

하는 등, 특허권자의 협상 무기로 소송이 활용되고 있다.

② 미국 제조기업에 의한 지식재산권 관련 경고장이나 소송이 빈발하고 있으며, 크로스라이선스(Cross License)나 로열티 등으로 해결되기도 한다.

③ 특허권 매입으로 로열티를 챙기거나 소송에 의한 배상금만 노리는 등 선소송, 후협상 전략을 구사하는 특허관리기업(NPE)이 많다.

④ 고액의 로열티 수입을 위해 부품 업체 보다는, 완제품 제조업체를 대상으로 소송을 제기하는 기업이 많아 국내 기업의 부담이 가중되고 있다.

⑤ 원천기술을 보유한 기존업체들 간 크로스 라이선싱을 통해, 후발기업의 진입을 배제하는 전략을 취하는 경향이 높게 나타나고 있다. 예를 들어, HP, 앱손, 캐논, 제록스 등 컬러 잉크젯 시장 상위 4개 업체 간에 대략 7천여 개의 특허를 크로스 라이선싱을 통해 공유함으로써, 후발기업의 진출을 봉쇄하고 있는 실정이다.

(4) 미국 NPEs에 대한 국내 기업의 대응 전략

미국 특허관리기업(NPE)의 국내 기업에 대한 공격은 대기업뿐만 아니라 중견, 중소기업들도 그 대상이 되고 있다. 이에 국내 기업의 대응전략을 살펴보자.

① 소송 전 대응: 기업 내의 연구개발 투자로 인한 특허확보가 우선이지만, 그렇지 않을 경우, 기업 내 제품에 체화된 핵심특허기술을 분석하고 또한 시장 진입 전 경쟁

▌NPEs의 경고장에 대한 국내 기업의 대응 전략▐

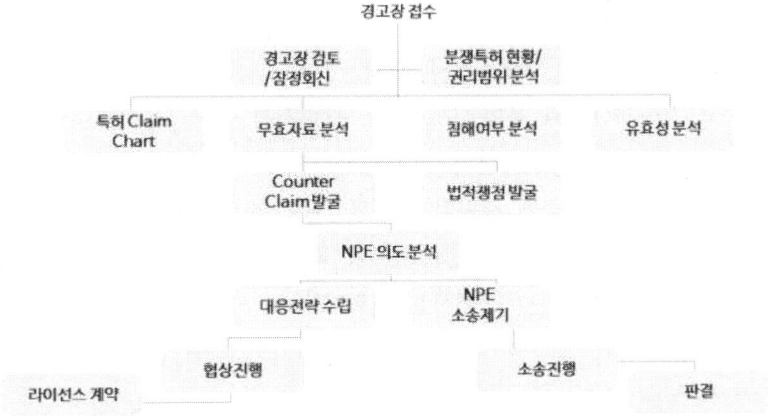

자료: 최소희(2015)[10]

사의특허 조사 및 분석, 선행기술 조사 등이 먼저 실시되어야 한다.

② 공격과 방어전략: 특허분쟁에 대응체재를 구축하기 위해 먼저, 특허침해 방어용 특허개발이나 특허 등의 매입, 무효자료를 조사하거나 회피설계 등 적극적인 공격 및 방어 전략을 수립하는 것이 필수적이다.

③ 관련 국내 기업 간 공동대응 전략: 해당 특허 침해와 관련한 국내 기업들 간 비용, 정보 등 적극적인 협력 체제를 구축한다. 이를 위해 컨소시엄을 구성하거나 국내 특허방어 기업인 인텔렉추얼 디스커버리(Intellectual Discovery)의 IPPooL 등을 적극 활용한다.

④ 또한 미국 특허청의 PTAB(Patent Trial and Appeal Board)의 특허무효 제도를 활용한다.

2) 중국에 대한 지식재산권 활용전략[52)][11]

(1) 지식재산권 체제

중국은 상품수출 뿐만 아니라, 기술수출에 있어서도 1위국이다. 2015년 한·중 FTA가 발효되면서 상품 및 기술교역이 더욱 심화되고 있다. 더욱이 중국으로의 기술유출이 빈번한 시점인 만큼, 국내 기업의 지식재산권 보호를 위해 중국 지식재산권 제도를 살펴보도록 한다.

중국에서는 지식재산권을 '지식산권(知识产权)'이라고 하며, 전리, 상표, 저작권으로 분류한다. 발명, 실용신안, 디자인을 합하여 '전리(专利)'라는 용어를 사용하며, 상표권은 우리나라와 마찬가지로 '상표권'이라 한다.

다음은 중국 지식재산권의 유형, 보호기간, 관리기관 등을 요약한 것이다.

중국의 특허 출원건수는 2011년에 이미 미국을 추월하여 세계 최다 특허보유국으로 부상했다. 이후 2021년 중국에 출원된 지식재산권은 특허 69만 6천건, 실용신안 312만 건, 디자인 78만 6천건, 상표 3,724만 건 등 총 440만 건이다. 특히, PCT 국제특허 출원은 6만 9,500건, 마드리드 국제상표 출원 건수는 5,928건으로 나타났다.

---

52) 본 장에 기술된 자료들은 특허청 홈페이지와 "해외지식재산권보호 가이드북 중국편" 2014년 참조하였다.

❙ 중국의 지식재산권 구분 및 특징 ❙

권리 유형		보호대상	보호기간	보호법령	등록기관
산업재산권	전리권	발명전리(특허)	출원일부터 20년	전리법	국가지식산권국 (CNIPA)
		실용신형(실용신안)	출원일부터 10년		
		외관설계(디자인)	출원일부터 15년 (2021년6월부터)		
	상표권	상표, 지리적 표시, 서비스표, 단체포장 등	등록일부터 10년 (연장등록가능)	상표법	국가공상행정관리 총국 상표국
저작권	판권	음악, 미술 등 창작물	50년	저작권	국가판권국

자료: "해외지식재산권보호 가이드북 중국편", 2014 및 중국 4차 개정 특허법

한편, 중국 특허 리스크에서 가장 위협적인 문제는 간단한 심사만으로 실용신안권을 출원해 주는 중국의 '전리(특허)제도'를 들 수 있다. 2021년 중국의 총 산업재산권 440만건 중 약 71%(312만건)가 실용신안 출원 건수이다.[12]

중국의 실용신안권 보유자들이 중국 진출 외국기업에 특허침해소송을 제기하는 비중이 늘어나고 있지만, 중국에서 실용신안 분쟁을 겪고 있는 한국 중소기업들은 중국 거래선의 불이익이 두려워, 국내 특허청에 신고조차 꺼리고 있는 실정이다.[13]

사례: 알리바바 판매제품에 대한 특허 경고장

2010년 스마트폰에서 손가락 터치를 인식하는 장갑(중국 실용신안 미등록)을 중국 온라인 쇼핑몰 알리바바를 통해 막 팔기 시작한 한국의 중소기업에게 느닷없이 특허권리 침해 경고장이 날아들었는데, 이 장갑의 '실용신안특허 권리자'라고 주장하는 서너 개 중국기업과 개인이 동시다발적으로 보낸 것이다.

알리바바로부터 일방적인 판매계약 해지를 통보받은 이 업체는 회사 법무팀을 통해 특허권 공방에 나섰으나, 막대한 시간적·금전적 및 비용부담을 고려해 대응을 포기하고 사업을 접을 수밖에 없었다. 이는 결국 관련 실용신안 특허를 중국에 출원하지 않았기 때문이다. '중국특허 리스크'가 한국기업의 대중 진출에 또 하나의 명백한 위험이 되고 있다.

출처: 중국 지재권 활용 및 보호 가이드, 특허청, 2015

위의 사례에서 알 수 있듯이, 중국에 진출하는 한국기업들은 중국 실용신안제도를 적극적으로 활용하여 더 이상 위와 같은 피해사례가 나오지 않도록 대비해야 한다.

중국은 이처럼 실용신안과 함께 디자인 출원에 대해서도 초보심사(기초요건 심사)만으로 권리를 부여하는 무심사 제도를 운영하고 있다.

그만큼 중국에서 실용신안과 디자인 권리획득이 수월하다는 의미이며, 보호정도가 특허권과 차이가 없음에도 불구하고, 적은 비용에 권리행사기간도 충분하다는 많은 장점이 있다.

따라서 국내 중소기업들의 중국 진출 시, 실용신안이나 디자인, 상표권 등을 먼저 확보한 후 진출하는 것이 여러모로 유리하다는 것을 알아야 한다. 다음은 중국 실용신안제도의 특징 및 장점이다.

▌중국 실용신안제도, 중국 진출기업에게 왜 유리한가?▐

출원비용 저렴	▪특허와 비교해 보면 최초 등록 시까지 비용이 특허의 1/4밖에 들지 않음
권리행사 제약 없음	▪권리를 행사하는데 아무런 제약이 없고 특허와도 차이가 없음 ▪등록받으면 별도의 절차 없이 곧바로 권리행사할 수 있음
보호기간 충분	▪권리보호기간이 10년으로 특허의 20년보다 짧지만, 기술사이클이 짧은 분야의 경우 실용신안도 유용하게 활용 가능. 특히 조기 실사가 필요한 기술의 경우, 실용신안은 아주 유용
신속한 권리 획득	▪실용신안은 신속하게 권리를 받을 수 있음. ▪특허가 22개월 이상 소요됨에 반해 실용신안은 5개월이면 충분
무효시키기 어려움	▪실용신안은 특허에 비해 진보성 기준이 낮으므로, 등록 후 무효화하기도 쉽지 않음
이중출원 제도 활용	▪이중출원제도가 있어 동일 기술에 대해 실용신안과 특허를 동시에 출원하고 먼저 실용신안권을 행사한 후 특허 등록이 되면 특허권을 행사하는 전략도 활용 가능

자료: 중국 지식재산권 활용 및 보호 가이드, 특허청, 2015

(2) 중국 지식재산권 보호체계 및 분쟁시 대응방안

다음은 중국의 지식재산권 보호체계를 살펴봄으로써, 중국에서 지식재산권을 침해당했을 때 국내기업들의 효과적인 대응 방법을 모색해 보도록 한다.

먼저, 중국 지식재산권 특징 중 하나가 '행정'과 '사법'의 이중보호, 즉 '쌍궤제'를 들 수 있다.

예를 들어, 등록 상표권에 대한 침해행위가 있을 때 직접 법원에 소송을 제기하거나, 상표업무 담당 행정기관인 공상행정관리국에 청구하여 침해자에 대하여 행정제재를 할 수 있으며, 동시에 두 가지 보호를 모두 받을 수 있다는 것이다.[7]

중국기업과의 지식재산권분쟁이 발생하여 사법제도인 소송과 행정제도인 행정단속을 이용해야 할 때, 전리권, 즉, 특허, 실용신안, 디자인에 대해서는 소송을 통한 구제가 더 효율적인 반면, 상표권은 행정단속, 즉 공상관리국, 품질감독국, 중국해관을 이용한 방법이 더 효과적이다.

❙ 중국의 지식재산권 보호체계(행정과 사법의 이중보호: 쌍궤제도) ❙

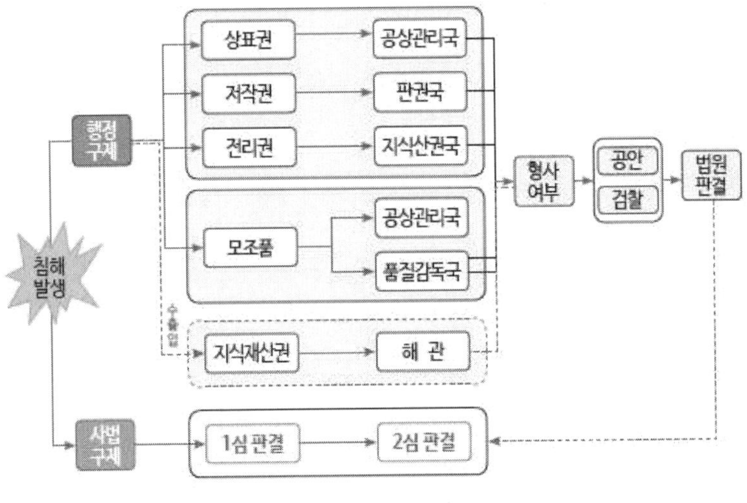

자료: 특허청(2015)

중국의 '쌍궤제'인 소송과 행정단속의 장점과 단점을 비교하면 다음과 같다.

❙ 중국에서 지식재산권 분쟁 시 소송 및 행정단속의 장점과 단점 ❙

구분	장점	단점	주의사항
소송	■ 전문적인 최종판단을 받을 수 있음	■ 많은 시간과 비용발생 (2심 및 무효심판진행시)	■ 대리인 선정 시(소송지역, 무효능력, 언어 등)
	■ 침해배상금 청구가능	■ 소송지역에 따라 심리 수준이 다름	■ 소송지역의선정(북경, 상해, 광주 우선선택)
	■ 사회적 영향력 강함		■ 소송자료 및 증거준비 (공증 및 인증 필요함)
행정단속	■ 단속기간 짧고 비용 적음	■ 배상금을 청구할 수 없음	■ 실용신안 및 디자인인 경우, 평가보고서 필요함
	■ 행정기관의 침해조사 권한 활용하여 증거 확보 가능	■ 최종판단이 아니므로 또 소송할 수 있음	■ 사전의 증거 확보 및 침해 감정서 작성 필요함
	■ 부정적인 사회영향력 제한할 수 있음	■ 지방보호주의 만연으로 현지 대기업에 대해 거의 불가능	■ 어려운 특허는 단속 가능성 낮음
행정단속	상표권 침해에 대한 행정단속은 해당 기관을 활용하는 것이 실효성 높음	공상행정 관리국	■ 모조품 발견 〉〉모조품침해판정 〉〉 조사 및 증거 확보 〉〉 단속신청 〉〉 급습 〉〉 행정처벌
		중국해관	■ 자신의 권리를 세관에 등기(상표권, 저작권, 전리권 등)하면 모조품의 수입금지 및 수출금지도 가능 ■ 해관 적발시 해관 스스로 모조품 몰수 조치함
		품질기술 관리국	■ 등록되지 않은 상표 등 미등록 권리에 대해 단속권한 있음 ■ 중국에 상표권등록 못했더라도 모조품의 제조판매시 형법상 추궁 가능

자료: 진영준(2015), 특허청(2015)

중국기업의 성장에 따른 지식재산권 수요가 폭증하면서 중국내 특허관련 분쟁 역시 급속히 증가하고 있는 추세이다.

2022년 최고인민검찰원에 따르면, 2021년 지식재산권 침해 사건 6,565건에 대해 1만 4,020명이 기소되었으며, 이는 전년 대비 각각 12.% 및 15.4% 증가한 수치이다. 기소된 용의자의 약 90%는 상표권 침해 혐의로 기소된 것으로 알려졌다.

또한 주로 인터넷 공간에서 지식재산권 침해 분쟁이 발생하고 있으며, 특히 과학, 교육, 정보기술(IT), 문화 분야에서 빈번하게 침해가 이루어지고 있다고 경고하고 있다.

한국의 특허소송에서 특허권자가 승소비율이 30%인데 비해, 중국은 60%가 넘는다. 따라서 국내기업들이 중국에서 기술관련 특허를 미리 확보해 놓지 않으면, 다양한 특허 분쟁에 휘말릴 가능성이 농후해지고 있다.

이와 같이, 중국의 지식재산권 분쟁과 관련하여 많은 변화가 있는 상황에서, 국내 기업, 특히 중국에 진출한 중소기업들의 대중국기업과의 특허분쟁에 대응하는 방법을 살펴보면 다음과 같다.

❙ 중국기업과의 특허분쟁 대응방법 ❙

특허침해 행위 및 모조품(짝퉁)의 발견방법	▪ 시장조사에 의한 방법 시장판매 제품 조사 경쟁사 제품의 모니터링 전문잡지 및 신문의 광고 조사 실용신안, 디자인, 상표의 등록공고 조사 등
	▪ 전시회 조사 및 발견 시 현장 신고
	▪ 전문 조사회사에 조사의뢰
	▪ 지방 행정기관 및 세관의 조사시스템 활용
	▪ 고객(클라이언트)와 정보교환 및 침해제품 통보
침해행위에 대한 증거수집	▪ 모조품(짝퉁) 확보 및 이의 공증
	▪ 경고장 송부기록
	▪ 기술감증서(변호사 또는 변리사에 의뢰)
	▪ 전문조사회사가 찾은 합법적 증거 확보
	▪ 지방 행정기관, 세관에서 자주적으로 증거 확보
	▪ 지방 행정기관, 세관에서 이전에 발행한 침해처리 결정서 확보

자료: 진영준(2015)[14]

다음은 중국 진출 시 한국기업의 지식재산권 관련 주의사항이다.

구분	주요 확인 및 주의사항
특허(전리) 관련	■ 중국진출 전 중국에서 특허 및 상표출원을 했는지 여부
	■ 특허 출원 시 국가지식산권국의 요구사항에 맞게 모든 특허출원 절차를 숙지하고 시기에 맞게 관련 서류 및 비용을 청구해야만 권리를 취득할 수 있다.
	■ 국제출원의 경우, 우선일로부터 3년 이내에 심사청구를 해야 함 아는지 여부
	■ 심사청구를 하는 출원인은 그 발명과 관련된 선행자료를 제출해야 한다.
	■ 중문으로 출원하므로 오역이 없도록 확인이 필요하다.
	■ 한국에서 출원한 것을 근거로 발명 또는 실용신안은 12개월 내에(디자인, 상표는 6개월) 우선권을 주장하여 중국에 출원했는지 여부
상표권 관련	■ 상표가 중국어로 부정적인 의미나 어감을 내포하고 있지는 않으며, 상표가 상품에 쓰이기에 적절한가?
	■ 반드시 중문으로 된 상표명이 있어야 하며 이때 상표 첫머리에 '국(國)'자가 들어가거나 '중국'이 들어가는 상표 등록은 엄격히 제한되므로 유의해야 한다.
	■ 상표컨셉이 상표명과 융합되어 구축해야 한다.

자료: 특허청(2015)

(3) 최근 중국의 지식재산권 전략

중국의 전리법은 1984년 3월 최초로 공포되어 1985년부터 시행된 이후 현재 '4차 중국 개정 특허법(2021년 6월)'이 적용되고 있다.

4차 개정안의 주요 내용으로는 특허권자의 합법적 권익보호 강화, 특허실시와 활용 촉진, 특허권 수여제도 개선 등이다.

지난 3차 개정안에 비해 크게 달라진 내용으로는,

첫째, 징벌적 손해배상제도의 도입이다. 고의적인 특허·실용신안·디자인 침해의 경우, 확정된 침해 배상액의 최대 5배까지 배상이 가능하도록 했으며, 침해시 법정 배상액을 '1만 위안 이상 100만 위안 이하' 에서 '3만 위안 이상 500만 위안 이하' 로 확대했다. '징벌적 손해배상'제도를 처음 도입한 미국의 경우, 특허침해를 통해 얻은 이익의 최대 3배를 배상금액으로 지정한 점을 감안하면 매우 강력한 조치임에 틀림없다.

한국은 여전히 '징벌적 배상제도'를 신설했을뿐, 그 적용은 매우 미미한 현실이다.

둘째, 특허출원과 특허권 행사에 공공의 이익 또는 타인의 합법적 권익에 손해를 주지 않도록 특허권 남용 금지를 명문화하면서, 특허권 남용, 경쟁배제 등 독점행위에 해당하는 경우, '반독점법'으로 처리하겠다는 의미를 담고 있다.

이는 2015년 퀄컴(Qualcomm, 미)이 중국에서 반독점 위반 혐의로 9억 7500만 달러(약 1조 1750억원)의 과징금을 부과받으면서 본격적으로 논의되기 시작, 이번 4차 개정 특허법에 명확히 반영된 것으로 보인다.

셋째, 디자인권의 보호 강화 조치로 디자인 보호기간을 10년에서 15년으로 확대했으며, 이는 4차 개정 특허법이 시행되는 2021년 6월 1일 이후 출원건부터 적용된다. 또한 '부분 디자인'제도가 도입되면서 제품의 일부분만을 디자인권으로 등록 가능하도록 했다.

넷째, 의약품 존속기간의 보상제도가 신설되었다. 신약 출시와 관련하여 허가 및 심사승인에 소요되는 기간 동안을 보상하기 위해 '특허권 존속기간 최대 5년 연장'을 신설한 것이다. 이로인해, 향후 글로벌 신약 관련 특허분쟁이 늘어날 가능성이 있다고 전망된다.

▮중국 특허법 4차 개정안의 주요 내용(2021년 6월 시행)▮

구분	주요 개정 내용
특허권자 합법적 권익 보호 강화	■ 특허출원과 특허권 행사의 성실 신용원칙 및 특허권 남용 금지 규정 신설 ■ 신약의 시장판매시 심사기간에 대한 존속기간 보상제도 신설 ■ 특허 위조에 대한 과태료 확대 ■ 징벌적 배상제도 강화: 고의적 특허권 침해에 대한 5배까지 손해배상 청구 가능, 법정 배상액 3만 위안 이상 500만 위안 이하 ■ 침해자에게 입증책임 전가 ■ 특허권 침해소송 시효 3년으로 연장
특허실시, 활용 촉진	■ 직무발명 활용 촉진(직무발명자 지분권·선물옵션·배당 지급) ■ 국무원 특허정보 공공서비스 체계건설 ■ 국무원과 지방정부간 특허공공서비스 강화 ■ '특허개방 허가제도' 도입으로 누구에게든지 특허권 실시 허가
디자인 보호 강화	■ 부분 디자인 보호 ■ 디자인 출원후 6개월내 동일 출원시 국내 우선권 주장 가능 ■ 특허·실용신안 우선권 서류제출기간 16개월로 연장 ■ 디자인 보호기간 10년에서 15년으로 연장(2021.6이후)

자료: 대한민국 정책브리핑(www.korea.kr)

최근 중국은 상표·특허·저작권 등 전통적인 지식재산권보다 데이터 지식재산권이 많은 관심을 받고 있다. 중국은 데이터 자원 대국이자 디지털 경제 대국이다.

2020년 데이터를 기반으로 하는 중국의 디지털 경제 증가치는 39조 2,000억 위안(약 7,515조 원)을 기록하며 GDP의 38.6%, 세계 2위를 차지하고 있다.[15]

더욱이 한국의 무역대상국 1위이자, 미·중 기술패권 경쟁내 글로벌 공급망 위치선정이 중요해진 시점에서, 중국의 지식재산권 인재양성 프로그램이 진행중에 있어, 한국에게 강력한 도전이 되고 있다.

2022년 3월 중국 국가지식산권국(CNIPA)은 지식재산(IP) 인재양성을 위해 2025년까지 100만 명 이상의 IP 전문가를 확보한다는 목표를 발표했다.

중국의 이러한 목표는, 지식재산 인재가 지식재산 발전 및 지식재산 강국 건설을 위한 가장 기본적이고 핵심적인 요소임을 강조하는 주요 정책인 것이다. 이미 중국 내 지식재산 전문 인력은 약 69만 명에 이르렀으며, 전국적으로 50개 이상의 대학이 지식재산 단과대학을 설립하여 지식재산 산업의 발전을 강력하게 지원하고 있다.

중국은 2015년부터 전국 초·중·고교에서 지식재산 교육 시범 사업을 공동으로 수행하고 지식재산 교육의 대중화를 추진해오고 있다. 총 165개의 국가 시범학교를 선정하여 초·중·고교 지식재산 원격교육 플랫폼을 구축하고, 전문 시간제 교사 약 1만 명을 양성하였으며, '청소년 지식재산 보급총서(青少年知识产权普及丛书)', '전국 초·중·고교 지식재산 교육 지침서(全国中小学知识产权教育指南)' 등의 교과서를 출판했다. 그 결과 현재 중국의 약 1,400개 초·중·고교에서 약 200만 명의 학생들이 지식재산 관련 교육을 받고 있다고 발표했다.

사례1: 무차별적인 무효심판 제기로 도산한 한국기업

중국에 특허를 보유하고 있는 디스플레이 장비 업계 선두기업인 한국의 A사는 중국에 진출 후 사업을 진행하던 중, 위의 핵심특허 기술을 사용하고 있는 A사의 경쟁사인 중국의 B사가 A사의 중국 특허에 대해 무효심판을 제기했다는 것을 알게 되었다.

법적 분쟁이후 A사의 특허가 유효하다는 선고를 받았음에도 불구하고, 중국 경쟁사들은 유효결정 이후에도 일반 개인을 청구인으로 내세워 선행기술 증거 12개씩만 바꿔가며 무차별적으로 무효심판을 제기했고 A사는 대리인 비용부담 등으로 결국 무효심판 대응을 포기함으로써 중국내 사업을 접게 되었다.

출처: 특허청, "중국지재권 활용 및 보호 가이드"

사례2: 구성요소완비의 원칙에 의거하여 휴롬 착즙기 특허 침해를 인정한 베이징시 고급인민법원 판결

본 사안은 국내 휴롬전자가 중국 특허 분쟁에서 승소한 사례이자, 중국 법원이 "구성요소완비의 원칙(全面覆盖原则)"을 적용하여 판시한 사례에 해당한다. 4개의 중국기업이 휴롬전자를 상대로 특허소송을 제기했으나 법원은 계쟁제품을 구성하는 기술특징이 각각 등록특허 구성항목에 해당된다고 판단하면서 1심에서 승소, 2심 항소심에서는 중국기업의 항소를 기각, 휴롬전자의 1심 승소 판결을 유지했다.

1974년 녹즙기 기업에서 출발, 2005년 '스크루방식 착즙'에서 '저속착즙방식'으로 휴롬원액기를 개발, 이후 2010년에는 세계일류상품으로 선정되기도 했다. 100여건의 특허와 iF디자인 어워드를 수상하며 디자인에 있어서도 우수성을 인정받았다. 휴롬은 중국에 총 72건의 전리권을 출원했다(발명특허 27건, 실용신안 10, 디자인 35건). 중국시장에서 수요가 급상승하자 중국기업들의 견제로 인한 특허소송이 급증하게 되면서 중국 각 지역법원에서 총 130여건의 특허 침해 소송이 제기되었고 다수의 승소를 이끌어 내기도 했다. 이처럼 기술력을 기반한 치밀한 지재권 전략만이 글로벌 시장진출 시 실패를 줄일수 있다.

심 급	1 심 (원 심)	2 심 (항 소 심)
당사자	원고: 휴롬 전자 피고1: 광동 롱더그룹 피고2: 중산 롱더 리샹 전자기기社 피고3: 중산 광마오 전자기기社 피고4: JD.com (징동닷컴)	항소인1: 광동 롱더그룹 항소인2: 중산 롱더 리샹 전자기기社 항소인3: 중산 광마오 전자기기社 피항소인: 휴롬 전자
법 원	베이징IP법원 (北京知识产权法院)	베이징시 고급인민법원 (北京市高级人民法院)
사건번호	(2016)京73民初581号	(2018)京民终181号
판결일자	2017년 12월 26일	2018년 12월 24일
판결결과	원고 승소	항소 기각, 원심 판결 유지
관련 지재권	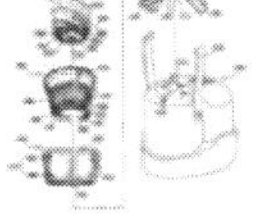 [원고의 발명특허] • 착즙기 (榨汁机, Juice extractor) • 2007년 4월 27일 출원 (출원번호 200780001269.X) • 2010년 11월 24일 등록 (등록번호 CN101355897(B))	
참조법령	전리법[1] 제11조 제1항 제59조, 제65조	전리법 제65조 민사소송법 제170조 제1항 제1호

출처: 특허청, "IP Insight 해외지식재산권 심층분석 보고서

3) 일본에 대한 지식재산권 활용전략

(1) 지식재산권 체제

2014년 초, 일본의 도시바(Toshiba)와 공동연구 파트너인 샌디스크(SanDisk; 미) 종업원이 반도체 메모리 연구 결과를 무단 반출하여 국내 하이닉스에 제공하였다는 이유로 경찰에 체포되었다. 이후 도시바는 해당 종업원과 SK하이닉스를 상대로 거액의 손해배상청구소송을 제기하였고, 일본의 영업비밀보호에 대한 국가 차원의 대응을 촉발하는 계기가 되었다.

일본의 지식재산권 체제는 한국과 유사하다. 각각 특허권, 실용신안권, 의장권, 상표권 등으로 구분되어 해당 보호법령의 지배를 받는다. 2019년 의장법(디자인권), 상표법이 개정되면서 의장권의 경우, 출원일로부터 25년으로 그 보호기간이 늘어났다. 일본의 지식재산권 중 기술무역 범위에 해당하는 산업재산권 보호 현황은 다음과 같다.

▌일본 지식재산권 중 산업재산권 보호 현황▐

권리의 유형		보호대상	보호기간	보호법령
산업재산권	특허권	발명 보호	출원일부터 20년 (일부 25년까지 연장)	특허법
	실용신안권	물품 형상 등 고안	출원일부터 10년	실용신안법
	의장권	물품의 디자인보호	출원일으로부터 25년 (2021년 4월 이후 출원부터)	의장법 (2021.4월시행)
	상표권	상품, 서비스에 사용하는 상표보호	등록으로부터 10년 (갱신)	상표법 (2021.4월시행)
	영업비밀	기업의 기술정보, 노하우, 고객리스트 등의 도용 등 부정경쟁 행위 금지		부정경쟁방지법

자료: 특허청, 'IP가이드북(IPGuidebook)', 2021년

(2) 지식재산권 추진 계획(2016년 : 2021년)

일본의 다양한 지식재산권 전략은, 2016년 5월에 발표한 '지적재산 추진계획 2016'에 잘 드러나 있다.

2016년 일본의 지적재산에 대한 계획의 핵심은, 현재뿐만 아니라 미래를 대비하기

위한 교육제도까지 적용하고 있다는 것이다. 한국은 아직도 지식재산 등의 무형재산에 관한 체계적인 교육 시스템이 적용되지 못하고 있는 실정에 비해, 일본은 초·중·고 및 대학에서 지식재산 교육을 추진한다는 점에서 비교가 되고 있다. 또한 지식재산의 법적인 측면만 부각해서 법학 계열에서만 가르치던 것에서 벗어나, 무형재산을 무역재화로 인식하여 상경계열(경영계열 대학원)교육 커리큘럼에 삽입했다는 것은, 매우 미래지향적인 전략으로 인식하고 있음을 알수 있다.

최근 일본은 코로나 이후의 글로벌 디지털(Digital) 및 그린(Green)경쟁에서 우위를 점하기 위해, 무형재산 강화전략, 즉 '지적재산 추진계획 2021'을 발표했다.

이러한 배경에는,

① 일본의 이노베이션(Innovation)활동의 세계적 지위가 후퇴하고 있다는 자각

② 디지털(Digital)화의 가속

▌일본 '지적재산권 추진계획 2016'의 주요내용 ▌

제4차 산업혁명 시대의 지식재산 혁신 추진	▪디지털·네트워크에 대응한 차세대 지식재산 시스템 구축 ▪오픈 이노베이션을 위한 지식재산 관리방안 추진 ▪원스톱 지식재산 경영 보급 ▪지식재산 매니지먼트 인재 등의 육성을 통해 종합 지식재산 전략 구축 지원
지식재산인식 및 지식재산 활동의 보급 확산	▪초·중·고등학교, 대학 등에서의 지식재산 교육 추진, 대학내 지식재산 과목 필수화, 경영계 전문직 대학원 내 지식재산교육 확충 및 내실화 ▪중소기업에 대한 지식재산 보급활동 담당 인재육성 ▪변리사 육성을 통해 지식재산의 권리화·표준화 및 활용지원 ▪지방·중소기업·농림수산 분야 등에서 지식재산 전략 추진 ▪지식재산권 전문가의 해외 파견
콘텐츠 신규전개 추진	▪방송콘텐츠 해외수출 지원 ▪아카이브53)활용 촉진위해 아카이브 기반 정비
지식재산 기반시스템 정비	▪지식재산 분쟁 시스템의 기능을 강화하면서 법원 및 특허청간 제휴 강화 ▪신흥국에 일본 지재권시스템 보급·수출 등

자료: 한국지식재산연구원(2016)[16]

③ 그린사회, 즉 카본·뉴트럴과 탈탄소 사회54)

53) 아카이브(archive)란, 웹사이트 상에서 백업, 보관 등을 위해 한 곳에 모아둔 파일 또는 보관소를 이른다.

④ 표준·지적재산을 둘러싼 국제정세의 변화와 경쟁의 심각화

⑤ 지적재산전략 활동의 발본적 강화의 필요성 등 무형재산을 글로벌 거버넌스로 인식하는 것에서 기인한다.

이에 지적재산전략본부 주도하에 다음과 같은 7가지 제도 구축을 목표로 지식재산권 제도가 더욱 공고히 되어 가고 있는 시점이다.

일본의 지적재산전략본부는 총리가 직접 본부장을 맡아 지재전략을 총괄하는 조직으로, 매년 지적재산추진계획을 수립 및 추진하고 있다.

2021년 발표된 '지적재산' 추진계획 2021은 먼저, 일본 정부가 '디지털화' 및 '그린화'를 코로나 19 이후 경제성장의 원동력으로 파악하고 있다는 점이 주목된다.

표준필수특허의 전략적 활용이나 디지털시대에 적합한 콘텐츠 전략은, 이미 국내 정책에도 충분히 적용되고 있는 전략이나, 그중 특히 주목되는 내용은 21세기의 가장 중요한 지적재산이 된 데이터의 활용 촉진을 위한 환경정비를 중시하고 있다는 점이다.

또한 일본 정부가 그린화 시대에 우량한 식물 신품종의 해외유출방지를 위해서 개정 종묘법의 시행을 강조하고, 지재권 보호 및 활용을 위해서 법규정의 정비 뿐만 아니라, 구체적인 가이드라인 또는 민간기업들의 자율적인 규제와 같은 소위 '부드러운 규범'의 중요성을 강조했다는 점이다.

더불어 2016년 지적재산권 추진계획의 연속선상에서, 초·중·고등학교 등에서의 '지적재산권 창조교육'을 전국적으로 시행한다는 점도 일본 지식재산제도의 커다란 진보임에 틀림없다.

▌일본 '지적재산권 추진계획 2021'의 주요내용 ▌

경쟁력의 원천인 지적재산 투자 및 활용을 촉구하는 자본 · 금융시장의 기능강화
시장우위확대를 목표한 표준의 전략적 활용추진
21c 가장 중요한 지식재산이 된 데이터의 활용과 촉진을 목표한 환경정비
디지털시대에 적합한 콘텐츠 전략
스타트업/중소기업/농업 분야의 지적재산 활용 강화
지적재산 활용을 뒷받침하는 제도/운영/인재 기반 강화
쿨 재팬(Cool Japan(クールジャパン)) 전략 재구축[55]

자료: 한국지식재산연구원(2022)

54) '그린사회'라는 표현은 제203회 일본 임시국회에 출석한 현 스가 총리의 소신표명이며, 본 임시국회에서는 카본·뉴트럴에 대한 인식, 즉 온실효과 및 가스 배출량의 삭감을 목표로 '2020년 카본·뉴트럴에 따른 그린 성장전략'으로 '경제와 환경의 선순환'을 만들자는 전략을 제시하고 있다.

55) Cool Japan(クールジャパン)전략 이란, 만화, 가요, 영화, 패션, 요리, 관광 등 일본 문화를 사업화

(3) 지식재산권 전략

① 시행중인 제도 및 지식재산권 침해 대응방안

일본은 기술유출 우려로 소극적이었던 과거 정책에서 벗어나 최근 중소·중견기업들의 기술수출에 매우 적극적으로 나서고 있다. 일본은 지식재산권 제도가 아직 미흡한 베트남, 말레이시아 등 신흥국 등에서 현지 정부의 단속이나 경쟁기업에 의한 고발이 늘어날 것으로 예상되자, 해외진출 일본 중소기업을 위한 '지식재산 보험제도'를 2016년부터 시행하고 있다.

이는 일본 중소기업의 해외 진출 시 현지국에서 발생하는 특허권 또는 상표권 등의 침해로 소송에 휘말릴 경우, 이러한 보험을 통해 소송비용을 지원함으로써 일본 중소기업의 해외진출을 지원하고 있다.

더불어 일본 특허청은 일본 기업의 영업비밀 보호를 위한 '비밀금고' 서비스를 2016년부터 실시한다고 발표하였는데, 첫째, 산업스파이에 의한 정보 유출 및 사이버 공격으로부터 기업의 지식재산을 보호하고 둘째, 영업비밀 침해소송 시 증거로써 활용할 수 있도록 지원하기 위함이다.

한편, 국내기업들이 특정브랜드를 가지고 일본에 진출하고자 하는 경우, 반드시 동일브랜드가 일본에 상표등록이 되어 있는 지를 검색해야 한다.

일본에서는 상표분쟁이 빈번하게 발생하기 때문에, 국내기업들이 완성품(부품, 원료포함)등을 일본에 수출하고자 할 때에는, 먼저 국내 특허청에 상표출원을 하고 출원한 날로부터 6개월 이내에 파리조약 우선권을 주장, 일본특허청에 출원 및 상표등록을 받은 후 특정 브랜드를 부착하여 수출해야 한다.

일본에서는 변호사뿐만 아니라, 변리사법에 의한 변리사도 상표가 불법 부착된 수입물에 대한 통관의 보류, 조사 등을 세관에 요구하는 대리업무를 할 수 있어 더욱 주의가 필요하다.[17]

또한 지식재산권, 특히 산업재산권(특허, 실용신안, 의장권, 디자인권 등) 등을 보유한 권리자의 권리를 침해하게 되면, 권리자는 민형사상 구제뿐만 아니라 해당 침해품의 수출입을 금지시킬 수 있는 권리, 거액의 손해배상 책임을 요구하는 경우도 많다.

하여 해외에 수출하는 기업이나 창작자를 지원하기 위한 일본의 정책 사업중 하나이다.

통상 국내외 전시회에 참가하는 과정에서 발견하는 경우도 많고, 인터넷의 발달로 인해 전자상거래 거래 시 침해품에 대한 조사를 요구하는 경우도 빈번해 지고 있다.

일본에 진출하는 국내 기업들은 먼저 지식재산권 권리의 유효성에 대한 조사를 일본 특허청 홈페이지에 있는 등록원부로 확인할 수 있다. 권리 침해가 의심스러울 때에는 등록원부 조사 후 증거수집, 침해여부의 판단, 전문가 감정, 판정 순으로 침해판단을 확인할 수 있다.

일본특허청의 판정제도는 권위 있는 판정으로 알려져 있으나, 이 과정에서 상대방에게 내용이 알려지는 '쌍방판정'이란 제도가 있어 다소 부담이 따른다.

반면, 일본지적재산중재센터의 판정제도는 '센터판정'이라고 부르며, 권리범위에 대한 판정, 등록 유효성의 판정 및 상대방에게 결과를 알리지 않는 '단독판정' 제도를 운영하고 있어 상황에 맞는 판정절차를 선택할 수 있다.

만일, 일본기업으로부터 특허 등 지식재산권 침해에 대한 경고장을 받았을 경우, 침해가 인정된다면 설계변경을 하는 것이 최선책이나, 그렇지 않을 경우, 특허 실시 허락 또는 권리양도를 통해 정당하게 권리를 실시할 수 있다.

경고장 수령 시 대응방안을 도식화하면 다음과 같다.

❙ 일본의 침해 주장에 대한 국내기업의 대응방안 ❙

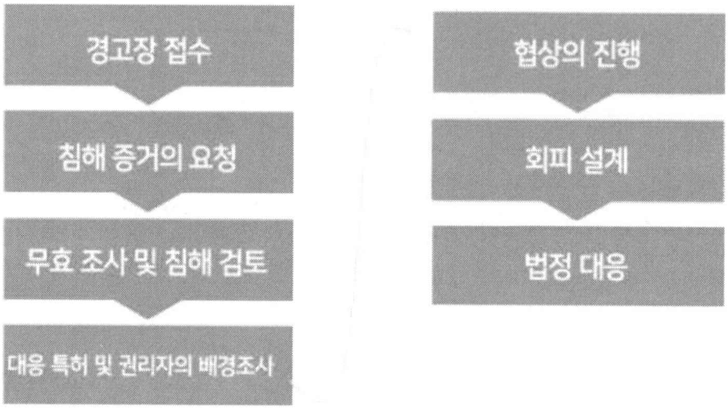

자료: 김인한(2010)[18]

② 최근 일본 지식재산권제도의 현황 및 전략

일본 정부는 지식재산 출원 등의 절차를 포함해서 종이, 인감 등을 사용하는 종래의 전통적인 방식을 오랫동안 고수해 왔으나, 2021년 6월에 '인감을 필요로 하는 절차의 재검토 등을 위한 경제산업성 관계 법령' 및 '특허 등록령 시행규칙' 등의 일부 개정 내용이 공포되었다. 이에 특허청 절차에 날인이 요구되던 약 800 종류 중 764가지의 절차에서 날인이 폐지되었다.

더불어 2020년 일본 특허청이 개발한 웹 어플리케이션을 활용한 심사관 면담시 온라인 절차를 대폭 강화하고 있다.

특허심사의 경우, 2021년에 실시된 면접심사 1,689건 중 1,423건을 온라인으로 실시하였고(전년 대비 40.2% 증가), 실시된 구두 심리 20건 중 13건을 온라인으로 실시하고 있다.

따라서 전체적으로 심사 속도가 빨라지면서 특허·디자인·상표 각각의 심사 기간은 최초 심사결과 통지(FA)까지 특허 10.2개월(조기심사 2.8개월, 슈퍼조기심사 0.8개월), 디자인 6.3개월(조기심사 2.3개월), 상표 10개월(조기심사 2.1개월)이 소요되는 것으로 나타났다.

한편, 일본 특허청은 코로나 확산 시기를 거치면서 코로나바이러스의 종결을 목적으로 하는 행위에 대해서는 특허권을 행사하지 않기로 했다. 2021년 10월 현재 102개 기업의 927,897개 특허 등에 대해 특허 개방이 선언된 상태이다.

이어 2021년 12월 20일, 일본 내각부(内閣府) 지적재산전략본부(知的財産戦略本部)는 '지식재산·무형자산의 투자 활용 전략 실시 및 거버넌스에 관한 가이드라인(안)(知財·無形資産の投資・活用戦略の開示及びガバナンスに関するガイドライン(案))'을 발표했다.

이번 가이드라인이 나오게 된 배경으로는, 글로벌 통상에서 지식재산 및 무형자산은 경쟁력의 원천으로 보다 중요한 경영자원이 되고 있으며, 최근 디지털화·녹색성장의 발전에 수반하여 기업의 경영환경이 크게 변화하고 있기 때문이다. 반면, 글로벌 기업 가치에서 차지하는 무형자산가치의 비율이 90%[56]를 넘어가는 상황에서, 일본 기업은 여

56) Ocean Tomo Intangible Asset Market Value Study(2020.11) 자료에 의하면, 2021년 S&P 500대 기업의 유·무형 자산비중 중 무형자산 비중이 90%라고 발표했다.

전히 유형자산 가치가 차지하는 비율이 크기 때문이라는 것이다.

따라서 본 가이드 라인을 발표한 일본 정부의 목적은, 일본 기업이 지식재산 투자·활용의 중요성을 인식하고, 지식재산에 대해 적극적으로 투자하며, 그 활용의 촉진을 지원하는 역학 설계를 구축할 수 있도록, 본 가이드라인을 작성하여 제시한 것으로 밝히고 있다.

해당 '지식재산·무형자산의 투자 활용 전략 실시 및 거버넌스에 관한 가이드라인'에는 5개의 원칙과 7개의 실행계획을 제시하고 있으며, 다음과 같다.

‖ '지식재산·무형자산의 투자 활용을 위한 5개 원칙과 7가지 행동' : 2021년 ‖

구분	원칙	내용
5개 원칙	1원칙:'가격결정력' 유지 · 강화 또는 '경쟁환경 변혁' 목표	■ 지식재산 · 무형자산을 활용한 비즈니스 모델을 적극적으로 발굴 · 추진함으로써 '가격결정력'을 유지 · 강화 ■ 발상 대전환 수반하는 혁신 통해 경쟁환경 변혁 목표, 이를 통해 이익률 유지 · 향상 목표
	제2원칙: '비용'이 아니라 '자산' 형성으로 파악	■ 지식재산 · 무형자산에 대한 투자를 '자산' 형성으로 파악, 기업의 적자 결산 피하기 위한 투자금 감축 대상으로 삼지 않도록 해야 함
	제3원칙:'논리/스토리' 로서의 공시 · 발신	■ 투자자에게 지식재산 · 무형자산의 투자 · 활용전략을 '논리/스토리'로서 설득력 있게 설명하고, 유의미한 대화를 이어가는 것이 중요함
	제4원칙: 전사(全社) 횡단적인 체제정비와 거버넌스 구축	■ 사내에 존재하는 다양한 지식재산 · 무형자산을 전사적으로 통합 · 파악 · 관리 필요 ■ 지식재산 · 무형자산의 투자 · 활용전략 실행, 평가 이사회가 모니터하는 거버넌스 구축
	제5원칙: 중기적 관점에서 투자를 평가하고 지원	■ 단기적으로는 이익을 기대하기 어렵더라도 과감한 지식재산 · 무형자산에 대한 투자의 의의를 이해하고 지원하는 자세 필요 ■ 중장기적으로 ESG 과제 해결에 이바지하는 전략에 대해 경영판단을 지지하는 행동 필요
	① 현황 파악	■ 자사의 비즈니스 모델과 강점이 되는 지식재산 · 무형자산을 파악 · 분석하고, 자사의 현황을 정확히 파악하는 것 중요
	② 중요과제 특정 및 전략 명확화	■ 메가트렌드 중 자사의 중요과제를 특정한 후 주력해야 할 지식재산 · 무형자산 투자 · 활용전략을 명확화함

	③ 가치 창조 스토리 구축	■ 자사의 지식재산 · 무형자산 가치화가 어떠한 형태로 지속가능한 가치 창조에 이바지해 나가도록 할지를 구체화, 공유
	④ 투자나 자원 배분 전략 구축	■ 자사의 현재 모습과 목표해야 할 모습 간의 괴리를 해소하기 위한 투자나 경영자원 배분 등의 전략 구축, 진척 상황 파악
7가지 행동	⑤ 전략 구축 · 실행 주체와 거버넌스 구축	■ 이사회에서 지식재산 · 무형자산 투자 · 활용전략을 충실하게 논의할 체제 정비, 사내 관계 부서의 연계 체제 등을 정비
	⑥ 투자 · 활용전략의 공시 · 발신	■ 법정 공시를 충실히 이행하는 것을 넘어 추가적으로 지식재산 · 무형자산 투자 · 활용전략을 공시 · 발신함
	⑦ 투자자 등과의 대화 통한 전략 심화	■ 투자자나 금융기관, 주요 이해관계자와의 대화 · 관여 통해 지식재산의 투자 · 활용전략 심화 필요

자료: 권용수(2022), "일본, 지식재산권전략본부, 지식재산 · 무형자산 거버넌스 가이드라인 마련", 저작권 동향 제3호

사례: 일본 신일본제철과 포스코의 화해합의

2015년 10월 1일, 신일본제철(新日鐵住金)社는 2012년 4월 19일 포스코 등에 대하여 도쿄지방법원에 제기한 소송을 비롯하여 3건의 소송에 대해 포스코와 화해에 합의하였다고 발표함.

(일본 도쿄지방법원) 2012년 4월 19일, 원고 신일본제철은 피고 포스코 Japan 및 신일본제철 전 직원 1명을 상대로 신일본제철의 영업비밀의 부정 취득 및 부정 사용에 대하여 986억 엔의 손해배상 및 제조 · 판매 등의 금지를 청구함.

(미국 뉴저지 지방법원) 2012년 4월 24일, 원고 신일본제철은 피고 포스코 및 포스코 America를 상대로 특허권 침해 등에 대하여 손해배상 및 포스코 제방향성 전기 강판의 미국으로의 수입 금지 등을 청구함

(한국 대구지방법원 포항지원) 2012년 7월 19일, 원고 포스코는 피고 신일본제철을 상대로 도쿄지방법원에서 신일본제철이 주장한 청구권의 부존재 확인 소송을 제기함.

▶ (주요내용) 포스코는 일본 철강업체인 신일본제철(新日鐵住金)에게 영업비밀 및 특허 침해에 대한 합의금 약 300억 엔을 지급하기로 합의함.
신일본제철에 따르면, 위 소송에서 신일본제철은 지금까지 상당한 증거를 제출하는 등 청구 내용의 주장을 입증하기 위해 노력해 왔지만, 이번 소송의 진행 상황 등을 감안하여 소기의 목적을 일정 정도 달성하는 조건을 확보할 수 있어 포스코와 합의함.

▶ (합의내용) 신일본제철은 포스코에게 약 300억 엔의 합의금을 받고, 포스코, 포스코 Japan, 포스코 America에게 제기한 위의 3건의 소송을 취하함.
그러나, 신일본제철은 신일본제철 전 직원 1명에 대한 도쿄지방법원의 소송에 대하여는 그대로 진행하기로 함.

출처: 한국지식재산연구원, 2015

4) 유럽에 대한 지식재산권 활용전략

(1) 지식재산권 체제

한국과 EU 28개국(2013년 크로아티아 가입)과의 FTA가 2015년 12월 31일에 전체 발효되었다. 2011년 7월 1일 잠정발효 이후 만 4년 5개월 만의 결실이었다[57]. EU는 한국의 3대 교역국(약 1,170억 달러, 2021년)이지만, 2014년 우리의 수출액 10억 달러당 17건의 해외특허만이 등록되어 있어, 수출규모에 비해 등록된 해외특허 규모가 매우 적은 실정이었다. 반면, 미국의 경우에는 수출액 10억 달러당 153건의 해외특허가 등록되어, 수출규모 대비 가장 많은 해외특허가 등록된 국가이다.[19]

최근에는 국내 대기업의 EU 특허출원이 증가하고 있는데, 삼성전자가 3,439건의 특허를 출원, 출원건수로 중국의 화웨이(Huawei)에 이어 2위를 차지한 것으로 나타났다(유럽특허청, 2021년).[58] 또한 국내 기업과 연구기관의 EU 특허건수는 총 9,394건으로, 2020년보다 310건 늘어 역대 최고를 기록했다. 출원한 특허에는 디지털통신 분야가 전체의 12.1%로 가장 많았으며, 전자기기(11.9%), 컴퓨터 기술(10.4%), 반도체(7.0%)가 그 뒤를 이었다.[20]

EU의 산업재산권에 대한 설명은 아래 표와 같다.

▌유럽연합(EU)의 산업재산권 보호 현황▐

권리의 유형		보호대상	보호기간
산업재산권	▪영업비밀 (Trade secrets)	기밀의 가치가 있는 정보	정보의 중요성과 기업 정책에 따라
	▪특허/실용신안	참신함과 유용성을 갖춘 발명품	특허 : 최대20년 실용실안 : 최대 10년 (모두 매년 연장가능)
	▪상표권 (Trademarks®)	표장(특수성)	등록으로부터 10년 (무한 갱신 가능)
	▪유럽공동체 디자인	디자인(참신함과 개별적 특성)	등록일부터 3년/ 5년 최대 25년까지 연장가능

출처: Kotra 국가정보(2017)

57) 그러나 2020년 영국이 EU에서 탈퇴하면서 한국은 2021년 1월 1일 영국과 한·영 FTA를 발효하게 되었다. 산업통상자원부, 한·EU FTA 홈페이지 참조

58) 1위 화웨이의 특허출원건수는 3544건, LG전자는 2422건으로 3위, 이 밖에 국내기업 중에는 KT&G(233건), 포스코(168건), SK(138건), 현대(93건), 현대자동차(84건)가 많은 특허를 출원했다.

유럽의 경우, 각국 특허제도의 통일을 위해 유럽특허조약(EPC; European Patent Convention)을 제정, 35개 회원국에 적용하고 있으며, 유럽 특허의 출원·심사 및 등록을 관장하고 있다. 이에 유럽 특허 출원서에 지정된 국가별로 각각 등록되는 '1국1특허 원칙'이 적용되고 있다.

또한 유럽특허청(EPO; European Patent Office)을 중심으로 최근 유럽 단일특허(Unitary Patent)를 위한 단계적 국가 간 절충이 진행 중이다. 유럽 특허제도의 현재 상황과 유럽 단일 특허로의 개정 특허제도를 비교해 보면 다음과 같다.

| 유럽특허(현행) vs 단일 특허제도(EPO) 비교 분석 |

	현행 유럽특허제도	단일 특허제도(EPO)
특허권 효력범위	▪ 유럽특허조약(EPC) 회원국 중 지정국에서만 유효(특허권자의 비용부담이 큼)	▪ EU 회원국 전체에 유효 (ES, HR제외)*
특허권 발생	▪ EPO등록 결정후 개별국 특허청에 번역문 제출, 등록필요(Validation) ▪ 등록 이후(post grant)번역비용 및 각 회원국별 유지수수료 부담	▪ EPO등록
번역	▪ 출원인이 지정국의 언어로 번역	▪ 출원시 단일특허 공식언어 (영·독·프)중 하나로 제출**
특징	▪ 복잡한 특허소송제도 ▪ 다중 소송 ▪ 엇갈린 판결 가능성 ▪ 과다한 특허획득 비용 ▪ 법률적 불확실성	▪ 통합특허법원 ▪ 조화된 소송제도 ▪ 일관된 판결 ▪ 낮은 번역 및 소송비용 ▪ 유럽 전역의 무효, 손해배상, 구제절차의 확립

* ES : Spain, HR : Croatia(2021년 현재)
** 영국이 EU에서 탈퇴함으로써 차순위 국가인 이탈리아의 승계여부에 대한 검토가 진행 중임
자료: 외교부 주 벨기에 유럽연합 대한민국 대사관(2021), 박진석(2015)[21]

이렇게 유럽 특허의 변화는 진행 중이지만, EU단일특허제도 출범 후에도 기존의 유럽특허나 개별 회원국에 대한 특허 획득방법은 여전히 유효하다. 또한 자신에게 유리한 국가의 법원에 소를 제기하는 포럼쇼핑(Forum shopping) 역시 만연하다.

따라서 국내 기업들의 유럽 국가별 진출 계획과 비용을 고려하여, 최적의 지식재산권 전략을 선택하는 것이 바람직하다.

다만, 통합 특허법원에서 무효로 판정받게 되면 모든 회원국에 걸쳐 특허가 무효가 됨을 유의해야 하며, 이러한 경우, 핵심기술은 EU특허로 출원하고 국가별 등록가능성이 다른 기술은 개별 국가별로 특허출원하는 등 이원화 전략도 검토해 볼만 하다.

한편, 국내 기업이 유럽 전역에 제품을 제조·판매하는 경우, 해당 제품과 관련된 유럽 특허의 등록 현황을 항상 모니터링 하고, 혹시라도 국내기업의 특허와 특허분쟁 가능성이 있는 경우, EPO(유럽특허청)의 '이의신청제도'를 적극 활용하는 것이 바람직하다.

❙ 유럽 통합특허법원의 심급체계 ❙

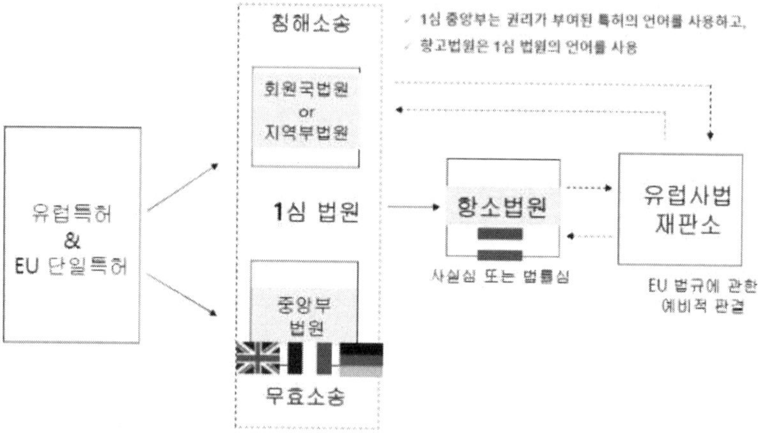

*특허무효를 주장하는 무효소송은 중앙부에서 심리
자료: 박진환(2018)[22]

특허청의 '지재권 분쟁 대응 매뉴얼(2013)'에 의하면, 유럽특허청의 '이의신청제도'는 개별국에서의 무효 소송비용에 비해서 유럽특허청(EPO)의 소송비용이 저렴하며, 특히 지정국이 다수인 경우 한 번의 이의 신청으로 다수의 개별국에서의 유럽특허를 취소시킬 수 있기 때문이다.

또한 유럽특허청의 이의신청에서 특허성이 인정되더라도, 개별국 법원에서 다시 한 번 특허의 무효를 주장할 수 있기 때문에, 무효가능성을 높일 수 있다. 더불어 유럽의 특허침해권자들이 특허에 기초하여 가처분 신청을 제기하는 경우와 특허침해 피의자가 적극적으로 유무효를 다투는 경우 등, 법원에 의한 가처분 신청의 인정 가능성이 줄어드는 장점이 있기 때문에 유럽특허청의 '이의신청제도'를 적극적으로 고려하는 것을 권장

한다.

(2) 전시회 가처분(Exhibition Injunction)

다음은 유럽에 진출한 국내 기업이 지식재산권과 관련하여 가장 빈번하게 발생하고 있는 독일에서의 "전시회 가처분(Exhibition Injunction)"에 대한 대응방안을 살펴보도록 한다.

① 독일의 '조기금지(Fast Injunction)' 조치[23]

아래 사례에서 알 수 있듯이, 세계3대 가전박람회 중 하나인 IFA(Internationale FunkAusstellung Berlin), 즉 독일 베를린 전시회(Trade Show)나 박람회(Exhibition)에 물품을 전시, 독일 및 유럽 시장에 진입하려는 경우, 각 물품의 전시나 판매협상을 즉시 중단할 것을 요지로 하는 '조기금지(Fast Injunction)' 조치가 종종 발생하고 있다.

독일의 '조기금지(Fast Injunction)'[59)]조치는 해당 법원에 의견을 제출할 기회조차 가지지 못한 채 발생하기도 하며, 전시회 등에서 영업활동 중 갑작스런 법원명령으로 모든 활동을 접게 될 수도 있다.

 # 사례: 독일 IFA전시회 출품하려다 제품압류

A사는 2008년 독일 IFA(Internationale FunkAusstellung Berlin) 전시회에 제품을 출품했다가 해외 경쟁사의 지적재산권 침해 금지 신청으로 제품 일부를 압류당해야 했으며 2011년에는 세관에서부터 제품을 압류당해 박람회 부스를 모두 철거해야 했다. 이에 2013년부터는 전시회 출품 전 경쟁사의 특허를 모두 분석하고 현지 변호사를 통해 작성한 방어 서면을 법원과 세관에 미리 제출하는 등 철저하게 대응하기 시작했다. 독일 세관은 A사의 제품을 전수 조사하고 방어 사면과 일일이 대조한 후에야 제품을 압류하지 않기로 결정했다.

2014년 9월 5일 독일 베를린에서 열리는 유럽 최대 가전 전시회인 IFA를 앞두고 특허 분쟁 경계령이 떨어졌다. 독일 현지 기업들이 지적 재산권 침해를 이유로 유럽 시장 진출을 노리는 한국 가전 기업들에 대한 견제를 강화하고 있기 때문이다. 업계에 따르면 국내 가전 기업 중에는 특허 침해를 이유로 독일

59) 특허청(2014), 해외지식재산권 보호 가이드북 '독일' 편 중 일부를 발췌한 내용임

세관을 통과하지 못해 전시회 출품에 차질이 빚어지거나, 전시 출품 후 유럽 기업들로부터 특허 침해 소송을 당하는 사례가 심심찮게 발생하는 것으로 알려졌다.

한국전자정보통신산업진흥회(KEA) 특허지원센터 담당자는 "여타 지역과 달리 독일 전시회에서는 필립스 등 세계적 특허 기업, 시스벨(Sisvel), 테크니컬러(구 톰슨라이선싱) 등 다국적 지식재산 관련 기업이 전시장을 순회하며 특허, 상표, 디자인 등 침해 의심 제품을 찾기 위해 분주히 움직이고 있다"며 "현장에서 침해 경고장을 전달하는가 하면 미리 세관이나 법원에 신청해 전시물을 압류하기도 한다"고 전했다. 이들 다국적 기업들이 전시장을 활동 무대로 삼은 것은 침해 증거 수집이 쉽고 공개적으로 압박할 수 있기 때문이다.

최근에는 스마트폰 등 모바일 통신 기기가 강세를 보이면서 관련 신제품이 쏟아지고 있어 통신 관련 부품이나 기술에 대한 분쟁이 많이 발생할 것으로 전문가들은 예상하고 있다.

KEA는 지난 2013년 6월부터 IFA 전시회에 출품하는 한국 중소업체를 대상으로 출품제품이 유럽지역에 등록돼있는 특허·디자인 등 침해요소가 있는지 조사하고, 현장에서 발생할 수 있는 상황과 대처방법 등에 대해 안내하고 있다. 특허 침해 가능성이 있는 것으로 조사된 출품제품에 대해서는 사전에 문제가 발생하지 않도록 출품을 자제토록 컨설팅하고 있다.

출처: 디지털타임스 2014.08.26

독일의 '조기금지(Fast Injunction)'의 주요 내용을 살펴보면 다음과 같다.

첫째, 사안의 명확성과 긴급성: 권리침해 여부가 의심의 여지가 없을 때 지식재산권 침해품을 안 시점으로부터 4~6주 내에 청구가 가능하다.

둘째, 침해당한 기업은 '금지'만 청구가능: 손해배상 청구가 불가능한 '금지'만 청구할 수 있으며, 일종의 임시적인 금지명령(Interim Injunction)에 해당된다.

셋째, 법원 재량에 따른 진행과 명령: 독일 법원의 판단에 따라 침해기업의 의견을 듣지 않고 즉시 임시금지명령을 집행하는 경우와 구두심리(비침해, 무효) 등으로 반박할 기회를 주는 경우도 있다.

넷째, 집행: 전시회 등 현장에서 집행관과 원고에 의해 침해기업에게 송달되며, 짧게는 2~3시간 내에 전시회에서 철수시키는 경우가 대부분이다.

다섯째, 침해기업의 의무: 지식재산권 침해로 주장된 행위, 즉, 침해 제품이나 카탈로그 등을 제거해야 하며 집행관은 전시된 제품의 직접 압수가 가능하다.

여섯째, 불복 시: 이의신청이 가능하며, 이때 침해기업과 침해당한 기업이 모두 참여하는 구두심리를 통해 7일~2주 내에 판결되나, 대개 전시회는 종결된다.

이와 같이 독일에서는 전시회 가처분(Exhibition Injunction)이 비교적 널리 행해지고 있는데, 독일 코롱(Cologne)법원의 경우, 매년 1,000여 건의 사건 중 60~65%가 전시회 가처분 사건이며, 2006년 국제하드에어 전시회에서는 50건의 무더기 가처분 명령이 발행되기도 했다.

이렇게 전시회 가처분 명령이 떨어지면, 전시회에 참가한 지재권침해기업은 일단 무조건 명령을 이행해야 하며, 불복에 성공해도 전시는 종료되고 마는 등 전시회에 참가하는 업체에게는 매우 치명적인 조치에 해당됨을 유의해야 한다.

② **전시회 압류에 대한 법률상 대책**

독일 및 유럽시장에 진입하려는 기업은, 특허조사 등을 통해 침해를 구성할 가능성이 있는 경쟁회사 지재권을 알게 되는 경우, 침해를 부정할 충분한 근거가 있는지, 문제되는 지재권이 무효라고 주장할 만한 충분한 이유가 있는지를 검토해보아야 한다. 그러한 방어 주장 방안이 없는 경우, 독일시장에 해당 제품을 출시하지 않는 것이 바람직하다.

첫째, 사전적 조치로, 충분한 방어 논리가 있는 경우에는 구두심리 없이 금지와 중지를 명하는 즉각적인 법원의 명령의 위험을 피하기 위한 전략을 구상하여야 한다.

이때 방어서면(protective letter 또는 protective brief)을 전시회 참여전에 미리 작성하여 준비하는 것이 좋다. 방어서면에는 진술서, 무효청구 초안 등 모든 방어주장을 요약된 형태로 포함하는 것으로, '전시회 가처분'의 좋은 방어수단이 된다.

둘째, 사후대책으로써, 먼저, 가처분에 대한 다툼이 있어 가처분의 정당성에 대해 다투고자 하는 경우, 전시회 이후라도 법원에 항고할 수 있다. 이러한 항고가 있으면 법원은 양 당사자를 심문하여 가처분을 철회하거나 가처분 명령을 판단한다. 가처분에 대한 항고에 따른 법원의 판단에 대하여는 항소할 수 있는데, 항소심 판결에 의하여 종국적인 결론이 내려진다.

다음으로 가처분 조치를 수용하기로 했다면, 가처분 명령을 받은 당사자가 아무런 법률적 조치를 취하지 않는 경우, 가처분 명령 자체는 반드시 따라야 하지만, 후속되는 서명 요청 등에는 그 서류의 내용을 반드시 검토한 후 서명 등을 통해 합의해야 할 것이다.

마지막으로 압류상대 기업이 의도적으로 또는 권리 남용적 가처분에 대한 조치로 판단된다면, 상대방에 대하여 정당화되지 않는 침해주장으로 인한 손해배상을 청구할 수 있다.

다만 이때, 가처분에 대하여 불복함으로써 가처분이 정당하지 못하였음을 먼저 확인하거나, 가처분의 근거가 된 특허 등 권리를 무효화시키는 과정이 필요하게 된다. 이렇게 침해주장이 정당하지 않은 것으로 판정되면, 권리행사자의 과실이나 고의의 정도에 따라 손해배상이 이루어진다.

사례: 유럽 등 수출국에서의 특허분쟁

의료기기 업체인 A는 유럽, 미국 등 45개 이상의 국가에 수출하는 중소기업으로, 수출한 물품을 현지 대리점에서 판매 및 관리한다. 그러던 중 지난해 독일에서 자사 제품과 관련하여 원천 기술을 주장하는 이스라엘 경쟁업체와 특허침해 소송에 휘말리게 되어 소송 중에 있으며, 특허 소송으로 인한 기업 이미지 추락으로 현지 대리점에서 수입을 거부하는 상황이다.

국내 중소기업들이 이렇게 수출대상국가에서 특허분쟁 발생을 방지하기 위해서는 반드시 사전에 특허관련 선행기술 및 특허 조사를 실시하여 유사한 기술이나 특허가 있다면 이의 회피 설계를 통해 특허를 출원하는 등 적극적인 방법으로 권리를 확보해야 위와 같은 불리함을 극복할 수 있다.

출처: 특허청(2010), "해외지식재산권 보호가이드 북수출기업 지식재산권 체크포인트"

제7장

기술수출입 계약서 작성

1. 기술무역계약의 개념 및 법적 효력
2. 기술수출전략 및 기술수출입 계약서 작성요령
3. 기술서비스 및 라이선스 계약서 작성요령

제7장

기술수출입 계약서 작성

우리의 일상은 많은 계약들과 얽혀있다. 건물, 토지 등 부동산 계약에서 부터 고용 관련 계약 등 사적 계약뿐 만 아니라, 국가나 지방자치단체를 당사자로 하는 공적 계약도 있다. 여기에 우리나라에서 시행중인 4대 보험(건강, 고용, 산재 및 국민연금)은 사회적 계약에 해당된다. 우리는 이렇게 경제주체(국가·국민·기업) 간 다양한 계약관계 속에 살고 있는 것이다.

이를 국가 간 상거래로 살펴보면, 정부나 국가 주도의 국영 또는 공적무역 계약이 있고 기업이나 개인 간 사적 무역계약이 있다. 최근 우리나라에 수입되는 다양한 코로나 19 백신의 경우, 정부 주도하에 수입계약이 체결되면서 이러한 공적무역계약에 의해 국민이 백신접종을 받고 있는 것이다. 무역은 서로 다른 국가 간 유·무형재의 상거래를 이르는 것으로 우리나라는 무역과 관련한 다양한 법규들이 시행되고 있다. 우리나라의 글로벌 통상과 관련하여 가장 기본이 되는 법규로는 대외무역법이 있다. 우리나라의 무역거래를 전반적으로 조정하기 위해 1986년 제정되어 1987년 7월부터 시행되고 있다.

이외에 무역과 관련된 법규로는, 관세법, 외국환 거래법, 무역보험법, 전자무역촉진에 관한 법률, 불공정 무역행위조사 및 산업피해구제에 관한 법률 등이 있다.

그러나 시행중인 많은 무역관계법들이 대부분 유형의 상품 무역에 초점을 맞추고 있다보니, 4차 산업혁명기를 맞이하여 무형의 기술 및 서비스 등 기술무역이 확산되고 있는 요즘 추세를 반영하고 있지 못하고 있는 실정이다.

따라서 본 장에서는 기술재 및 서비스 등 무형재의 수출입, 즉 기술수출과 기술수입 계약에 대해 알아보도록 한다.

1. 기술무역계약의 개념 및 법적 효력

1) 개념

무역계약은 무역의 대상이 되는 일반적 상품과 같은 유체물 뿐만 아니라, 영업비밀, 특허 등 지식재산권, 기술을 가진 사람에게 체화되어 있는 서비스 등 무체물도 포함한다. 무역계약은 유·무형재의 국제적 거래를 이행하기 위해 계약의 양 당사자인 매도인(seller)과 매수인(buyer)이 각각의 의무와 거래조건을 약정하는 것을 말한다. 무역계약에 의한 법적 구속력이 성립하면, 매도인은 유·무형재의 계약을 이행해야 하고, 매수인은 그에 상응하는 대금을 지불해야 하는 의무가 생긴다.

이러한 무역계약은 매도인과 매수인간 상호 의도하는 바를 법률적으로 명확히 함으로써, 쌍방이 합의한 내용은 완전하게 이행해야 한다는 인식과, 책임을 지는 자세로 신중하게 진행해야 한다. 더욱이 유형의 상품무역계약과는 달리 기술수출입 계약은, 다양한 기술적 요인들을 적시해야 하기 때문에, 보다 복잡하고, 따라서 치밀해야 한다.

즉, 기술이나 특허 등 지식재산권의 국제적 라이선싱(in & out), 발명 및 노하우 등의 국제 거래, 엔지니어링, 연구개발 및 기술인력의 기술서비스(용역)에 의한 국제적 제공 등의 계약서 작성은, 보다 복잡하기 때문에 이를 명확하게 표현하고 합의한 내용을 포함하기 위해 많은 시간과 노력이 필요하다. 경우에 따라서는 기술수출입 계약서를 작성해 본 경험이 있는 전문가(국제 변호사, 변리사 등)의 도움을 받아 작성하는 것이 보다 유리한 경우도 많다.

대부분의 무역계약과 마찬가지로 기술무역 계약 역시 일방의 청약(offer)과 상대방의 승낙(acceptance)에 의해 이루어진다.

청약(offer)은 주로 비즈니스의 초기 단계에서 거래제의에 해당하는 단계로,

① 구매자(또는 매수인;buyer)가 기술, 영업비밀 및 지식재산권, 기술서비스 등을 공급할 수 있는 상대방을 발굴하여 거래제의 하는 경우
② 판매자(또는 매도인; seller)가 사용자(또는 구매자)를 발굴하여 거래제의 하는 경우
③ 제3자 중개인을 통해 쌍방간 거래 성사가 이루어지도록 하는 거래
④ 해외 전시회(박람회 등)에 참가하거나 인터넷을 이용하여 거래상대방을 발굴, 거래

제의 하는 경우 등이 있다.

이러한 청약에 대해 거래당사자들은 각각 필요한 거래조건을 조율하고 협의하게 되며 이후 상대방의 청약(offer)에 동의가 되면 승낙(acceptance)하게 된다.

특히, 기술의 수출입의 경우에는, 승낙에 이르기까지 서로의 입장 차이가 큰 경우가 많다. 무형의 기술재화이다 보니, 거래 당사자간 기술의 공개 및 설정범위, 비밀유지 조건, 최초 수입한 기술이후 개발기술 발생시 수익 및 소유권, 계약 기술을 활용하여 제품화 성공여부 및 수입한 기술이 적용된 상품의 시장출시이후 판매에 대한 로열티 산정 등 고려해야 하는 사항이 다양하고 많은게 사실이다. 때에 따라서는 본 계약서 외에 추가로 합의하는 내용을 부속서(annex)에 담으면서, 부속서(annex)분량이 수백장에 이르기도 한다는 기업들의 전언도 있는 실정이다.

2) 법적 성격

일반적으로 계약의 효력은 합의된 계약서가 관련 법률에 의해 적법해야하고 합법적으로 확정될수 있어야 한다. 계약이 효력을 발생한다는 의미는, 법률에 의해 강제적인 집행이 가능하다는 의미를 가진다. 즉, 계약이 합의, 서명된 이후에는 신의에 의거하여 쌍방이 계약의 내용을 충실하게 이행해야 하는 책임과 의무를 가지게 되고, 효력이 발생되면 법률에 의한 책임과 의무를 가지게 되는 것이다.

유・무형 재화의 무역계약은 첫째, 거래당사자 일방의 청약(offer)과 상대방의 승낙(acceptance)을 통해 거래 양당사자간 합의에 도달함으로써 성립된다. 둘째, 거래당사자간 합의가 가장 중요하기 때문에, 무역계약은 계약자유의 원칙이 적용된다. 셋째, 무역계약은 거래당사자간(쌍무적으로) 유・무형재를 사고파는, 즉 대가적 의미를 가지는 채무를 부담하는 계약을 뜻하기 때문에, 이를 유상계약이라 한다.

국제적 상거래인 무역거래는 계약의 종류에 따라 승인 절차나 방법이 상이하기 때문에, 계약의 발효 시기가 달라질 수 있다. 특히, 기술무역 계약시에는 고려해야 하는 요인이 더 많으므로, 거래당사자간 효력 발생을 위한 내용과 필요기간을 충분하게 검토한 후 합의, 서명할 필요가 있다.

2. 기술수출전략 및 기술수출입 계약서 작성요령

1) 기술수출의 특징 및 전략

눈에 보이는 유형의 상품은 국내외 통상환경의 변화를 그대로 원가에 반영하게 되므로, 글로벌 시장의 수급문제는 곧 수출장애로 이어지게 된다. 또한 FTA가 확산되고 있으나, 관세 및 비관세 조치들은 여전히 무역장벽이 되고 있으며, 일반적으로 단발성의 거래이다.

반면, 기술수출은 다음과 같은 특징 및 전략적 장점이 있다.

첫째, 보유한 기술이나 연구개발 결과의 지식재산권화를 통해 기술을 매개로 한 해외진출이 가능하다. 기술수출에는 관세가 없고, 고부가가치의 기술 및 지식재산권이 탑재된 첨단기술재도 관세가 없으므로, 수출에 따른 무역장벽이 없다. 이러한 지식재산권의 라이선스 아웃(license out)을 통해 기술개발비용의 조기 회수가 가능하다.

둘째, 글로벌 기술수명주기상 국내에서 경쟁력을 상실한 기술이나 노후설비 등을 기술열위 국가로 수출(기술이전)함으로써 기술우위 효과를 극대화 할수 있다.

셋째, 기술뿐만 아니라, 보유 기술이 탑재된 부품이나 중간재등의 동반수출로 이어지기도 한다. 또한 기술적 우위가 있다면 장기간 거래로 확장될 가능성도 높다.

넷째, 기술수출 대상국내 지식재산권의 출원, 경쟁기술 보유 기업에 대한 사전적 탐색, 기술유출 방지 차원의 메뉴얼 수립 등 치밀한 계획이 선행된다면 리스크가 비교적 적다.

2015년 한국 산업기술진흥협회에서는 3년간 기술무역의 실적이 있는 3만 8백여 개기업(830개 기업과 기술무역 전담부서 보유기업 및 기업부설연구소 약 3만 개사)을 대상으로 기술무역에 대한 실태조사를 실시했다. 이의 조사결과는 우리에게 많은 시사점을 주고 있다.

실태조사 결과, 기술수출의 경우, 조사대상 절반에 가까운 기업들이 해외 기술구매자 발굴, 즉 해외 기술의 판로에 대한 정보 부족에 큰 어려움을 겪고 있다고 응답하고 있다. 상품무역과 기술무역은 프로세스가 서로 다른데 비해, 이에 대한 기술무역 교육이 전무하다보니 기술무역 전문인력의 양성이 매우 필요하다고 지적하고 있다.

또한 기술수입 기업의 경우, 해외 거래 대상기관에 대한 정보부족을 가장 큰 애로사항으로 꼽고 있으며, 수입할 기술의 가치를 평가 할 전문가와 전문기관이 매우 부족하다고 응답했다. 더불어 기술수출과 기술수입 모든 기업이 가장 강조하고 있는 사항은, 기술무역에 대한 교육이었다.

| 기술무역 관련 기업(약 3만8백 여개) 대상 설문조사 결과(2015) |

구 분	기술수출기업	기술수입기업
기술무역 초기단계 애로사항	▪해외 기술구매자에 대한 탐색·발굴의 어려움 : 42.9%	▪수입(거래)기술에 대한 가치평가 : 25%
기술무역 추진단계 애로사항	▪기술무역 담당할 전문 인력 부족 : 38%	▪해외 거래대상 기관에 대한 정보부족 : 28.6%
기술무역 교육의 필요성	▪기술무역 전문교육의 필요성 : 전체 80.4%가 필요하다고 응답하고 있음	

자료: 미래창조과학부·한국산업기술진흥협회(2015)[1]

이제 본장에서는 위 실태조사에서 기술무역기업들이 공통적으로 요구하고 있는 것처럼 '기술무역에 대한 교육'에서 가장 핵심이 되며, 또한 상품무역과는 많은 차이가 있는 기술무역 계약서 작성에 대해 살펴보기로 한다[60].

2) 기술수출 계약서 작성요령

기술수출 계약서를 작성할 때에는, 기술수출국에 대한 상업적 특성과 문화, 기업 특유의 문제점 등을 사전에 미리 파악하고, 이를 제거한 후 계약서를 작성하는 것이 바람직하다. 다음은 기술수출 계약서의 기본 내용과 유의사항이다.

이와 같은 기술수출은, 기술자체를 수출할 때 주로 적용되는 기술수출계약서에 해당되며, 기술정보나 기술서비스를 제외한 기술수출은 많은 경우, 특허권에 대한 라이선스 형태가 주를 이루고 있다.

60) 기술무역 계약서에 관련해서는 특허청과 한국지식재산보호협회가 발간한 '해외지식재산권 보호 가이드북-수출기업 지식재산권 체크 포인트편'에 삽입된 내용을 중심으로 다루기로 한다. 또한 자세한 사항은 '해외지식재산권 보호 가이드북'을 참조하길 바란다.

▌기술수출 계약의 주요 약정사항▌[2]

항 목	주 요 내 용	기술수출계약 체크사항
1. 계약당사자 (Parties)	▪당사자명, 주소, 국적	- 제휴선 체크리스트를 작성, 철저한 업체조사
2. 정의 (Definitions)	▪계약서상 용어 및 표현	- 계약서에 기재된 용어 및 표현에 대한 정의 - 계약 기술, 계약당사자 명시
2. 실시권 허여 (Grant of License)	▪실시권의 대상 ▪실시권의 종류 ▪실시권의 지역	- 제조, 판매, 사용 처분권 허여 - 재실시권/양도 가능성 여부 검토 (다만, 독점권허여는 신중히 검토) - 수출제한지역 확보(부메랑 효과 등 고려)
3. 기술정보제공 및 기술지원 (Technical Assistance & Service)	▪계약제품 관련 기술정보 제공내역	- 제공기술 범위, 수준조사 - 기술제공 시기, 방법 - 필요시 Grant-Back조항 규정 (Licensee는 그가 개발한 개량정보를 무상으로 Licensor에게 제공함) - 기술자파견(파견기술자 위한 보험가입 등) - 필요시 설비/부품 판매규정 명시
4. 보상 (Payment)	▪선급금 ▪도면료 ▪기타 (기술자 초청비 등)	- 기술수준이나 유사한 기술대가와의 비교 검토 - 기술대가 확보 위한 극대화 원칙 - 초기투자 경감 위한 극소화 원칙 - 영수방법, 시기, 사용화폐 구정 (필요시 연체이자율 규정) - 공제항목 최소화 (필요하다면 Unit Base 산출) - ROYALTY 적정 수준확보 로열티 영수 방법, 시기, 사용화폐규정 (필요시 연체이자율 규정, 가능한 한 Minimum Royalty 확보) - 영수시기, 산출기준, 사용화폐, 규정 (기술자 초청의 경우 휴일/초과 근무 시의 할증요율 및 임금 인상률 반영)
5. 보증 (Warranty)	▪성능, 품질보증	- 가능한 한 "AS-IS" Base 로 규정 - 제공자의 면책사유(수입자의 고의, 과실, 불가항력)를 최대한 규정 - 필요시 보증 책임의 상한선을 금액 Base로 규정하거나 보험 가입으로 면책케 되는 방안 제시 - 어느 경우이든 "direct actual damage" 에 보증 책임을 한정
6. 특허침해에 대한 보증 (Patent	▪제공자의 특허 보증	- 원천 특허가 없을 경우, 특허보증 배제규정 명시 - 필요시 보증책임의 상한선을 금액 Base로 한정하거나, 또는 보험으로 대치함

Infringement)		- 어느 경우이든 "direct actual damage" 에 보증 책임을 한정
7. 조세 공과금 (Tax)	■ 조세공과금의 내역 및 부담 책임자	- 수입자 부담(필요 시 조세 예상액만큼 대가 상향조정)
8. 중재 (Arbitration) 또는 소송 택일	■ 중재규칙, 중재지 ■ 소송 관할 국가	- 중재장소 명시 - 직소금지 등 중재규칙 합의 - 소송으로 해결시 소송 관할 국가 명시
9. 기간·해약	■ 계약 기간 ■ 해지 사유 ■ 해지의 효과	- 가능한 한 유효일(정부신고 수리일) 이후 5년 이내 - 가능한 한 제공자의 Initiative 확보 - 필요 시 제공자의 고의, 과실이 없는 한 기술자료 반환 규정
10. 부록	■ 계약 기술 및 기술 문서 목록	- 본 계약에 언급된 기술자료를 부록으로 첨부

자료: LG전자 표준 기술계약서

3) 기술수입 계약서 작성요령

국내기업들의 기술수입(4,744개 기업이 30,526건 수입, 2020년)이 매우 활발한 요즘, 어떤 기술이 기업 여건에 알맞은 적정 기술인가 하는 평가 기준은, 국가 또는 수입기업마다 다소 차이가 있다.[61] 수입하는 기술의 적정성을 판단하기 위해서는, 기본적으로 다음과 같은 측면을 고려하여야 한다.

❙ 기술수입의 적정성 고려사항 ❙

■ 상업적으로 활용되는 기술인지 여부	■ 생산제품에 대한 잠재적 시장
■ 후속기술개발로 이어질 수 있는지 여부	■ 기술이전의 경험
■ 수익성	■ 기술이전 목적
■ 원·부자재의 유용성	■ 이전된 기술의 활용상태
■ 특허침해 여부	■ 기술협력선
■ 공해 유발 여부	■ 기타 기술수입 조건 등

61) '기술무역통계보고서(한국산업기술진흥협회)'에 의하면, 2019년 기술수입업체수는 4,014개, 건수는 32,022건 이었다. 이에 비해 2020년 업체수는 전년대비 730개 기업이 증가한 반면, 건수는 약 1,500건이 줄어들었다.

다음은 기술수입 계약서 작성 시 주요 항목 및 내용, 그리고 각각의 체크사항이다.

▌기술수입계약서 작성 시 주요 Check List▐

항 목	주 요 내 용	기술수입계약 체크포인트
1. 계약당사자 (Parties)	■ 당사자명, 주소, 국적	- 제휴선 체크리스트를 작성, 철저한 업체 조사
2. 실시권 허여 (Grant of License)	■ 실시권의 대상 ■ 실시권의 종류 ■ 실시권의 지역	- 제조, 판매, 사용, 처분권 확보 - 독점권/재실시권/양도 가능성여부 검토 - 수출 제한 여부
3. 기술정보 제공 및 기술지원 (Technical Assistance & Service)	■ 계약제품 관련 기술 정보 제공내역	- 수입기술범위, 수준조사 - 기술수입시기, 방법(지연책임보상규정) - 개량 기술 수입 방안 - 기술자 초청/파견
4. 보상 (Payment)	■ 선급금 ■ 도면료 ■ 기타(기술자 초청비 등)	- 기술수준 및 유사한 기술대가와의 비교 검토 - 초기투자 경감위한 극소화 원칙 - 지급방법, 시기, 사용화폐 규정 - 공제항목 최대한 반영 - Royalty 지급율 인하 (가능한 NSP의 5% 이내 원칙) - 지급방법, 시기, 사용화폐규정 - Proposal - 지급시기, 산출기준, 사용화폐, 규정
5. 보증 (Warranty)	■ 성능, 품질보증	- 제공된 기술이 합의되었던 Specification 및 제공자가 현재 사용하는 수준에 일치함을 명시 - 가능한 한 보증의 범위를 확대하되, 최소한 "변호사 비용을 포함하여 수입자에게 직접 실질적으로 발생한 손해액"을 보상하도록 규정
6. 특허침해에 대한 보증 (Patent Infringement)	■ 제공자의 특허 보증	- 제3자의 Claim은 제공자가 책임 방어함을 규정(특허보장 지역제한, 기타의 제한 유무 조사) - 제3자 특허 저촉시의 대안 (실시권 획득 또는 대체품 개발제공 의무규정)
7. 조세 공과금 (Tax)	■ 조세공과금의 내역 및 부담 책임자	- 제공자 부담

8. 중재 (Arbitration)	▪중재규칙, 중재지	- 한일, 한미 상사중재 규칙 등 상사중재 규칙 - 중재지(가능한 한 서울) - 법제 부서 또는 전문가와 협의 요함
9. 기간·해약	▪계약 기간 ▪해지 사유 ▪해지의 효과	- 가능한 한 유효일(정부신고 수리일)이후 5년 이내 - 연장계약의 경우 원칙적으로 3년 이내 가능한 한 상호 평등한 조건 부여 - 수입자의 고의, 과실이 없는 한 기술 지식의 계속 사용권 확보(특히, 계약만료 시의 계속 사용권)

자료: LG전자 표준계약서집

4) 상표권 계약서 작성요령

다음은 상표권 계약서 작성 시 주요 항목 및 내용, 그리고 각각의 체크사항이다.

▌상표권 사용 계약 주요 Check List ▌

조항	내용요약	검토사항
서 문	1) 계약일	계약서 작성일 - 계약서 내에 유효일이나 계약기간의 규정이 있을 경우와 서명일자를 발효일로 하는 규정이 있을 경우는 서로 일치하지 않아 충돌·모순이 생기는 경우가 발생. - 통상적으로 계약기간의 개시시점이 됨.
	2) 당사자 - 상호 - 주소 - 회사형태 (개인, 기업, 조합 등) - 설립준거법	- 제휴선 체크리스트를 작성하여 철저한 업체조사가 필요함. - 법인격을 표시하는 표현방법이 국가/주에 따라서 상이(영미법계의 경우 Company가 반드시 주식회사를 의미하지는 않음)하므로 해당국법에 대해 조사할 필요성이 있음(회사 등기부 등본의 사전열람 등). - 개인인 경우 필히 개인명/상호 명시. - 법인인 경우 설립준거법을 명시하는 것은 계약체결능력, 당사자의 법적지위, 소송 시 당사자적격 등을 명확히 하기 위함. - Full Name 및 정확한 주소 명기는 계약 당사자의 동일성을 명확히 하기 위함.

	3) 설명조항 (Recital; Where as Clause) - 계약체결의 배경이나 목적 등	- 일반적으로 설명조항에 규정된 사항은 계약의 내용을 구성하지 않음. 따라서 중요한 내용은 반드시 계약 본문에 규정할 필요 있음.
제1조	상표권자가 사용자에게 상표 부착된 상품을 제조 판매할 독점권 부여 - 기간: 제5조	
제2조	상표의 전용 사용권을 특허청에 등록	
제3조	사용자의 보장 a) 상품품질기준 충족/상표사용방법은 계약조건에 따름 b) 상품샘플제공 및 검사, 실험	
제4조	사용료: 년 미화불 ----/익년 1월말까지 지급	
제5조	a) 사용기간: b) 사용자의 계약불이행 및 불이행 통고 후 60일 내 미교정 시 상표권자의 계약해지권	
제6조	사용자의 사용권 소멸 시 a) 상표권자의 사용권 등록 취소권 b) 사용자는 상표를 상품에 사용하는 것 중지	
제7조	적용법: 한국법	- 적용법과 중재지 국가의 일치 여부에 따라 한국법을 따르는 것이 유리하나, 실제 네고과정에서는 제3국법을 따르는 차선책이 불(不)가피할 수 있음
제8조	중재: 대한상사 중재원 등	- 피고소재지 중재 또는 제3국 중재를 택할 수도 있음.
첨부	첨부. 상표 내역 등	- 계약서에 미처 쓰지 못한 내용을 첨부자료에 상세히 표현

자료: 트레이드나비(TradeNAVI), 국제계약서식 참조

사례: 계약서 작성의 미흡으로 기술유출

중국에 제품을 수출하던 B 기업은 위탁생산 방식으로 전환키로 하고 현지 업체와 기술라이선스를 체결했지만 계약체결 과정에서 기술제공 범위를 불명확하게 규정하는 바람에 기술이 유출되는 것을 지켜볼 수밖에 없었다.

※ '중국서 특허권 피해급증. 특허청, 기업지식재산전략강화' 기사中 일부, 파이낸셜뉴스, 2009년

3. 기술서비스 및 라이선스 계약서 작성요령

1) 기술서비스 계약서 작성요령[3]

한국의 경제성장과 함께 많은 중소기업들이 해외로 진출했다. 위탁생산이나 합작투자 등의 다양한 형태로 진출하면서, 제품의 제조에 필요한 직접적인 설비같은 하드웨어 차원의 비용에 주로 집중했다. 그러다보니 보다 중요한 기술자료와 같은 기술정보나 기술인력이 제공하는 기술서비스에 대한 가치평가가 미흡했고, 이의 수익산정을 간과해 왔다.

반면, 글로벌 기업들은 해외 생산공장으로 부터 철저하게 기술 및 기술서비스와 관련된 모든 비용을 청구한다.

따라서 국내 중소기업들도 해외 진출 시 고부가가치에 해당되는 기술정보나 기술서비스 제공시, 이를 수익으로 산정할 수 있다는 인식의 전환이 매우 시급하다.

❙기술정보 제공 조항 작성 방법❙

항목	내용
기술 범위	▪ 제공할 기술의 범위를 정함
기술제공	▪ 기술제공 방법과 장소를
방법· 장소	▪ 기술지도 및 교육 자료 제공 ▪ 현지 파견지도 또는 국내에서 지도
기간· 인원	▪ 시기와 기간을 명확히 규정함 - 시, 일, 월의 단위로 기간을 정함 - 파견횟수, 기간 등 일정한 한계를 두는 것이 갑에게 유리 ▪ 기술지도를 담당하는 인원을 정함
기술자의 조건	▪ 기술의 정확한 습득을 위하여 훈련받을 기술자의 자격요건을 규정해 두는 것을 권장함 ▪ 기술에 대한 사전 교육을 제공할 수 있음 - 교육에 따른 비용, 보수, 설비 등 부담에 대한 내용 규정
비용	▪ 합의사항이나 라이선서 측이 부담하도록 하는 것이 유리함 - 숙박, 항공편, 통역 등의 제반사항에 대해 상세하게 규정하고 서면으로 확정해야 추후 문제의 소지가 없음 ▪ 기간 외의 시간에 발생하는 지도에 대한 비용을 규정함 - 특히 훈련비는 일당기준으로 정해 두어야 라이선서로서 최소한 실비변상이 가능하고 을의 지나친 훈련요구를 방지할 수 있음

기타	■ 안전조치, 법규준수, 작업자 보호구 제공 등 세세한 부분까지 유의하면서 계약서 작성이 필요함 - 파견 기술자를 위한 보험가입 등도 필요에 따라 요구

▎기술서비스 (엔지니어링 서비스) 계약 시 체크 사항▐

조항	내용요약	체크사항
서 문	1) 계약일	계약서 작성일 ■ 계약서 내에 유효일이나 계약기간의 규정이 있을 경우와 서명일자를 발효일로 하는 규정이 있을 경우는 서로 일치하지 않아 충돌·모순이 생기는 경우가 발생함. ■ 통상적으로 계약기간의 개시시점이 됨.
	2) 당사자 - 상호 - 주소 - 회사형태 (개인, 기업, 조합 등) - 설립준거법	■ 제휴선 체크리스트를 작성하여 철저한 업체조사가 필요함. ■ 법인격을 표시하는 표현방법이 국가/주에 따라서 상이(영미법계의 경우 Company가 반드시 주식회사를 의미하지는 않음)하므로 해당국법에 대해 조사할 필요성이 있음(회사 등기부 등본의 사전열람 등). ■ 개인인 경우 필히 개인명/상호 명시. ■ 법인인 경우 설립준거법을 명시하는 것은 계약체결능력, 당사자의 법적 지위, 소송 시 당사자적격 등을 명확히 하기 위함. ■ Full Name 및 정확한 주소 명기는 계약 당사자의 동일성을 명확히 하기 위함.
	3) 설명조항(Recital; Whereas Clause) - 계약체결의 배경이나 목적 등	■ 일반적으로 설명조항에 규정된 사항은 계약의 내용을 구성하지 않음. 따라서 중요한 내용은 반드시 계약 본문에 규정할 필요 있음.
	4) 약인(Consideration Clause) → "Now, therefore, in consideration of …"	■ 형식적 문구로 영미법상 계약의 강제 집행 청구 시 필요하나 현재는 전통적인 의미만 존재함.
제1조	프로젝트 파이낸싱	
제2조 의무 일반	1) 프로젝트의 개요	

제3조 조건	1) 보험 2) 프로젝트 일정 3) 계획 및 명세 4) 적용법 5) 표준 6) 계약해지 - 소유자의 계약해지 - 용역제공자의 계약해지 7) 엔지니어링 서류의 소유권 8) 종업원의 자격 9) 라이선스(엔지니어의 자격증) 10) 작업 종업원 급여 지급이 용역료 지급의 전제조건 11) 제공자의 장부 등 조사 12) 용역료 - 작업시간 및 실소요비용 - 용역료 한도 13) 세금: 소유자 부담 - 세후금액임 14) 이자: 지급지연 시 ---% - 지연이자 개시시점: 만기 후 --- 15) 양도금지 16) 엔지니어링 용역의 추가와 용역료 조정 17) 청구서 발행 및 지급시기 18) 부실용역으로 인한 교정 시 - 추가 지급 없음	▪ 적용법과 중재지 국가의 일치 여부: 한국법을 따르는 것이 유리하나, 실제 네고과정에서는 제3국법을 따르는 차선책이 불(不)가피할 수 있음 ▪ 해지사유, 해지방법(통지기간), 해지효과, 손해배상 등 명시
	19) 면책 20) 책임제한: 소유자의 일실이익, 투자손실, 결과손해배상 없음 21) 불가항력 22) 중재 23) 종업원 고용유인 금지: 계약 후 1년	▪ 피고소재지 중재 또는 제3국 중재를 택할 수도 있음

자료: 트레이드나비(TradeNAVI), 국제계약서식 참조

2) 라이선스 계약서 작성요령

라이선스 계약서는 당사자 간의 관계를 설정하고 규범을 제공하는 역할을 하므로, 거래관계에 관한 주요 내용들이 계약서에 모두 포함되도록 해야 한다. 중요한 부분의 누락을 방지하기 위해 포함되어야 하는 항목들을 체크리스트로 작성하여, 계약서에 각각 포

함되어 있는지를 확인하는 것이 필요하다.

▌라이선스 계약서 작성 시 주요내용 및 체크사항[4] ▌

항 목	주요 내용	체크 사항
1. 제목 당사자표시	▪대표성 있는 제목 ▪당사자 기업명, 주소	- 구체적 권리와 의무 적용될 당 사자 확정 중요 - 개인의 경우, 여권번호 등
2. 전문 (where as)	▪당사자의 입장, 위치, 계약이행능력 표시, 라이선스 관계	- 전문의 기재·작성은 사실에 기초하여 간단명료하게
3. 실시권 허여조항	▪기술·노하우·특허권 등 사용권·실시권 부여 규정 ▪실시권 허여 계약기간, 일정조건제한	- 재실시권(sub-license)/독점적 실시권(exclusive license) 등에 대한 명시적 규정 표시
4. 기술정보	▪기술지원 및 기술서비스: 범위, 장소, 인원, 비용	- 제공할 기술 범위, 기술수준 - 기술제공 방법, 장소 - 정확한 기간(파견횟수) 및 담당 인원 규정 - 기술자의 조건 - 비용(파견 기술자의 숙박, 항공, 통역 등) 서면으로 확정 - 안전조치, 파견기술자의 보험가입 등
5. 보상 및 지급	▪로열티(정액 또는 경상로열티), 선급금, 경상기술료, 기술지원료 등	- 라이선서 실시권 허여에 대한 대가로 로열티 금액, 지불방법, 연체 시 이자율, 시기, 사용화폐 등
6. 기록, 보고 및 감사	▪생산, 판매에 대한 기록, 보관, 라이선서에게 보고 및 감사	- 라이선스 제품의 생산량, 판매량 등 기록 및 보관 - 라이선서의 감사 및 감사인의 비밀유지조항 등 별도규정 가능
7. 상표 및 상호에 대한 라이선스	▪상표 및 상호 부착할 수 있는 비독점 라이선스의 허여	- 라이선서는 특허와 같이 상표도 라이선서 국가에 등록해야 함 - 계약 종료후 상표사용 주의
8. 개량기술 조항	▪개량발명 또는 기술에 대한 권리 규정	- 개량기술의 범위, 개시방법, 시기 보고 - 개량기술의 귀속과 이용에 대한 규정 합의 - 개량기술에 대한 각국의 독점금지법상 규제 확인해야 함

9. 보증조항	▪계약 기술에 대한 보증	- 라이선서의 기술 및 성능(품질), 제공기술정보의 적정성에 대한 보증 - 라이선서는 변경 및 삭제금지 보증, 제조물 책임보증 등 - 비침해 보증은 피해야 함 - 보증범위, 기간합의
10. 비밀유지 조항	▪비밀유지, 손해배상액 등	- 비밀유지 내용, 관리, 기간 등에 대한 합의, 비밀 유출시 손해배상액 등 - 계약종료 후에도 비밀유지 합의 - 기술지도, 노하우 등 구체적 규정 - 협상단계에서 비밀유지계약 (NDA: Non Disclosure Agreement) 합의
11. 최혜대우 조항	▪후행라이선스 조건과 비교, 우호적 조건 보장	- 다수의 라이선스 계약 시 선행 라이선스가 후행 라이선스보다 불리한 조건일 때, 우호적인 혜택으로 대우할 것을 합의 (Most Favored Clause)
12. 분쟁해결 조항	▪중재 또는 조정 및 소송 등	- 당사자 간 합의에 의한 중재는 구속력과 확정적 판정절차임 - 재판관할 합의
13. 기타 일반 조항	▪계약기간 및 종료 ▪해지의 효과 ▪기술정보의 사용중단 및 반환 ▪세금내역 및 세금납부책임자 ▪준거법 ▪불가항력 ▪Appendix(부록)	- 계약기간 만료 시 자료회수조항 필수 - 갱신합의(자동, 협의, 일반갱신) - 특허, 영업비밀 등 복합라이선스의 경우 기간한정 확정필수 - 기술료 등 세금은 납부자합의 - 원천징수시 납세증명서 제출 - 준거법은 채권관계만 적용됨 - 부록에는 추가적인 제품, 정보, 기술료 등에 대한 상세한 계약서류를 별도로 작성하는 것이 바람직함
14. 말미 및 서명	▪서명한 계약서	- 계약 당사자 간 각국의 언어로 작성한 것과 영문으로 작성한 것 등 각 1통씩, 총 2통씩 보관

자료: ip-navi

(1) 라이선스 계약 시 주의 사항[5]

① 계약대상 특허관리

i. 대상 특허를 정기적으로 점검, 최신의 계약대상 특허목록을 작성하여 상호 확인할 수 있어야 한다. 특히 계약기간 중에 개량특허도 라이선스 대상에 포함할 수 있는 경우에는, 그 개량에 대한 특허출원을 파악하여 특허목록에 추가할 수 있어야 한다.

ii. 라이선스를 취득하는 경우, 정기적으로 라이선서에게 특허목록을 업데이트하여야 한다. 이는 제3자가 계약대상 특허에 대해 이의신청이나 무효심판을 제기할 수 있기 때문이다.

iii. 계약대상특허를 둘러싼 제3자와의 특허분쟁을 주시하며, 중요특허의 경우 출원경과 일체를 입수하여 특허에 무효원인이 있는지 점검하여야 한다. 무효특허는 특허목록에서 제외할 수 있도록 요구하여 로열티 지불을 줄일 수 있도록 한다.

② 계약 종료시 대처

계약종료 즈음 허락된 대상특허가 각국에서 점차 소멸되기 시작한다. 예를 들어, 의약품 라이선스의 경우, 대상특허도 화합물의 기본특허를 시작으로, 제법특허, 중간체특허, 제제특허, 용도특허 등 여러 종류의 특허가 패키지로 라이선싱된다.

i. 점차 특허가 소멸되는 경우에, 잔존하는 특허권에 따른 제품을 특정하여 어떠한 용도, 제품이 로열티 지불대상인가 확정하는 게 필요하다.

ii. 또한 계약종료 시점에 이미 제조한 최종 포장품의 재고품과 이제 제조를 시작한 반제품의 재고 및 계약종료 후에 판매한 분에 대해서도, 로열티의 지불의무가 있는지 확실히 해두어야 한다.

iii. 계약종료 후에 개시된 기술정보를 반환할 필요가 있는지, 아니면 미리 지불된 라이선스(Paid-up License)에 의해 계속적으로 로열티의 지불 없이 사용가능한지를 점검하여야 한다. 계약종료 후의 노하우의 미리 지불된 라이선스가 명기되어 있다면 문제가 없다.

iv. 또한 계약종료 후의 비밀유지의무 및 제조물책임의 부인조항 등의 잔존효력도 잘 검토하여야 한다.

(2) 라이선싱 계약에 대한 분쟁해결책

국제간의 거래에 있어서는 언어, 습관, 관념이 다르고 당초 생각지도 않았던 사건이 일어나거나, 관념의 차이가 나서 분쟁에 직면할 수도 있다. 분쟁의 대표적인 해결 방법으로는 중재와 소송을 들 수 있다.

① 소송

라이선서가 침해당하였을 때 취할 수 있는 구제책으로는, 침해행위에 대해 어떠한 조치도 취하지 아니한 것(이하 '방임')부터 침해근절을 위해 전력을 다하는 전략에 이르기까지 아주 다양하다. 의도적으로 침해행위를 알면서도 아무런 조치를 취하지 않으면, 결국 침해 혐의자가 특허를 실시할 수 있는 권리를 획득하도록 내버려두는 꼴이 될 수도 있지만, 침해 혐의자를 최후의 순간까지 기다리는 전략이 기술보유자에게 큰 이점이 되기도 한다.

예를 들어, 침해행위가 제품개발단계에서 이루어질 때 고소를 당하면, 침해자는 그 제품을 일부 수정하여 침해 회피를 시도할 수 있지만, 이미 대량생산이나 판매가 이루어질 때에 침해로 고소당하면, 결국은 분쟁해결협상에 응하지 않을 수 없게 된다. 선행기술조사 및 침해제품과 특허청구범위와의 치밀한 비교설명은 특허권자로 하여금 특허의 타당성을 아주 효과적으로 설득할 수 있게 해주어, 결국은 침해자가 라이선싱에 동의하지 않을 수 없게 한다.

② 중재(Arbitration)

소송을 제기해도 판사나 배심원(미국의 경우)이, 반드시 기업간 거래 사정에 밝다고 말할 수 없고 판결 결과가 읽기 어려운 경우도 있다. 그러나 국제상사중개기관의 경우, 중재인으로 전문가를 선임할 수 있기 때문에, 전문적인 판단을 기대할 수 있고, 또 재판처럼 일반에 공개되는 일이 없기 때문에, 분쟁내용이나 기업의 내부 정보를 비밀로 유지할 수도 있는 이점이 있다. 이 점에서 국제거래의 분쟁해결 수단으로는 소송이 유리하다고 생각되는 특별한 이유가 없으면 중재로 해결하는 것이 좋다.

중재는 사법적 해결인 소송에 비하여 구체적 타당성, 간이 신속성, 비용의 저렴성, 비밀의 보장성, 계속적 거래의 가능성, 분쟁해결 결과의 집행 가능성, 확실성 및 종국성과 같은 특성을 가지고 있기 때문에, 국제간의 거래에서 광범위하게 활용되고 있다.

(3) 기타 유의사항

① 라이선서의 라이선스 보증책임

라이선서는 라이선싱 계약에 있어서 라이선시에게 다음을 보증하여야 한다.

ⅰ. 계약기간동안 특허등록유지를 위한 연차등록금의 계속적 납부 의무
ⅱ. 무효심판에 대한 대응 의무
ⅲ. 정정심판의 제한(특허법 제136조 제7항에 의해 라이선시의 동의 필요)
ⅳ. 침해배제의 의무
ⅴ. 제3자의 권리 불침해에 대한 보증
ⅵ. 기술적 실시 가능성에 대한 보증
ⅶ. 상업적 성과에 대한 보증

ⅰ항은 라이선서의 기본적 의무로서, 계약에 규정되어 있지 아니하더라도 마찬가지로 의무가 되며, ⅱ, ⅳ, ⅴ, ⅶ항은 원칙상 계약내용에 따라 결정되며, ⅲ항은 특허법 규정에 의해 라이선서에게 부과되는 제약이다. ⅱ의 무효심판 대응 의무에 관한 문제로서 라이선싱 계약 도중에 허락특허의 무효가 확정되는 경우, 무효가 확정된 이후의 대가지불은 중지되는 것이 당연하며, 이미 지불된 대가에 있어서는 반환하지 않거나, 전액을 반환하거나, 또는 일부 반환 등 3가지 방법이 있을 수 있다. 결국, 계약에 규정된 대로 따르는 것이 일반적인 통례이다. 라이선싱 계약에 있어서 라이선서의 책임이 무거워지는 경향이 있다.

② 라이선시의 부쟁(不爭) 의무

라이선싱 계약의 대상이 되는 특허와 노하우는, 특허유효성과 비밀성의 존재를 전제로 하여 양당사자 간에 계약이 체결되지만, 라이선시는 실시허락된 특허와 노하우에 대해, 특허유효성 및 비밀성에 의문을 품을 수도 있다. 이 때, 라이선서는 라이선스 대상이 되는 특허와 노하우에 대해, 특허유효성과 비밀성을 쟁론하지 않도록 라이선시에게

부쟁의무(Incontestability)를 지운다. 라이선싱 계약에 있어서 부쟁의무 규정이 없더라도, 라이선시에게 본질적인 의무인 신의성실 또는 형평의 원칙이나 금반언의 원칙(Estoppel)을 따져, 라이선시가 특허유효성과 비밀성에 대해 쟁론하지 못하도록 하고 있다.

③ 개량기술의 취급

라이선시의 개량기술의 취급방법에는 다음과 같이 여러 가지가 있고, 경우에 따라서는 독점금지법상 문제가 생길 수도 있다. 라이선서가 라이선시에 대해 Feed Back, Grant Back등을 요구하는 의도는 라이선시에 의한 개량기술의 원천은 라이선서가 허락한 특허 및 노하우에 있는 것으로 허락특허와 노하우가 일정부분 기여하였다고 보기 때문이다.

④ 재실시권 허락권

라이선서는 라이선스 정책으로 라이선시가 제3자에게 재실시권(Sub-License)을 허락하는 것을 기본적으로는 인정하지 않고, 자신이 직접 라이선스를 허락하려고 한다.

독점적 라이선스의 경우에는, 라이선서가 라이선스를 제3자에게 허락할 수 없으므로, 라이선시에게 재실시권의 허락권을 인정하는 것이 좋다. 이렇게 하더라도, 라이선서는 라이선시에게 라이선시 독자의 판단으로 재실시권을 허락할 수 있는 권한을 승인하는 경우에는, 라이선스 정책을 라이선시에게 위임하는 것이 되므로, 충분히 신중하게 대응할 필요가 있게 된다.

재실시권의 허락권을 승인하는 경우의 유의점은 다음과 같다.

- 재실시권의 허락 시 사전에 라이선서의 양해를 구할 필요성 유무
- 재실시권계약의 건수제한의 유무
- 재실시권의 계약 내용
- 재실시권의 대가에 있어서 라이선서의 권한
- 계약기간 만료 전에 계약이 어떤 이유로 종료될 때 재실시권의 보증

사례: 기술계약서 작성 무지로 해외로 기술유출 사례

핸드폰 제조 사업을 하는 J사의 C사장은 휴대폰을 중국 A사로 수출하는 계약을 체결하면서 다음과 같은 내용의 계약서를 작성했다고 한다.

① 완제품 제조는 중국 A사에서 하며 이를 위해 중국 A사가 한국의 J사로부터 휴대폰을 SKD(Semi Knock-Down: 반제품상태)방식으로 수입하기로 함.

② J사는 중국의 A사에서 완제품의 제조 및 품질 보증에 대한 기술적인 책임짐.

③ 중국의 A사는 판매에 대한 독점권을 가지며 매월 평균 00,000대 이상 판매한다.

④ 중국A사의 첫 번째 주문수량은 0,000대이며 단가는 US$ 000, 취소불능 신용장 조건임.

⑤ J사는 휴대폰 판매 후 00개월 동안 A사의 A/S를 위해 기술을 지원함.

⑥ J사는 모든 지적재산권에 대한 책임을 지기로 함.

①항의 조건에 의해 한국의 J사는 취소불능신용장을 근거, 2002년 SKD방식으로 휴대폰을 수출하였으나 중국의 A사는 품질 불량을 핑계로 수출대금을 지급하지 않았다.

이후 알아보니, 중국의 A사는 한국 J사로부터 수입한 반제품으로 완제품을 만들어 중국에서 의장특허 등록을 하고 독자적인 생산을 통해 광고까지 하며 중국 내에서 판매하고 있다는 것을 알게 되었다.

결국, 한국의 J사는 수출계약서를 치밀하게 작성하지 않아 제조기술도 유출되고 거래처도 잃게 되었으며 수출대금을 받지 못해 부도처리 되고 말았다.

출처: 변종원, 기술무역수지 흑자전환을 위한 기술수출전략

참고문헌

▮1장▮

1. 중앙일보, [분수대] 가마우지 경제 탈피 선언, 2019.08.05.
2. 한국무역신문, 2019.
3. 한국조폐공사, "한국조폐공사제품 위조방지 장치", 2009.
4. 고정식, 『지식재산 경영의 미래』, 한국경제신문, 2011.
5. IHS, Macworld 각 Homepage.
6. 최낙균 · 한진희, "무역이 고용 및 부가가치에 미치는 영향분석과 정책 시사점", 대외경제정책연구원 연구보고서, 2012.11.
7. 과학기술정보통신부, "2020년도 기술수준평가 보고서", 2020.12.
8. 백은영 · 문희철(2020), "한 · 베트남 기술무역 구조분석과 시사점", 과학기술정보통신부, 2020 과학기술혁신정책지원사업, p.1.
9. ZD Net Korea, "'세계의 공장' 중국 '세계의 연구실'로 변신", 2018.09.19.
10. 2013년 기획재정부 보도자료.
11. The Soaring Value of Intangible Assets in the S&P 500.
12. www.oecd.org/trade/valueadded.
13. https://www.huffpost.com/entry/open-innovation-20-innova_b_2422655.
14. Openinnobiz.tistory.com.
15. Korea Insight Institute(www.kii.re.kr/singlepost/2016/11/21/).
16. 한국경제, "글로벌 특허전쟁 '로열티도 싫다... 이번에 결판내자", 2011.09.10.
17. 특허청·한국지식재산보호원, "2015년 국제지식재산분쟁 동향 보고서", 2016.
18. 이데일리(2021.08.31.).
    https://www.edaily.co.kr/news/read?newsId= 02460006625872896&mediaCodeNo=257)
19. 정성훈, "수출 증대보다 국내 부가가치를 높이는게 먼저다", 한국경제신문, 2015.
20. OECD MSTI(Main Science and Technology Indicators) 2019-1.
21. 2020년 기술무역통계보고서, p.3.
22. 조재민(2009), "기술이전에 있어서의 기술유출 방지방안", 산업보안논총, p.217.
23. Satoshi Inomata, Trade in ValueAdded East Asian perspective, IDEJETRO, 박승록 외 "부가가치 기준 통계를 활용한 통상정책 추진방안", 산업통상자원부, 2014 재인용.
24. 홍성범 · 김기국 외, "슈퍼차이나 부상과 글로벌 기술분업 구조 변화에 따른 대응전략(I)", STEPI, 정책연구, 2011.

25. 전국경제인연합회, ‘업종별 단체 대상 한·중·일 경쟁력 설문 결과’, 2015.12.
26. 한국무역협회, ‘우리나라 기술무역수지의 현황과 정책과제’, 2005.
27. 김영훈, ‘불황기 기술수출 전략’, 포스코경영연구원, 2015.11.
28. 김정덕, “다시 뛰는 미국 제조업, 플랫폼 전략을 통한 혁신”, 한국무역협회, 2015.12.
29. 변종원, ‘리스크 줄이고 제대로 수익창출 하는 기술수출하자’, 2012.

▮2장▮

1. 백은영, “기술교역국가간 교역지표에 대한 실증분석”, 무역학회지, 제35권, 제3호, 2010.6, p.2.
2. iPnomics, “특허괴물, 한국을 노린다”, 2014.11.13.
3. Helpman, E., “R&D and Productivity: The International Connection”, *NBER WORKING PAPER SERIES,* Vol. No.6 101, 1997, all, Frantzen, D., “Technical Diffusion, Productivity Convergence and Specialization in OECD Manufacturing” *INTERNATIONAL REVIEW OF APPLIED ECONOMICS,* Vol.21 No.1, 2007, pp.7598.
4. 한국 기술무역통계에 관한 자료는 ‘2020년 기술무역통계보고서’(과학기술정보통신부& 한국산업기술진흥협회, 2021에서 발췌한 것임.
5. OECD, Main Science and Technology Indicators, 2018/1.
6. OECD Stat, Main Science Technology Indicators, IMF 「International Financial Statistics」, 2014.
7. 2014년 한국 외교부가 삼정 KPMG에 의뢰, 전 세계 17개국(베트남, 인도, 호주, 독일, 폴란드, 터키, 남아공, 이집트, 캐나다, 멕시코, 브라질, GCC(6개 아랍 산유국)) 만 18세 이상 성인남녀 6천 명을 대상으로 한국 국가이미지 조사를 실시한 바 있다.
8. OECD, USPTO, 2014.
9. 특허청 홈페이지 참조 : http://www.kipo.go.kr/kpo/
10. OECD는 2015년 현재 34개국이 가입되어 있으나 2012년 기술무역수지를 계상하여 OECD에 보고하는 국가는 31개국이다(프랑스, 멕시코, 칠레 자료 없음).
11. 중앙일보 “고용지표 개선 숨은 공신 ‘리쇼어링’”, 2015.05.02.
12. 미래부· 한국산업기술진흥협회, “기술무역수지 개선을 위한 정책 개선방안 연구”, 2015.01
13. 전자신문, “특허박스제도 도입 시급하다”, 2014.07.22.
14. 특허청·한국지식재산보호원, “2015년 국제지식재산권 분쟁동향 연차보고서”
15. 특허청, 한국지식재산연구원, “지식재산과 경제발전국가별 지식재산 조세지원제도 차이와 경제적 파급효과 분석”, 2014.
16. 산업연구원, “중소기업 기술사업화의 문제점과 향후 과제”, 2017년.

▮3장▮ 기술유출

1. 국가정보원 산업기밀보호센터 홈페이지 참조.
2. 서울경제, 2021.07.22 https://www.sedaily.com/NewsView/22P0EAZIBP
3. iT Chosun, 2022.03.10. http://it.chosun.com/site/data/html_dir/2022/03/08/2022030801808.html
4. 중소기업뉴스(http://www.kbiznews.co.kr)
5. 과학기술정책연구원(2019), '글로벌 기술환경 변화에 따른 산업보안 생태계 구축 방안' 내용의 일부 발췌함.
6. 연합뉴스, 2022.04.02. (https://www.yna.co.kr/view/AKR)
7. 중소기업뉴스(http://www.kbiznews.co.kr)
8. 특허청 보도자료, "특허청, 기술유출과 침해 막기위한 '기술경찰' 본격 출범", 2021.07.
9. 2020년 전략국제문제연구소(CSIS, Center for Strategic and International Studies)가 발표한 'The Hidden Costs of Cybercrime'.
10. Korea IT Times(http://www.koreaittimes.com), 2021.08.31.
11. 과학기술정책연구원, 정책연구 2019-22, '글로벌 기술환경 변화에 따른 산업보안 생태계 구축 방안'.
12. iT Chosun, 외부 칼럼, [김경환 변호사의 IT on IP] 화웨이 제재 강화 나선 미국이 EAR를 개정한 이유 http://it.chosun.com/site/data/html_dir/2020/05/19/2020051903705.htm
13. STEPI Insight vol 285, '글로벌 기술패권 경쟁에 대응하는 주요국의 기술주권 확보 전략과 시사점' 자료를 인용하였음.
14. 과학기술정책연구원, 정책연구 2019-22, '글로벌 기술환경 변화에 따른 산업보안 생태계구축방안'.
15. 데일리굿뉴스 (https://www.goodnews1.com)

▮4장▮ 지식재산권 I

1. 특허청, "지식재산권의 손쉬운 이용", 2017.
2. 통계청 홈페이지, 지식재산권의 이해 참조.
3. 국회입법조사처, "미국의 영입비밀 보호법(DTSA) 제정과 산업분쟁 사례가 주는 시사점", p.7.
4. 전소영, "우리기업이 알아야 할 영업비밀 보호제도", 영업비밀보호센터, 2015, p.7, p.21.
5. 윤정근, "해외 진출기업이 알아야 할 각 국의 영업비밀 보호 가이드", 법무법인 다래, 2015.
6. 문병순(2013), "선진국 친특허 정책에서 한발 후퇴 특허대응전략 정교해져야", LGERI리포트, pp.1930.

▮5장▮ 지식재산권 II

1. 특허청, 홈페이지 지식재산권 참조.
2. U.K Patent Office.
3. 박성준, "[ET단상]천년국가의 특허제도", 전자신문, 2013.1.17.
4. 서울Pn, "[명예기자가 간다]국내 첫 특허 1948년 '염려 제조법'. 실용신안 1호는 '유모차'", 2018.07.18.
5. 오근엽, 한인수, "Enhancing the efficiency of intellectual property management: a case study of leading research institute in Korea", Int. J. Technological Learning, Innovation and Development, Vol. 12, No. 4, 2020.
6. 사메지마 마사히로 & 고바야시 마코토, 「기술전쟁에서 이기는 법」, 한국경제신문, 2018.
7. 특허청, 홈페이지 지식재산권 참조.
8. WIPO, https://www.wipo.int/edocs/infogdocs/en/ipfactsandfigures/
9. GLOBAL IP TREND 2014, 한국지식재산연구원, pp. 2425.
10. 특허청, "중소기업CEO가 알아야 할 지식재산", 2011.
11. 특허청·한국지식재산보호협회, "해외지식재산권 보호가이드 북", 2010 .
12. 특허청, https://www.kipo.go.kr/ko/kpoContentView.do?menuCd=SCD0200164

▮6장▮ 어제는 경고장을 받고 오늘은 경고장을 쓰는

1. 고정식, 『지식재산 경영의 미래』, 한국경제신문, 2011, p.166.
2. 특허청·한국지식재산보호원(2015), "2015년 국제지재권분쟁동향 연차보고서"
3. 정보통신산업진흥원, "최근 특허소송 동향과 시사점", 주간기술동향, 2014. 03.
4. 사메지마 마사히로 외,「기술전쟁에서 이기는 법」, 한국경제신문, 2018.
5. 특허청 홈페이지 자료 참조, https://www.kipo.go.kr/ko/kpoContentView.do?menuCd=SCD020011
6. 프론테오코리아, 이디스커버리(2019.09.24.), '디스커버리(Discovery) 제도의 탄생과 진화 下 - 한국형 디스커버리 도입 논의 과정'.
7. 박다미, "[무역관 르포] 아마존의 1-Click 특허로 살펴보는 미국 특허법 개요".
8. Kotra 해외시장뉴스, '한국기업이 알아둬야 할 미국 지식재산권 이야기', 2019.09.02.
9. 강태훈, "해외 지식재산권 보호세미나 미국편", 한국지식재산보호협회·충청특허법률 사무소, 2015.
10. 최소희, "NPEs 공동대응 사례와 우리기업의 대응전략", p.19.
11. 특허청, "해외지식재산권보호 가이드북 중국편", 2014.
12. 특허청, "중국 진출 기업을 위한 중국 지재권 활용 및 보호 가이드", 2015.
13. 한겨레, "특허로 장벽 쌓는 중국, 현지 한국 기업들 비상", 2015.04.
14. 진영준, "중국특허소송사례 및 특허분쟁 대응방법", 2015.

15. 중귀징지왕(中国经济网)https://csf.kiep.go.kr/newsView.es?article_id=45988&mid=a20100000000
16. 한국지식재산연구원, '일본 「지적재산 추진계획 2016」의 주요 내용 및 시사점', 심층분석 보고서, 2016.
17. 특허청, "해외지식재산권보호 가이드북 일본편", 2015.
18. 김인한, "해외지재권 보호가이드(일본)", YOU ME PATENT & LAW FIRM.
19. 특허청, "지재권 분쟁 대응 매뉴얼", 2013.
20. 아주경제, '유럽 특허출원건수, 삼성 1위자리 화웨이에 내줘', 20220406. https://www.ajunews.com/view/20220406155818232
21. 박진석, "상생을 위한 특허제도 개선사례EU단일특허 통합특허법원", 2015. 주 벨기에 유럽연합 대한민국 대사관, 2021.
22. 박진환, "EU 지식재산권 정책 동향", 주 벨기에 유럽연합 대사관, 2018.
23. 특허청, "해외지식재산권 보호 가이드북 독일편", 2014.

▮7장▮ 기술수출입 계약서

1. 미래부·한국산업기술진흥협회, "기술무역수지 개선을 위한 정책 개선방안 연구", 2015.
2. LG전자 표준 기술계약서, google.
3. TradeNAVI, 국제계약서식 참조.
4. ipnavi.or.kr: http://m.ipnavi.or.kr/guide/NL/I004/
5. 인텔리콘 법률사무소, 홈페이지(http://intellicon.kr/archives/15074)

찾아보기

참고문헌